返璞归真

考古纠错的中国史

李琳之 著

图书在版编目（CIP）数据

返璞归真：考古纠错的中国史 / 李琳之著 . --北京：研究出版社，2024.7（2025.1 重印）
ISBN 978-7-5199-1679-4

Ⅰ.①返… Ⅱ.①李… Ⅲ.①考古学 – 通俗读物 Ⅳ.① K85-49

中国国家版本馆 CIP 数据核字（2024）第 100153 号

出 品 人：陈建军
出版统筹：丁　波
责任编辑：林　娜

返璞归真：考古纠错的中国史
FANPU GUIZHEN: KAOGU JIUCUO DE ZHONGGUOSHI

李琳之　著

研究出版社 出版发行

（100006　北京市东城区灯市口大街 100 号华腾商务楼）
北京中科印刷有限公司印刷　新华书店经销
2024 年 7 月第 1 版　2025 年 1 月第 2 次印刷
开本：710 毫米 ×1000 毫米　1/16　印张：24.75
字数：290 千字
ISBN 978-7-5199-1679-4　定价：88.00 元
电话（010）64217619　64217612（发行部）

版权所有·侵权必究
凡购买本社图书，如有印制质量问题，我社负责调换。

目 录

前 言   1

中华文明起源并非"一元中心"   7
南方文明起源进程不迟于北方   32
距今五千年前后不是黄帝时代   37
良渚古国改写中华文明史   54
石峁古国改写"西戎"文明史   69
石家河古国改写"苗蛮"文明史   78

商周两代应该是"封建社会"   92
三代大同社会遭遇尴尬   107
商周时期不止一个郑国   121

圣王治理下的西周也施行人殉制度	130
咸阳周陵张冠李戴两千年	137
息国不止息夫人夫国一个	145
召公才是北京城的最早建造者	157
两处遗址改写芮国史	167
晋侯墓地：早期晋国与太原无关	186
出土金文显示：周厉王是一代枭雄	202
"共和行政"并非周召共同执政	213
西周金文中没有"厉王"	221
"烽火戏诸侯"名不副实	225
战国早期就有了二十八星宿图	231
秦始祖非子的发达和雍都废丘的错记	239

秦朝的法律没有那么严苛	250
陈胜、吴广起义"失期当斩"是托词	258
秦阿房宫根本没有建起来	269
多件出土文物纠错秦代史	284

是赵眜而非赵胡：南越国的朦胧史	291
汉文帝霸陵被误拜千年后终归正	308
蔡伦不是造纸术的发明人	324

"孔末之乱"是子虚乌有　　　　　　334
说最会玩的皇帝"恭俭"是笑话　　　342
郑和碑纠正《明史》多处错误　　　352
鲁王朱以海不是郑成功所杀　　　　362

注释　　　　　　　　　　　　　371
参考古籍　　　　　　　　　　　384
后记　　　　　　　　　　　　　388

前 言

　　自从20世纪20年代考古学在中国诞生以来，中国考古学走过了100多年的历程，取得了举世瞩目的成绩。迄今为止，考古人员已经在南起南海、北到黑龙江，东起东海、西至青藏高原这一广袤的范围以内，发现了数以万计的古代文化遗址，可谓遍地开花，硕果累累。其中有相当一部分都是史无记载的惊世大发现，如中国迄今发现最早的城池——6000年前的湖南澧县城头山遗址、最早迈进文明初国时代的城市——4500年前的浙江杭州良渚遗址、史前中国最大的城址——4300年前面积达400万平方米的石峁遗址，等等。

　　考古人员用高科技等手段，从动态的角度观察、分析，发现了距今5300年和距今4300年时，中国大地南北文化格局发生的两次剧变。5300年前是北方沉沦，南方崛起，东方强势。至4300年前，北方遽然崛起，南方归于沉寂，而东方势力也在强盛1000年之后，突然走向衰落。

　　距今4600年时，黄河中下游还发生了一次"改道入海"的惨烈事件，波及今津、鲁、冀、豫、徽、苏等多个省市，水患延续了二三百年之久，不但给沿途数百公里范围以内的居民造成灭顶之灾，还直接摧毁了彼时势力最为强大的东方大汶口文化政权。

还有一部分考古发现则是直接将民间传说改写成了信史，如几千年以来关于尧舜绵延不断的传说，经考古证明，确有充足的史实根据，举世闻名的山西襄汾陶寺遗址就被证明是尧舜之都。中国社会科学院于2015年6月18日下午在北京国务院新闻中心举行了"山西·陶寺遗址发掘成果新闻发布会"，向全世界公布了这一重要成果，尧舜传说由此成为信史。

与此相类的还有张献忠"江口沉银"传说和清光绪皇帝被害传说等。四川彭山江口数百年一直传说是明末起义军领袖张献忠的水下"沉银"之地，国家文物考古部门对张献忠"江口沉银"地点进行勘测定位后，从2016年至2022年先后进行了四次打捞，总计打捞出金、银、钱币等文物共计7万余件，皆为张献忠起义军在此战败后沉船所致，纷纷扰扰的张献忠"江口沉银"传说也因此正式走进信史。

清光绪皇帝载湉38岁就走完了他生命的历程，民间传说和一些野史笔记，如徐珂的《清稗类钞》、德龄的《瀛台泣血记》、费行简的《慈禧传信录》和王照的《德宗遗事》等，都认为光绪帝是被人害死的。2003年，中央电视台清史纪录片摄制组携手北京市公安局法医检验鉴定中心等，共同组成了一个"清光绪帝死因"专题研究课题组，对光绪帝两小缕头发进行了鉴定，结果表明，光绪帝体内摄入的砒霜总量已经大大超过了致死量，换言之，光绪帝系砒霜中毒而亡。传说再一次成为信史。

除此以外，还有陕西扶风法门寺关于佛指舍利和地宫宝藏的传说、成都都江堰关于李冰石人的传说、唐代神镜"江心镜"的传说、明宣宗是"蟋蟀天子"的传说等,都被考古证明实有其事。

在考古发现中,另有一类是直接推翻正史的记载,还原了历史的本真面目。如我们熟悉的"昏君"周厉王,司马迁在《史记》里说他"即位三十年,好利……暴虐侈傲……其谤鲜矣,诸侯不朝……国人莫敢言,道路以目"。但随着青铜器铭文的不断出土,人们才发现,周厉王不但不是个"昏君",反而是个具有雄才大略的一代枭雄,这在其在位前期表现得尤为突出。周厉王即位后,先后多次平定来自东南方夷人和西北方猃狁的叛乱,其中一次对南方诸侯和部分东方夷国的征伐,安定了南方的局势,让26个小国的国君都拜服在了他的脚下。我们耳熟能详的"国人暴动"也不是过去历史课本里所说的平民暴动、奴隶起义,而是西周王廷内部因为周厉王激进改革引起的一次政变。政变的主要策划者和组织者是在周厉王时期失宠、曾经掌管军政大权的司马"伯龢父"——就是文献记载的共伯和。"周召共和"也不是什么周公和召公共同执政,而是共伯和执政之谓。"厉王"传说是他死后他儿子周宣王给他的谥号,但西周晚期的青铜器铭文中,根本就没有"厉王"这个字眼,对"厉王"称呼用的都是"剌王"。"剌"就是"烈",为光明、显赫之意,同《逸周书·谥法解》所云"杀戮无辜曰厉"意思刚好相反,所以"剌王"就等于"烈王"。这是一个很高的赞誉。

再如我们以前在中小学课本里学过的周幽王"烽火戏诸侯"、项羽火烧阿房宫、陈胜吴广起义中"失期当斩"、蔡伦是造纸术的发明人等,新的考古发现表明,这些都是存在争议的问题。

这些考古发现,有的曾经轰动一时,为世人所瞩目;有的虽然也做了相关报道,但关注的人不多;有的仅局限于考古界,"养在深闺人未识"，以至于大多数人都不知道考古学已经推翻了他们固有的一些历史认知，还在一本正经地宣传这些伪历史知识，让人啼笑皆非。

与此相关的是，迄今为止还没有一部系统介绍这些改写了中国史发现的图书在市场上出现，这应该也是已经被考古推翻的那些伪历史知识在社会上继续谬种流传的一个主要原因。

我的研究方向主要是上古史，近年来，我用这100多年来中国考古学所取得的成就，结合文献，对距今9000年至西周末年这6000年的中国历史做了一个系统的梳理，先后出版了《前中国时代》《元中国时代》《晚夏殷商八百年》和《何以华夏》四本书。这一研究写作过程，使我对考古学改写中国史这个问题有了一个比较全面的认识，因此，我就想利用手头现成的材料，再补充一些中古和近古的资料，写一本《考古改写中国史》，以填补图书市场上这方面的空缺。

但由于以前只是专注于先秦的考古研究，对秦汉及其以后的考古学成果涉猎不多，这就造成了我认识上的误区，以为秦汉及其以后都有确凿的文献记载，考古改写历史的内容不会太多。但仔细查阅相关资料才发现，并不是那么回事，其中对既有中国史造成冲击的考古成果比比皆是。这样一来，我就不得不改变原来的写作计划，大幅度地增加工作量，将原来的一本扩展成三本，分别以《返璞归真：考古纠错的中国史》《史无记载：考古发现的中国史》和《传说有据：考古证实的中国史》三个专题的形式推出。

当然，这三个专题类别也不是那么绝对的泾渭分明，其中有些内容就能归置于不同的类别之中，但为了保证三本书不出现重复现象，就只能归类于其中一本。如清光绪帝之死，官方和正史认定光绪帝是死于疾病，所以既可以将它归类到《返璞归真：考古纠错的中国史》

之中，也可以归置到《传说有据：考古证实的中国史》当中。最后，我将它归类于后者，是因为后者关于明清时期的同类内容较少，是从三本书篇幅比例平衡角度考量的。

就夏代以前的上古史而言，几乎每个考古大发现都可以说是史无记载，都对中国史有补充、丰富和完善的作用，但考虑到读者的兴趣、可读性和三本书的整体容量，我将这段时期的内容做了大幅度的压缩，而且主要不是写某个具体遗址，而是将内容着重放到揭示某个特定时期的社会场景上。这样做的目的是给读者一幅整体的情景画面，而不是像写一个个具体遗址那样，留下的都是碎片式的残缺影像。但由此就会淘汰不少重要的考古发现，对此我采取的补救策略是，用一篇全景辐射式的文章，对这100多年来全国各地所发现的重要考古成果做一个宏观综述，这就是放在《返璞归真：考古纠错的中国史》篇首的《中华文明起源并非"一元中心"》一文。这篇文章原是2017年3月，我在山西财经大学马克思主义学院所作《中华早期文明源流线路图》专题讲座的讲稿，这次发表又增补了一些新的内容。

就现有的考古资料来看，改写了中国史的相关遗址和文物，商周及其以前和秦汉时期较多，三国至清代时期较少，这也符合历史发展的规律，毕竟时代越近，书写越方便，历史记录也越全。

我将这三本书定位为严谨而不失活泼的普及性读物，严谨是说，书中的每个观点、每个说法都言之有出，出之有据，为此我在书后附了一些必要的注释和古籍参考目录；活泼是说，让文字跳跃起来，提升文章的流畅感和趣味性，让读者获得知识的同时也能享受到阅读的快感。希望能达到这个目的。

古人说，尽信书不如无书，因为我们看到的东西往往是别人想让我们看到的，所以读而后思，思而后疑，疑而后信，方为读书之道。读史尤其如此。

其实，历史不仅是胜利者书写的，当时代的帷幕落下那一刻，所有的人都可能成为历史的书写者。

愿这套书带给读者的不仅仅是新的历史认知，更希望带给读者的是新的思考。

李琳之

2023 年 6 月 13 日于京

中华文明起源并非"一元中心"

一

在中华文明起源问题上,传统的观点是"一元中心"论,他们认为中华文明起源、发展并壮大于黄河中下游流域,在这一过程中,黄河文明向外辐射,同化了所谓的"东夷、西戎、南蛮、北狄",最后才形成了源源不断的中华文明。

应该说,这一观点在20世纪20年代以前,在中国政界、史学界、文化界和普通民众的心中都占有绝对的统治地位。黄河文明,又称中原文明,是大家公认的中华正统文明,就连思想开放的孙中山先生在创立同盟会时提出"驱除鞑虏,恢复中华,创立民国,平均地权"的政治纲领,也都充满了浓重的大汉族正统文明的情结。

这其实并不奇怪,因为在神州大地汗牛充栋的各种典籍文献记载中,少数民族的文化和历史是不被黄河文明所承认的,司马迁在《史记·五帝本纪》中就说:

三苗在江淮、荆州数为乱。于是舜归而言于帝，请流共工于幽陵，以变北狄；放骧兜于崇山，以变南蛮；迁三苗于三危，以变西戎；殛鲧于羽山，以变东夷。四罪而天下咸服。

　　"东夷、西戎、南蛮、北狄"是古人对环绕在中原地区的少数民族的蔑称，而司马迁在这里说，这些少数民族的祖先是尧舜二帝从中原流放到这些偏远地区的四个罪人，即鲧、三苗、骧兜和共工。

　　司马迁的整本《史记》是以黄帝为开头的，把黄帝供作了华夏民族的始祖，而且把黄帝之后的四帝即颛顼、帝喾、尧和舜，看作是黄帝的直系后裔，从而形成了影响后世2000多年的以"五帝"为正统，以黄河中下游流域为中华文明唯一发源地的古史文明体系。

　　司马迁的这种史识、史观源于孔子。由孔子删定的《尚书》在叙述中原主要部落和其他部落之间的关系时，就把唐尧、虞舜、共工、四岳、皋陶、伯益、大禹，乃至商之始祖契、周之始祖弃等原本属于不同族系的邦君或部落首领安排在了一个朝廷里，组成了天子（君王）与朝臣这样的关系，从而建构了儒家最初的华夏古史观体系。[1]

　　孔子是中国的"文圣"，由其删定的《尚书》被列为儒家"五经"之一；司马迁是中国的"史圣"，《史记》被誉为中华民族的信史，鲁迅称之为"史家之绝唱，无韵之离骚"。

　　孔子和司马迁都是"一言九鼎"的圣人，更何况还有统治者对正统话语权举刺刀方式极力维护，所以后人对这样的早期文明脉络自然是不敢不相信，也不得不相信了。

二

这种状况一直持续到20世纪新文化运动以后,才由以顾颉刚、钱玄同等学人为代表的疑古派(亦称古史辨派)打破。疑古派用文献学、逻辑学等方法,梳理考证,严谨推演,推翻了传统所谓的"盘古开天地""三皇五帝"等概念构成的中国古史系统。顾颉刚提出了著名的"层累地造成的中国古史"的观点。他认为:"时代愈后,传说中的古史期愈长""时代愈后,传说中的中心人物愈放愈大",所谓的"民族出于一统""地域向来一统""古史为黄金世界"等根深蒂固的传统观念是经不住历史推敲的。[2]

疑古派,尤其是顾颉刚本人的古史辨伪工作,对于推翻传统的古史体系,探求科学的古史系统,推进中国史学的近代化,有着巨大的意义。可以说,从此以后,再也没有人糊里糊涂地把"盘古开天辟地""女娲抟土造人"等神话传说当作真实的历史讲起,也再没有历史学家敢随便把"三皇五帝"当作中国的远古信史讲起。

疑古派虽然摧枯拉朽,势不可当,但由于他们只是从文献到文献地简单考证推演,是一种片面的、形而上学思维方式的逻辑推论,并没有考古文物的支撑,所以,他们在新的古史观建树方面乏善可陈,反倒无意变成了"中华文明西来论"的敲鼓手。这个时候,新生的中国考古工作者站了出来。

1926年,从美国学习人类学归来的李济在山西夏县西阴村遗址进行考古发掘,发现了窖穴、灰坑等多处遗迹以及大量陶片。这是中国考古学者主持发掘的第一处新石器时代文化遗址,也是中国人首次独立主持的田野考古工作。

▲ 夏县西阴遗址李济纪念馆

从那时起，中国考古学不断发展壮大，考古成绩日新月异。尤其在中国文明起源方面，可谓硕果连连。到目前为止，中国考古工作者已经在南起南海、北到黑龙江、东起东海、西至青藏高原，发现了数以万计的新、旧石器时代文化遗址。

旧石器时代是考古学上的一个术语，指以使用打制石器为标志的人类物质文化发展阶段。地质年代属于上新世晚期至更新世，从距今约300万年前开始，延续到距今1万年左右止。中国的旧石器时代遗址最早被发现是在1920年，是由法国学者桑志华发现的位处泾水上游的甘肃庆阳赵家岔遗址，此后在南北各地又陆续发现了数量众多的旧石器遗存。这些遗存主要分布在华北、东北、华中、华南和西南等区域。

新石器时代是相对于旧石器时代而言的，指在考古学上以使用磨制石器为标志的人类物质文化发展阶段。这个时代在地质年代上已进入全新世，属于石器时代的后期。新石器时代从距今1万年左右开始，到距今5000～2000年结束。

中国的新石器时代遗址最早被发现是在1921年，是由瑞典学者安特生发现的河南渑池仰韶村遗址。安特生还提出了仰韶文化这一在中国考古学上具有里程碑意义的概念。此后100多年的时间里，我国又陆续发现、发掘了上万处新石器时代文化遗址。

▲ 仰韶文化彩陶钵

新、旧石器时代文化遗址在全国遍地开花，说明中华民族，包含现在55个少数民族，以及包含已经在历史上消失的那些民族，如匈奴、鲜卑、契丹等，其起源是多元、多维的，而不仅仅是只局限于黄河中下游这一带。尤其是一些重要遗址的发掘，让我们从中直接窥视到了中华远古文明满天星斗式的"多元一体"化格局。

1977年，夏鼐先生在对神州大地上已经发掘的众多新石器时代遗址考察、梳理后，在《考古》杂志上发表了《碳-14测定年代和中国史前考古学》一文，将中国的新石器时代文化划分为七大区域，实际上首次提出了多元起源的问题。

此后十多年间，苏秉琦、石兴邦、佟柱臣和严文明等先生，也纷纷撰文批驳了中华文明"一元论"的观点，并根据自己的研究将中国史前文化分为若干文化区系。

尽管以上几位先生对中国史前文化区系的划分各有不同，但他们的研究结论在大方向上却是一致的，即都认为中华文明的起源和发展呈现的是"多元一体"格局。"多元"与"一体"像一根红线一样贯穿于整个中华文明发展史。

所谓"多元"，是指各民族都有其相对独立的起源、形成和发展的历史，其文化各具特点，相互区别，呈现出差别性和多样性的特征。"一体"是指中华文明在漫长的历史进程中，各民族文化间相互交往、交流、交融而形成的相互关联、相互补充、相互依存的关系，体现了中华文明的整体性、共同性和一致性。

张宏彦先生集以上诸家之大成，并根据中国自然地理环境特征和史前文化的区域性特点，把中国史前文化的分布分为东北区、西北区、华北区、华中区、华南区、西南区和青藏区七个文化区系。[3] 这可以看作是当代学人对绵延2000多年来的中华早期文明中原"一元论"观点的终结，同时也是对中国古史体系重建的开始。

三

七个文化区系中，青藏区属高寒地区，囿于自然条件的限制，史前文化遗址虽然也有一些发现，但数量相对较少，尚需进一步探索、研究，这里暂且搁置不谈。

先来看东北区。东北区包括辽宁、吉林、黑龙江三省和内蒙古自治区东部。这一地区处于中国纬度最高的地区，气候特征是长冬、严寒和湿冷。同其他文化区系不同的是，由于气候的制约，直到旧石器时代早期后一阶段，这里才有了人类活动的痕迹。就已经发现的新、旧石器时代遗址看，主要分布在这个区南部的辽河流域、辽东半岛，以及北部的三江平原和松嫩平原等地。

东北区比较著名的考古学文化有兴隆洼文化和红山文化。

兴隆洼文化因首次发现于内蒙古自治区敖汉旗宝国吐乡兴隆洼村遗址而得名，距今约8000年，经济形态是农耕兼狩猎、采集。遗址总面积3.5万平方米，遗址周围有人工围沟，围沟内有成排平行排列的房屋，房址面积最大的达140平方米。房址均成排分布，这是兴隆洼文化聚落的显著特征，与中原地区仰韶文化早期"聚心式分布"存在着空间与时间上的明显差异。另外，该遗址还出土有夹砂陶、筒形罐和钵等典型陶器，并有玉玦、玉斧、玉锛等玉器。

▲ 兴隆洼遗址出土的桶形罐

红山文化源于兴隆洼文化之后的赵宝沟文化，距今6000～5000年，主要分布在河北北部、辽宁西部大凌河与西辽河上游。红山文化的社会形态初期处于母系氏族社会的全盛时期，主要社会结构是以女性血缘群体为纽带的部落集团，晚期逐渐向父系氏族过渡。但同一时期的黄河中下游流域早已进入父系氏族社会了。这是二者的主要差距之一。

红山文化有两个发现引起了世人的关注：一是女神庙、祭坛和积石冢的发现。辽宁喀左县东山嘴遗址和凌源、建平两县交界处的牛河梁红山文化遗址都发现了"金字塔"式的大型祭坛、女神庙和积石冢，而且还首次在国内出土了女性裸体塑像。这些坛、庙、冢，代表了已知中国北方地区史前文化的最高水平。二是玉器作为原始宗教祭祀神器的发现。在原始宗教礼仪中，巫师是玉器的持有者。玉器不是普通意义上的礼器，而是神器的象征。玉在红山文化时期就已经进入了以玉祀神的阶段。

西北区包括六盘山、贺兰山以西的甘肃、内蒙古西部等省区，这个区域旧石器时代遗存不是特别丰富，但却是中国新石器时代文化遗存最早发现的地方，也是中国新石器时代文化遗存最丰富的地区之一。早在20世纪20年代，来自瑞典的考古学家安特生就发现了马家窑、半山、马厂塬和齐家坪等遗址。20世纪50年代以来，在青海东南部和湟水谷地，甘肃中部的大夏河、洮河流域，甘肃南部的天水谷地和西汉水流域等地，又发现了一大批新石器时代文化遗存。一般认为西北区的文化系统和以晋、陕、豫为中心的华北区文化系统有着千丝万缕的联系。二者同属于黄河文明系统。

西北区比较重要的考古学文化是白家—大地湾文化、马家窑文化和齐家文化等。

白家—大地湾文化主要分布在渭河流域、关中及丹江上游地区，距今大约7400～8200年。以西安临潼白家遗址和甘肃秦安大地湾遗址等为代表。文化内涵丰富、特征鲜明，这里既是中国先民率先使用彩陶的地方，又是西北最早产生农业文化的地区。因该文化最早发现于甘肃省天水市秦安县邵店村东的老官台遗址，故亦称"老官台文化"。

白家——大地湾文化出土的陶器，形式多样，而且多为刻画了各种符号的彩陶，说明这一地区是中国彩陶的故乡之一，也说明了这一地区有着自己独特的文字起源系统。

由于大地湾一期文化早于仰韶早期半坡文化，两者在文化原貌上又有沿袭承传的密切关系，因而，她开中原仰韶时代之先河，启西北地区马家窑、齐家文化之滥觞，对探索中华文明的线索和原生面貌，揭示陇右与天水古代文化的考古编年和文化序列，都具有极为重要的价值。

▲ 大地湾遗址出土的人头形器口彩陶瓶

马家窑文化是仰韶中期西阴文化（庙底沟文化）向西发展的一种地方类型，距今4300～5300年，因1923年首先发现于甘肃省临洮县的马家窑村而得名。主要分布于黄河上游及甘肃、青海境内的洮河、大夏河及湟水流域一带。马家窑文化制陶业非常发达，其彩陶继承了仰韶中期西阴文化（亦称庙底沟文化）爽朗的风格，但表现更为精细，形成了绚丽而又典雅的艺术风格，是继仰韶文化之后的又一座彩陶文化高峰。1975年，马家窑文化遗址出土了一件距今5000年左右的青铜刀——这是目前在中国发现的最早的青铜器。

齐家文化是以甘肃为中心地区的新石器时代晚期文化，距今4200~3500年。齐家文化时期，私有制已经产生，贫富均等的状态被打破，人类有了贫富差别以及人与人之间社会地位的高下之分。男人在社会上占据了统治地位，出现了军事民主制，乃至阶级。齐家文化一系列遗址后来成为公元前300年左右大夏人活动的中心，因此，齐家文化被看作是大夏文化的前身。

另外，这里需要特别说一下最近有大发现的南佐遗址。[4]南佐遗址位于甘肃庆阳西峰郊区黄土高原第一大原董志塬上，1958年发现。20世纪八九十年代曾进行了两个阶段共6次的发掘。从2021年开始至2022年，由中国人民大学历史学院韩建业教授带队进行了第三阶段的考古工作。目前大致可以确定，南佐遗址面积约有600万平方米。遗址内分布有30万平方米的核心区，核心区有9个上千平方米的土台、数千平方米的宫城等，宫城包括一座近800平方米的主殿。

发掘者将南佐宫殿区分成两个时期，第一期的主殿、侧室等，距今约5100年，第二期夯填成台并营建新建筑的年代距今约4800年。从出土陶器来看，两个阶段都属于仰韶时代晚期。

南佐遗址是同时期中国保存最好、规模最大、级别最高的中心聚落之一。考古人员认为，大体量的宫城宫殿建筑、宫城外和"九台"外的巨大夯土护壁环壕，体现出南佐统治者强大的组织管理能力和较高的建筑技术水平。"九台"围成的区域在遗址中心，宫城在九台中心，主殿在宫城中心，主殿中门到宫城南门为宫城中轴线，东西侧室大致对称，构成中心对称、中轴对称、主次分明的封闭式宫殿格局，表明该遗址是一个具有中心性质的大型都邑性遗址。

此外，南佐遗址还出土了大量精美的白陶、黑陶等，不仅仅体现了南佐人高超的陶器制作水准，还表明是手工业专门化的结果，凸显着南佐中心聚落的特殊性。

在同一时期的中国大地上，就遗址面积之大、文明进化程度之高而言，只有位于太湖流域的良渚遗址可以与之相媲美。

▲ 南佐遗址出土的陶礼器[5]

根据前些年的考古调查，陇东泾河上游原有西阴文化遗址697处，到仰韶晚期时遗址数量则锐减至34处。考古学家们的一致看法是，这里原来是西阴文化比较发达的地区，因为人口的迁离而出现了衰败的场景，但南佐遗址考古的新发现，对这种看法提出了挑战。

在中国史前文化分布的七大区中，华中区的文化遗存数量仅次于华北区，在整个中华文明的演进过程中，占有很重要的地位。很多专家甚至认为，中华文明就是以发源于黄河中下游和长江中下游的文明为主体的多元文明。华中区主要是指长江中下游地区，北起秦岭—淮河一线，南至南岭—武夷山区，西起巫山和雪峰山，东抵东海沿线。华中区的史前文化遗存适应该地域多森林、多水流的自然环境，旧石器以砾石石器和大型砍砸器、尖状器为特色，旧石器遗存主要分布于长江中下游、陕西的汉水流域、江汉平原、湖南的沅江及澧水流域。华中区气候温润，是新石器时代稻作农业文化分布的主要区域，也是稻作农业的起源地和演化中心。新石器时代遗存主要分布在长江中游

中华文明起源并非"一元中心"

的江汉平原和长江下游的杭州湾、太湖流域等地。

华中区旧石器时代文化遗存主要有湖北十堰学堂梁子、江西万年仙人洞和吊桶环、湖南道县的玉蟾岩等遗址。新石器时代文化主要是河姆渡文化、良渚文化、大溪文化、屈家岭文化、石家河文化等。

十堰学堂梁子遗址位于湖北省十堰市郧阳区,主体为汉水北岸的第四级阶地,保存了100多万年以来不同时期的地层堆积,考古人员先后于1989年、1990年、2022年三度共出土三颗距今100万年左右的远古人类颅骨化石,是欧亚内陆迄今发现的同时代最为完整的古人类头骨化石,实证了我国具有百万年的人类史。[6]十堰学堂梁子遗址是中国已确认的最早的古人类头骨化石与旧石器时代遗址并存的古遗址,填补了元谋人与北京人之间的空隙,动摇了人类起源的非洲一元论学说,具有非常重大的意义。

万年仙人洞和吊桶环遗址位于江西省万年县大源镇附近的小荷山脚和吊桶环山顶,坐落于小而湿润的大源盆地内,相距约800米,是罕见的世界级洞穴遗址,距今1.4万～1.1万年,出土了200余块陶片,是中国已知最早的陶制品之一。专家鉴定后发现有600余个稻属植硅石的个体夹杂其间,其中有一定数量为野生,一定数量为栽培形态。这是迄今为止世界上发现最早的人工栽培稻标本,刷新了人类最早栽培水稻的历史纪录。这一重大发现为探索中国陶器和稻作农业的起源提供了重要线索。

后来,考古学家又在距今1.48万～1.23万年的湖南道县玉蟾岩遗址先后发现了四粒古稻和一些稻属植硅石,还出土了一些烧制火候很低、质地疏松、外表呈黑褐色的陶片。中华先民栽培水稻和制造陶器的历史纪录再一次被刷新。

此后，考古学家又先后在浙江浦江县的上山文化、湖南澧县的彭头山文化等遗址中，发现了具有八九千年历史的碳化稻谷壳及相关人工栽培稻的痕迹，进一步证

▲ 石家河遗址出土的玉面人像

明了长江中下游地区是中国乃至世界稻作农业的起源地和演化中心。

石家河文化因位于湖北省天门市石家河镇的石家河遗址而得名，主要分布在湖北及豫西南和湘北一带，为承袭屈家岭文化演变而来，距今4600~4000年。石家河遗址最重要的发现是发掘出了一座规模达120万平方米的古城。古城内部有手工作坊区、居民生活区、祭祀区和墓葬区等。古城周围约8平方公里范围内，紧密环绕着二三十个一般聚落，形成一个具有密切关系的聚落群体。这个群体在石家河文化早期呈现出一派繁荣的气象，是一个势力相当大的部落联盟组织或者邦国联盟，不仅直接统治着该聚落群体中的各个聚落，而且在一定程度上控制着半径100公里左右范围的其他聚落群体，表明石家河聚落群已经具备了初级的邦国形态。

良渚文化距今5300~4300年，因发现于浙江余杭良渚遗址而得名。主要分布在钱塘江流域和太湖流域。良渚遗址的精华体现在良渚古城上，其面积达到了290万平方米，其中，大型宫殿建筑基址面积达3万平方米，如果算上古城周围的一些聚落及其辅助设施，良渚遗址总面积达到了800万平方米。良渚遗址已经具备古国形态，进入了初期文明时代。

文明初期人类社会形态的进化，遵循着从一般聚落到中心聚落，

再到城邑这种过程。城邑的诞生意味着社会组织从自然村落迈入了等级社会。因为只有高度集中的权力才能够纠合人力，完成这种规模浩大、旷日持久的工程。良渚古城的规模在整个神州大地上，只有后来的陇东庆阳南佐遗址、山西襄汾的陶寺遗址和陕西神木的石峁遗址可以与之相媲美。由此，也略可看出中华早期文明中黄河文明与长江文明南北对峙的大致格局。

华南区位于中国南部的南岭和武夷山以南，包括两广、福建、海南和台湾等地区。这里原始人出现的时间也比较早，20世纪50年代以来，在广东曲江发现了旧石器时代中期的"马坝人""柳江人"化石，在广西百色盆地发现了数十处旧石器遗址，还在福建三明市发现了距今18.5万年左右的凌峰洞遗址和距今1万年左右的万寿岩船帆洞遗址等。

这个区域发现的新石器时代遗址也比较多，比较出名的遗址有距今8000~5000年的广西南宁顶蛳山遗址，有距今6000~5500年的台湾台北大岔坑遗址，有距今5000~4000年的福建闽侯县石山遗址等。这个区域的新石器遗址文化滞后的特征比较明显。这是因为这里水资源丰富，植物种类繁多且生长茂盛，这些优越的自然环境和充足的食物资源反倒限制了其文化进展的速度。结果是，采集、捕捞经济延续的时间较长，直接延滞了谷物种植经济出现的时间。洞穴及贝丘遗址多是这个区域新石器文化时代的显著特征。

▲ 顶蛳山遗址出土的细石器

贝丘是古代人类居住遗址的一种，包含大量古代人类食后剩余抛弃的贝壳。

西南区包括四川、重庆、贵州和云南四省市。这一地区处于青藏高原和东部低山、丘陵、平原之间的过渡地带。区内既有地势低洼的四川盆地，也有突起的云贵高原和横断山脉几大地理单元。西南区气候差异大，植物资源丰富，石灰岩溶洞发育广泛，因而成为我国重要的古猿化石产区，譬如著名的云南元谋人就产生在这里。旧石器时代多洞穴遗址，主要分布在云贵高原、四川盆地和长江三峡地区。西南区的新石器时代文化遗存，相对于其他文化区而言，发现较少。但20世纪90年代以来，随着长江三峡大规模的考古调查与发掘，新发现了一些新石器时代中晚期遗存，成都平原还发现了一系列古城遗址。

西南区最重要的文化遗址当属位于四川省广汉市鸭子河南岸面积达1200万平方米的三星堆遗址群，距今5000~3000年，主体部分在晚商周初，是西南区迄今发现的分布范围最大、延续时间最长、文化内涵最为丰富的古蜀文化遗址。这里保存有最完整的东、西、南城墙和月亮湾内城墙。至2023年11月为止，遗址前后共出土陶器、石器、玉器、铜器、金器等文物1.6万余件，具有鲜明的地方文化特征，自成一个文化体系。三星堆遗址的发现，为已消逝的古蜀国文明提供了物证，把四川地区的文明史向前推进了2000多年。

华北区位于黄河中下游地区，大体包括西起六盘山和陇山，东至渤海和黄海，北起阴山、燕山，南达秦岭淮河一线的广大区域。这个区域是整个中华文明发源、发展、壮大的核心所在地，也是中华早期文明"多元一体"的"体"之所在。文献记载和民间传说中的"三皇五帝"就主要活动在这一带。

相比较其他文化区系而言，该区域的史前文化遗址更为丰富、更为密集。文献记载和民间传说中的很多史实在此得到了考古学的验证。本区的史前文化遗存主要分布在桑干河流域、河套平原、北京周口店一带、南部的晋豫陕交界地区、渭水流域、河南中部和冀南豫北等地区。其中，南部的晋豫陕交界的黄河流域被看作是其核心所在地。

4000多万年前，人类文明的第一缕曙光在这里冉冉升起——山西垣曲寨里村文化遗址发现的"世纪曙猿"化石，将人猿进化史向前推进了1000多万年。180万年前，人类文明的第一把火在这里熊熊燃起——山西芮城西侯度文化遗址出土的火烧骨，将人类用火记录向前推演了100多万年。距今176万～132万年的河北阳原泥河湾马圈沟人、距今110万～50万年和距今65万～60万的陕西蓝田人、距今50万～5万年的陕西洛南人、距今70万～20万年的北京猿人、距今12万～10万年的山西丁村人、距今8万～5万年的陕西禹门口人、距今3.4万～2.7万年的北京山顶洞人、距今1.3万年左右的山西薛关人、距今2万～1万年的山西柿子滩人……距今2.4万～1.6万年，中华农耕文明的第一朵花儿在这里徐徐绽放——山西沁水下川遗址出土的石磨盘、锛形器等原始农具，向我们展示了黄河流域先民最早的农作技术……

进入新石器时代以后，华北区的遗址更是遍地开花，灿如星河。距今1万～9000年的河北南头庄遗址，是中国目前发现的含有陶器的新石器时代早期遗存之一；距今9000～7800年的河南舞阳贾湖遗址——出土了中国最早的龟甲文字符号，出土了世界上最早的酿酒坊和世界上最早、保存最完整的乐器——骨笛，改写了世界音乐史，推翻了"中国笛子西来说"和"七声音阶外来说"。

▲ 贾湖遗址出土的骨笛

这个区域震惊世界的考古发现比比皆是，有距今9000～7000年的裴李岗文化、距今8500～7500年的后李文化、距今8000～7600年的磁山文化、距今7500～6100年的北辛文化、距今6800～4800年的仰韶文化、距今6300～4600年的大汶口文化、距今4500～4000年的龙山文化、距今4300～3900年的陶寺文化等等。其中，后李文化、北辛文化和大汶口文化都处在以泰沂山系为中心，包括山东、豫东、皖北和苏北在内的海岱地区，自成一个独立的文化系统，很有可能就是历史典籍记载的以太昊、少昊为代表的东夷文化。[7]

这是一个紧密衔接的文化大链条，从180万年前一直延伸到4000年前，源远流长，没有断档，没有空缺，并最终在距今4300年左右形成了中华文明的主脉——陶寺古国文化。

陶寺城址位于今山西襄汾县塔儿山脚下的陶寺乡，分为早、中、晚三期，其中中期面积280万平方米。分布有宫殿区、王陵区、贵族居住区、祭天及观象台礼制建筑区、手工业作坊区、普通居民区等，表明陶寺古城已经完全具备了作为国家的政治、文化、经济中心的都城性质。

四

　　中华各区域的早期文化从来都不是与外界隔绝的情况下在各自独立的空间内完成的，虽然自身的裂变是其发展的一个主要特点，但碰撞和融合才是中华文明之根本点。这一点我们可以举张家口史前文化遗址为例加以说明。在张家口众多文化遗址出土的彩陶中，可以看到仰韶时代西阴文化彩陶与红山文化彩陶交错，又与河套原始文化交错的现象，所以这里被考古学家称为南北两大文化交流的"三岔口"，但"其中突出的是北方大凌河流域红山文化彩陶与关中仰韶文化的交错，其特征是庙底沟类型（即西阴类型）完整的玫瑰花图案，枝、叶、蕾、花瓣俱全，这种图案的分布从华山延伸到张家口，正是一条南北天然通道。红山文化彩陶中特征最明显的是鳞纹，其最早材料见于赤峰西水泉遗址，其演变有头有尾，与（仰韶）庙底沟类型玫瑰花图案演变并行，其向南延伸最远到石家庄、正定一线，与玫瑰花交错是在张家口"。正是这两种文化接触后的结果，"产生了祭坛、女神庙和积石冢，还包括玉龙的出现。龙与玫瑰花结合在一起，产生新的文明火花，年代是距今5500年左右，这是两种不同文化传统撞击产生的文明火花"[8]。

　　另外，从其他文化遗址出土的众多的文物中，也可以明显看到各种不同文化形态碰撞、融合的痕迹。如距今4300年左右，龙山文化在海岱地区经过二三百年的发展后，成为当时东亚大陆最强劲的一支考古学文化。由于人口迅猛增加，各城邦为了获得更多的生存资源，就竞相开始向南、向西进行扩张。彼时黄河河道已趋于稳定，原来还是黄泛区的鲁西、豫东和皖北不但成为龙山文化势力迁徙定居的目的地，更成为他们向外扩张的廊道和据点，由此引发了史前中国格局的又一次剧变——龙山文化所到之处如秋风扫落叶般轻而易举就摧毁了当地传统土著势力，各地的文化性质和面貌为之陡然而变：向南，龙山文化王油坊类型长驱直入良渚文化腹地太湖地区，给奄奄一息的良渚古国插上了致命一刀；向西南，龙山文化迫使江汉地区的屈家岭文化一变而为湖北龙山文化——后改称青龙泉三期类型；向西，促使中原（狭义）地区的庙底沟二期文化变身为河南龙山文化——后改称王湾三期文化；龙山文化由此继续西下，迫使关中地区的庙底沟二期文化变脸为陕西龙山文化——后改称客省庄二期文化；向西北，龙山文化使得豫北地区成为后岗二期文化的天下；由此继续北上，龙山文化让此前因黄河改道而满目荒凉的河北平原变成了河北龙山文化的根据地。而在晋南的临汾地区，龙山文化更是引发了一场翻天覆地的陶寺文化革命狂潮……[9]

这些都说明，中华各区域之间的早期文化从一开始就是在相互交流、相互影响下，各自沿着自身的逻辑在向前发展着。但由于各自对文明模式的不同选择，因而导致了不同的发展结果。

大约在距今 6000 年至 4300 年这一时段，中华大地许多地方都开始了由氏族部落社会向国家形体社会的过渡。这一阶段，位于北方区域的红山"古国"走的是通过奢侈铺张的祭祀活动崇尚神权的道路，一切由神的意志来决定；位于中原的仰韶"古国"走的是崇尚军权、王权的道路；位于江淮区域的凌家滩"古国"走的是军权、王权和神权并重而突出神权的道路。结果，崇尚军权、王权的仰韶"古国"，因比较简约并注重社会的持续发展而延续下来了；崇尚神权的红山"古国"以及虽有军权、王权但突出神权的凌家滩"古国"，却因社会财富被过度消耗而消失了。[10]

中华早期文明从遍地开花的"多源"发展，到受中原文化辐射并影响中原文化，再到向中原文化汇聚，最后走向大统——《左传·哀公六年疏》记载："尧治平阳，舜治蒲坂，禹治安邑。三都相去各二百余里，俱在冀州，统天下四方。"经过尧、舜、禹"万邦时代"的整合发展，到河南二里头文化时期——二里头遗址是夏代晚期都城遗址，中原最早的王朝国家在这一地区诞生，中华文明从此步入了夏、商、周三代王国的新纪元。相应地，中华文明的核心地带也从今天的晋南地区转移到了以洛阳为代表的豫西地区。

▲ 二里头遗址1号宫殿复原图[11]

这一过程集中体现了中国是具有百万年人类史、1万年文化史、5000年文明史的古老国度，其中，1万年文化史和5000年文明史这个阶段，借用王巍先生的话，可以概括为"1万年奠基、8000年起步、6000年加速、5000年进入、4000年过渡"几个阶段。[12]

1万年奠基，是说距今1万年左右的时候，中国的北方和南方都同时出现了农业种植栽培活动，从而奠定了中华文明滥觞的根基。

到距今8000年时，农业得到初步发展，原始人精神生活有了质的飞跃，先民们已经有了抽象的思想概括能力。譬如，河南舞阳贾湖遗址出土的已具备七声、八声音阶的骨笛和刻在龟甲上的楔形符号等，都象征着中华民族开启了她最初的文明征程。

距今6000年时，社会开始出现分化，社会阶级逐渐形成，出现了大型中心性聚落和规模较大的墓葬。中华文明的进程由此开始了加速发展。

距今5000年时，大型都邑、宫殿和权贵阶层大墓的出现，表明社会分层和分化加剧，形成金字塔式的社会结构。中国社会开始步入考古学意义上的文明时代。

距今4000年左右这个时期，正是文献上所载尧舜禹时代的古国文明向夏王朝的王国文明过渡时期。长江中下游等区域由于受到洪涝等自然灾害的侵袭，以及气候等环境的变化，农业遭受严重打击，其文化也随之趋向衰落。该区域的文明进程出现挫折，转而汇聚到以中原王朝为中心的文明一体化进程中。

但事情也不是绝对的。当陶寺文明散发出炫目光芒的时候，在今陕西神木高家堡镇洞川沟附近的山梁上——黄河支流秃尾河和它的支流洞川沟交汇所在地，一座比陶寺古城面积还大120平方米的城邑——石峁古城，也在悄然崛起。

▲ 石峁遗址

这座中国目前发现的规模最大的史前文化遗址在历史典籍资料中没有记载。石峁古城由皇城台、内城和外城三座基本完整并相对独立的石构城址组成，总面积超过 400 万平方米。从残存的城墙可以看出是依地势蜿蜒而建，石城是用石块和拌有糯米浆的泥土层层垒砌而成，非常坚固。考古发掘显示，这里的建筑结构复杂、筑造技术先进，显然是吸取了以长江、黄河流域为代表的“土筑传统”和以“面向草原”板块为代表的“石筑传统”建筑技术的精华。在城内，考古工作者发现了玉铲、玉璜等玉器，还发现了阴刻石雕人头像、壁画以及用于城墙奠基的人骨等。这些发现都与黄河流域的许多遗址存在共通之处。

相对于石峁古城庞大的建筑面积，目前的考古发掘工作也只不过是掀开了冰山一角而已。但窥一斑而知全豹，我们从中能感觉到中原文化在传进陕北地区后的流变[13]，更能感受到中国早期文明源流“多元一体”化这个突出特点。

五

中华文明的起源和发展之所以是“多元一体”，和它封闭的地理环境密切相关，它东边、南边是大海，西南、西边是高山和沙漠，北部是广袤的草原、沙漠和寒冷的西伯利亚沼泽。中华原始祖先向海外迁徙的艰难性决定了中华文明的相对封闭性，但同时也决定了她在这个封闭体系内部互通有无的一体性。

中国是一个多山的国家，山地面积约占全国土地面积的 1/3。众多的山系把中国大地分割成了三级台地。大兴安岭—太行山—巫山—雪峰山这列山系以东是中国三级台地的最低一级，由北向南分别是东北平原、华北平原和长江中下游平原，海拔多在200米以下。长江以南多为丘陵地区，多数地区海拔不足500米。

在这列山系以西，是中国的二级台地，由辽阔的高原和盆地组成，从北到南依次是内蒙古高原、鄂尔多斯高原、黄土高原和云贵高原，海拔在1000～2000米不等。此外，就是海拔500～1000米不等的塔里木盆地、准噶尔盆地和海拔大部分在500米以下的四川盆地。

再一个就是位于四川省西部和云南省北部的横断山系，它和南部的喜马拉雅山、北边的昆仑山和祁连山，一起托起了海拔在4500米以上的中国一级台地——青藏高原。

这种由西向东下降的台阶地势决定了中国大河大流的基本走势是东西流向，譬如中国最长的两条河流——长江和黄河就都发源于青藏高原，都是由西向东蜿蜒奔波，最后归入大海。

中国大河这种东西流向，一方面使得东西文化的交流显得异常便利，另一方面却也在无形之中阻碍了南北文化的互动沟通。中国历史上，大河大江就经常成为割据政权所凭借的防御天险，以至于还出现了"划江而治"这样妇孺皆知的成语。

中国东西走向的山系主要有三列，这三列山系成为中国经济类型分区的分界线。最北边的这列山系是天山—阴山，其北是中温带。秦岭及其以东的淮河，构成中国大陆最重要的一条自然地理分界线。它的北边是北温带；它的南边，南岭以北为亚热带，南岭以南为热带。

由于各区域自然环境条件不同，导致不同地域的人采用不同的方式进行谋生，这就逐渐形成了不同的地域经济文化、不同的民族文明特征。从北至南大体可分为北方草原地带渔猎采集文化区、黄河流域粟作农业文化区、长江流域稻作农业文化区和华南渔捞采集文化区。

中国当代的文化经济中心无疑被称作第一台地的长江中下游流域是其中之一，但在远古时期，作为第二台地的黄河中下游流域才是中国经济文化发展的中心地带。其中，黄土高原是重中之重。这是因为，在远古时期，洪水泛滥，大河大江经常决堤、改道，由此引发的包括各种疾病在内的一系列问题时刻在威胁着原始人类的生存和发展，处于地势低洼的第一台地显然很难成为原始人类的第一选择。相反，那个时代的黄土高原，天然植被丰富，气候比今天湿润，降水量也比现在高出许多。黄土地疏松的土质也比较利于原始人类耕种，还有黄河、汾河、渭河等比较发达的水系，都有助于他们开展稳定的种植等农业生产活动。

另外，黄河中游这一带，地处南北东西要冲，交通四通八达，这就使得生活在这里的原始人可以很方便地借鉴、吸纳各地的文明成果，从而使得黄河文明处于领先和核心的地位。

事实上，"中国""华夏""诸夏"这些词最初就都诞生在这一带，它们和传说中活动在这一带的华胥氏、华族、夏族，以及位居其中的"华胥之洲"、中条山、华山等都有着密不可分的联系。

囿于纵横交错的众多山系、水系等特殊地理环境因素，中华早期文明虽然是遍地开花的"多源文明"，但其汇聚的中心却是中原地区的黄河文明。从考古出土的文物看，中原文化遗存不但从纵向上保持了对先祖文化的传承和发扬，在横向上也对周边的文化有所吸取和借鉴，真正是集万家所长为我所独有。这也从另一个侧面体现了中国史前文明"多元一体"格局的特征。

中华早期文明源流线路的这些特点，可用四句话来概括，那就是：

多源发展，遍地开花；

汇聚辐射，中原华夏；
多元一体，祖先宗法；
源远流长，笑傲天下。

南方文明起源进程不迟于北方

按照文献记载，中华文明的主体是居于黄河流域的华夏族，长江流域不过是在西周时期才走上历史前台的，譬如吴、越、楚等诸侯国就是这样。但根据近几十年的考古发现，长江文明起源时间并不迟于黄河文明。

首先，从农业起源时间看，长江流域的湿地稻作农业早于黄河流域的旱地粟作农业。

长江流域的湿地稻作农业早在1.1万多年前就开始萌芽了，而黄河流域的旱地粟作农业在9000年前才开始起步。前已述及，距今1.4万～1.1万年的江西万年仙人洞和吊桶环遗址，出土了200余块陶片，是中国已知最早的陶制品之一。专家鉴定后发现有600余颗稻属植硅石夹杂其间，其中有一定数量的野生和栽培形态的植硅石。这是当时世界上发现最早的人工栽培稻标本。后来，考古学家们又在距今1.48万～1.23万年的湖南道县玉蟾岩遗址先后发现了四粒古稻和一些稻属植硅石，还在这里出土了一些烧制火候很低、质地疏松、外表呈黑褐色的陶片。中华先民栽培水稻和制陶的历史纪录再一次被刷新。

黄河流域的旱地粟作农业最早发现是在河南舞阳贾湖遗址。该遗址地处黄河中游至淮河中下游之间的南北交接地带，属温带气候向亚热带气候过渡地区，比较适宜原始先人的生存和发展，距今9000～8200年。贾湖遗址总面积5.5万平方米。与同一时期南北各支文化不同的是，这里除了发掘出经过精心磨制的铲、镰、刀、斧、磨盘、磨棒等陶质和石质农业生产、生活工具外，还发现了粟、稻混作的痕迹，尤其是发现了大量炭化稻和稻谷遗存，而且是早、中、晚三期一以贯之，说明稻作农业在当时的经济生活中占有重要地位。[14]

其次，从城池出现时间看，南方早于北方。

中国目前发现最早的城址是湖南澧县城头山古城[15]，距今6000年。城头山古城址坐落于澧阳平原中部，东、南、北三面被一望无际的平原所环绕，西面濒临澹水河支流。澹水河由北向南而来，并沿着岗的南端转向东流，其中一支流绕城址东门而过，再折向东流去，汇入澹水。城头山城址平面大略呈圆形，占地面积18.7万平方米，城内面积约8万平方米。设有东南西北四个大门。南门是陆上通道，北门是与护城河相通的水塘，东门是船埠，西门则是一个有一片开阔地的豁口，东西、南北大致对应。城址由护城河、夯土城墙、道路、房址、陶窑、祭台以及城门等构成，城内发现有人祭坑、祭坛、建筑夯土台基群、墓葬区、制陶区、人工堰塘等。城垣保存较为完整，远隔数里之外即可望见它饱经沧桑的风貌。

城头山古城建在汤家岗文化（距今6800～6300年）层之上，在大溪文化（距今6000～5300年）至石家河文化时期，曾有过四次修筑。一期城墙修筑是在距今6000年左右的大溪文化早期，直接筑造在原生土面上，呈丘状，墙基宽11米，墙体最厚处1.5米，外坡坡脚已处于

▲ 城头山古城遗址[16]

徐家岗台地西缘，由红黑色黏土筑造，未见明显的夯筑痕迹。第二次修筑是在距今5800年左右的大溪文化三、四期，这次修筑在一期城墙基础上增加了高度，并将大溪文化壕沟填塞了一部分。第三次修筑是在距今5300年左右的屈家岭文化早期，将大溪文化壕沟全部填塞，并在城外增建了60米宽的护城河。第四次修筑是在距今4800年左右的屈家岭文化中期，依第三期城墙内坡向东扩宽，底部东西长约11米，最厚处2.75米。大溪文化壕沟因此与屈家岭城垣重合，宽10米，长1000余米。

如果从6000年前大溪文化开始筑城、壕算起，直至4000年前的石家河文化晚期，城头山古城没有间断地使用了大约2000年之久，这一景象举世罕见。

至距今5300～4600年时，在江汉平原及其周围已经出现了至少17座古城，其中城址面积在60万平方米以上的就有3座，分别是约67万平方米的应城陶家湖、约70万平方米的沙洋城河和约120万平方米的天门石家河。[17]长江中游流域建立城邦政体，开启了史前中国城邦时代。

黄河流域目前所发现的最早城址是郑州西山古城[18]，距今5300～4800年。城址平面略呈圆形，占地面积约10万平方米，城内面积约2.5万平方米。除建有城墙外，城垣外面还修有内、外两条环壕，从而形成了三重防御体系。城墙现存高度约3米，宽5～6米，折角处宽约8米。西墙残存约60米。北墙西段自西北角向东北方向延伸，长约60米；中段向东圆缓略向外弧凸，长约120米；东段再折而东南，残长约50米。

在这个时段，郑州西山古城是中原和海岱地区迄今为止所发现的唯一一座古城。之后一直到距今4300年陶寺古城拔地而起之前，整个黄河中游流域没有再发现一座古城遗址。海岱地区虽然在距今4600年以后，陆续发现了几座古城遗址，但无论是规模还是数量，都无法同长江中游流域相提并论。海岱东夷集团中面积最大的古城——山东日照两城镇古城，城内面积只有74万平方米——这还是加上了最外圈环壕西侧堆积。

再次，从国家形成时间看，也是南方早于北方。

目前发现最早具有国家形态的遗址是居于长江下游流域的良渚城址，距今4500～4300年，而黄河流域的陶寺遗址最早出现在距今4300～3900年，足足晚了200余年。另外，良渚文化最兴盛时的势力范围跨越了浙江、江苏、上海和安徽四个地市，而陶寺古国的领地北不过霍山，南不渡黄河，东不过垣曲，西不至吕梁，基本上局限在临汾盆地和运城盆地北部一小片土地上。

但在4300年前，良渚古国灭亡之后，长江下游的文明发展忽然一落千丈，几近荒芜，这种萧条景象一直持续到西周时期。

长江中游的江汉平原，4600～4200年前是石家河古国时期，也就是典籍记载的苗蛮文化昌盛时期。4200 年前，石家河古国灭亡以后，其余波虽然还持续了 200 年，但之后则是一片荒凉，直到西周徐、楚等国崛起，才有了一丝改观。

黄河流域在距今 6000～5300 年，虽然产生了强盛达 700 年的西阴文化，掀起了

▲ 良渚古城区域功能结构示意图[19]

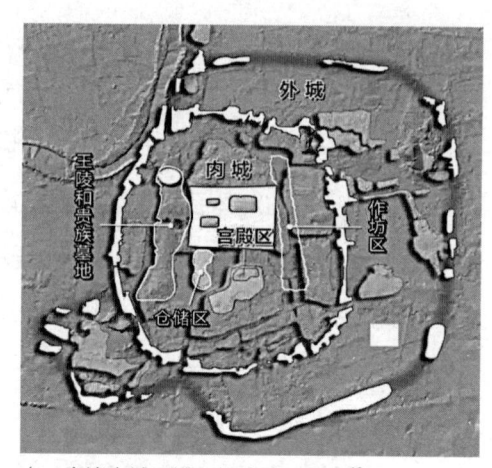

一波中原向四周扩张的"玫瑰花"浪潮，但就经典作家所提出的国家、文字、青铜器等几大文明要素而言，并没有明显的标识出现，此后继之而起的大汶口中晚期文化、龙山文化也大同小异。虽然在经济、军事实力等方面和良渚文化相比，黄河流域可能有过之而无不及——分布在豫东、鲁西和皖北的龙山文化的王油坊类型甚至还攻入良渚文化腹地，间接导致良渚文化覆亡[20]，但即便是强如龙山文化，直至目前也没有发现一座具有初国都邑性质的大型城址。

以上数据意味着，至少在 4300 年以前，长江流域文明的发达程度是高于黄河流域的。但我们现在所能看到的文献记载，情况恰恰相反：活动在黄河中下游流域的华夏族才是五千年中华文明的创造者和引领者。

距今五千年前后不是黄帝时代

中华文明5000年已经是华夏子孙的共识，这种共识以前是来源于《史记》建立的"五帝"华夏系统，也就是说，中华文明5000年始自"五帝"之首黄帝奠基的华夏"大一统"。但事实上，司马迁在《史记·五帝本纪》中并没有对黄帝至尧舜禹各时期有明确的、具体的时间界定。《史记》提到的明确纪年是始自西周共和元年，即公元前841年。

目前看，最早为5000年历史说奠基的是西晋时期的学者张辅，《晋书·张辅传》记载张辅评司马迁《史记》时说："迁之著述，辞约而事举，叙三千年事唯五十万言。"司马迁去世于公元前90年，距今约2100年，加上张辅认为司马迁的《史记》写了3000年的历史，因此中华文明具有5000年的历史遂成为近百年以来中国人的共识。

回溯过往，这一共识应该形成于清末民初之际。清末，在西方文明的冲击下，国人固有的传统文化信仰发生动摇，在这种情况下，为了凝聚民族共识，重塑国民认同，革命党人便从《史记·五帝本纪》中搬出黄帝作为中华民族的始祖，将黄帝元年作为中华文明的起始，由此掀起了一波"黄帝热潮"。其中一个主要代表人物就是梁启超，我们现在耳熟能详的"四大文明古国""中华民族""五千年文明"等概念都出自他的手笔，或经他的手笔而广泛流传。之后，随着国家积极的宣传和十年制义务教育过程的内化，5000年文明逐渐成为国人共同信奉的"常识"。

2020年5月7日，郑州市文物考古研究院在河南郑州公布双槐树遗址阶段性重大考古成果，该遗址因其丰富的文化内涵引起世人关注。随后，国家"夏商周断代工程"首席科学家、北京大学教授李伯谦先生在接受央视记者访谈时，就称双槐树遗址是"黄帝时代的一个都城遗址"。[21]

事实上，从近百十年的考古成果来观察，在距今5300～4800年这500年左右的时间内，中原地区一直处于群雄并起、"军阀割据"的"殖民地"和"半殖民地"的混乱状态，这同《史记·五帝本纪》所描述的黄帝辖境"东至于海，登丸山，及岱宗。西至于空桐，登鸡头。南至于江，登熊、湘。北逐荤粥，合符釜山，而邑于涿鹿之阿"完全不同。而上溯至距今6000～5300年的西阴文化"一枝花"时期，反倒更像是传说中的黄帝时代。

我们就从郑州双槐树遗址谈起。

一

双槐树遗址[22]位于河南郑州巩义市河洛镇双槐树村南的高台地上，东西长约1500米，南北宽约780米，残存面积约117万平方米，是迄今所见面积最大的仰韶中晚期聚落遗址。该遗址中的文化遗存可分为五期七段，其中第三、四、五期相当于仰韶晚期秦王寨文化中前期，距今大致 5300~5000 年。

遗址内分布有仰韶中晚期三重大型环壕、类似瓮城结构的围墙、排列整齐的大型中心居址、由三座院落组成的大型夯土基址，发现了最早的家蚕牙雕艺术品，还有三处经过严格规划的大型公共墓地，其中一处是围绕中心夯土祭台分布的大型墓葬区，还有三处夯土祭祀台遗迹、用 9 个陶罐模拟的"北斗九星"天文遗迹，另外，还发现有制陶作坊区、储水区、道路系统等，并出土了一大批仰韶晚期丰富的文化遗物。

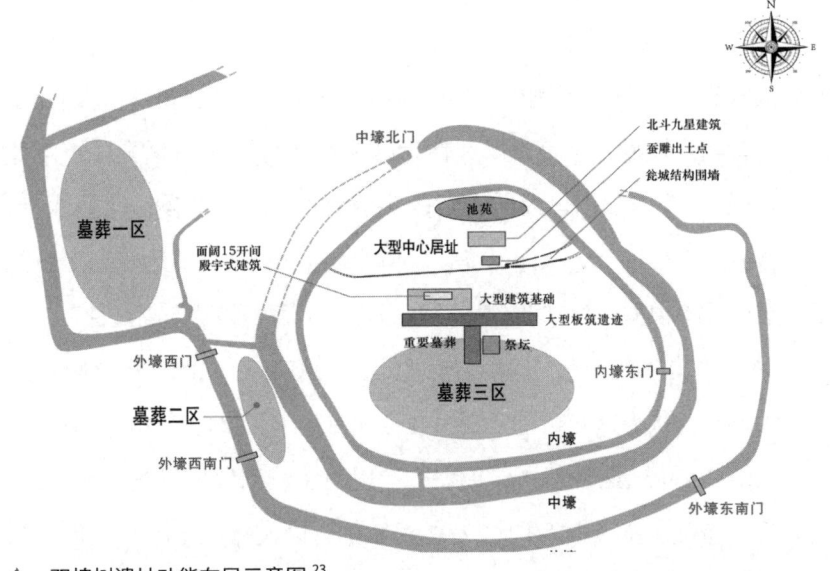

▲ 双槐树遗址功能布局示意图[23]

三重环壕把遗址围起来，形成了一个严密的防御体系。三道环壕的出现，在中原地区还是第一次，显然是对河南灵宝西坡、北阳平和西安杨官寨等西阴文化单、双环壕聚落防御格局的创新和发展，已经接近初期的城。

遗址内环壕的北部正中坐落着一座面积达 1.8 万平方米的大型居

址，由四排带有巷道的大型房址组成，其中第二排中间一所面积最大，约220平方米，用9个陶罐摆放的"北斗九星"图案遗迹就安置在它的前面。另在建筑中心还发现了一具头向朝南，即朝向门道的完整麋鹿骨架，位置在"北斗九星"图案上端、"北极"附近。

二

双槐树遗址最引人注目的发现，可以说就是用陶罐摆置的"北斗九星"图案遗迹和那具头向朝南，即朝向门道的完整麋鹿骨架。

北斗星是相对于永驻天空中央而位置不变的拱极圈而言的。由于地球的公转，人们观测到其斗柄一年四季随时间变化而旋转，因此通过斗柄指向可以确定季节，以此作为确定农时的依据。《鹖冠子·环流篇》记载："斗柄东指，天下皆春；斗柄南指，天下皆夏；斗柄西指，天下皆秋；斗柄北指，天下皆冬。"中国的数学元典《周髀算经》就是根据这一理论模型，作"四分历"而提炼出了著名的"商高定律"。

关于"北斗九星"，道教文献《云笈七签》有"北斗九星职位总主"的记载，认为这九颗星分别由九位大帝主宰，摄理着28个星辰。

"北斗九星"理念是中国古代一个重要的文化传统，渗透于社会领域的各个方面。如《黄帝内经·素问》在讨论人体变化源于天地阴阳变化时，就认为天地之间的阴阳变化是由"北斗九星"和日、月、金、木、水、火、土"七曜"的运行来决定的。"九星悬朗，七曜周旋"才是天体运行的"天元"根本。

"北斗九星"在后世之所以变成"北斗七星"，是因为北斗星斗柄三颗星附近的两颗辅星——洞明星和隐元星，本是暗星，早期或许尚能看到，后世隐去，所以后人就逐渐以"北斗七星"取而代之。

掌握北斗星运行规律，根据斗柄旋转指向来制定节历以指导农时，是原始社会统治者掌控百姓的一种常规手段，但这种掌控是统治者通过把自己打扮成上天的代言人来实现的。

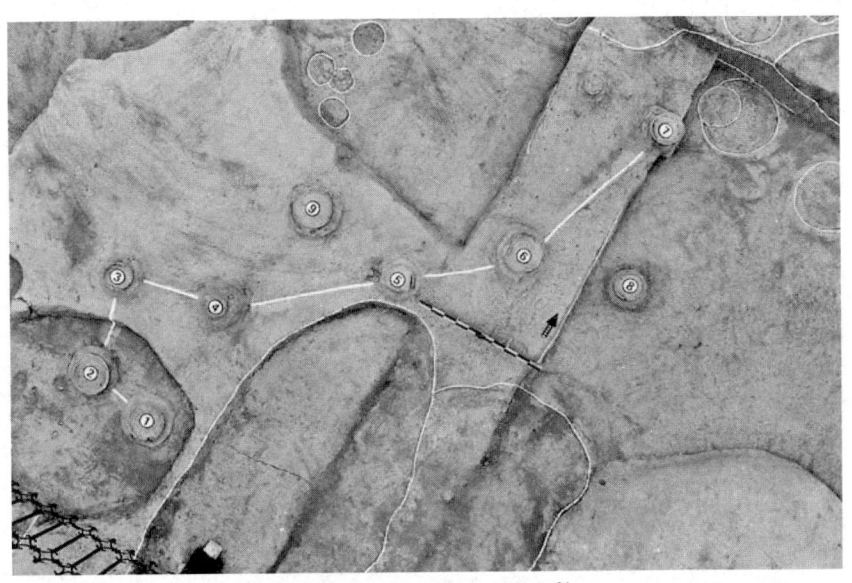

▲ 双槐树遗址用9个陶罐模拟的"北斗九星"天文遗迹[24]

在古人的认知中，拱极圈永远不会落在地平线以下，拱极圈以内的天区就是天之中央即"天中"，日月星辰、周天星河都环卫在其周围。彼时人们尚是原始巫教的信奉者，他们认为"天中"乃是无所不能的天帝之居所，而北斗星又恰巧位处拱极圈两侧，所以北斗就成为他们心目中"天中"的象征。简单的类比思维又让原始先人产生了相应的"地中"概念，并认为"地中"就是人间帝王的居所。而这个"地中"就是与北斗星对应之所在，北斗星也因此又成了"天子之星"。

传说黄帝就是执掌雷雨的神祇"天子之星"，因此作为"天子之星"的"北斗星"旁边还有两颗星像是辅佐黄帝的文武大臣,这两颗星正是后来隐去的洞明星和隐元星。

北斗星在古代还有被视为天帝车舆的传统,例如《史记·天官书》就说:"斗为帝车,运于中央,临制四方,分阴阳,建四时,均五行,移节度,定诸纪,皆系于斗。"

与此相关的另一个例证,是那具被发现躺在建筑中心、北斗九星上端、头朝向门道的完整麋鹿骨架。古人有"三轿"的说法,指龙、虎、鹿三神兽,它们是帮助神巫上天的桥。这里显然是把北斗九星喻作"帝车",而那头麋鹿就是驾车上天的"鹿轿"。

不言而喻,双槐树遗址大型中心居址面积最大的房址前摆放的用9个陶罐连缀起来的北斗九星图案,其实是在暗示房址的主人是和黄帝有密切关系的王者一类人物——他正是用此图案宣告天下,他就是居于"地中"并掌握着"授农以时"大权的人间帝王。他可以坐上由神鹿所驾车子上天巡游,领受天命,从而统御四方天下。这和大型中心居址、大型夯土基址共同构成的殿堂级建筑特征基本吻合。

三

双槐树遗址北距黄河2公里,西距伊洛河4公里,伊河、洛河汇流后在这里汇入黄河。这一地区正是著名的"河洛神话"衍生地——《易经》就有"河出图,洛出书,圣人则之"的记载。

"河图洛书"类神话主要出自纬书。所谓"河图洛书"其实就是神化后的河洛"北斗九星"图。《七纬》说"河图洛书"包含着"天文位度之差"。

《后汉书·天文志》说,轩辕黄帝受到北斗星的启示而模拟其形状画出"河图"，以"规日月星辰之象"。显然，"北斗九星"就是帝王都邑和帝王身份的象征：帝王接受"天命"，必然会用北斗星测定时间，以顺应"天时"。

河洛神话的主人公几乎都是黄帝或者是同黄帝密切相关的人物，主要情节大同小异，就是说在河洛这一带，有大龟或大鱼从河水里驮出"河图"一类体现"天命"的宝物，黄帝顺应"天命"予以接受。

还有一类说法是，在河洛宫廷中，有凤凰云集衔图鸣叫，并降至廷阶，献出宝物，黄帝稽首而拜，接受"天命"，如此等等。其主旨实际上都是在展示黄帝执政合法性源自所谓的"天命"，此即"君权神授"。

河洛地区大致指今郑州豫中一带，包括新郑、新密、巩义、登封等县市。这一带也是传说中轩辕黄帝"有熊国"所在地，像《焦氏易林》《帝王世纪》《御览》《续汉书》《水经注》《括地志》《通典》等，都有类似的说法。

"有熊国"的说法并非空穴来风。中华远古先民很可能因信奉原始巫教而与"熊"发生了关联。在巫教里，北斗星等同于"天熊"形象——在远古时代，世界各地大都如此，包括古巴比伦和古希腊的神话，都有把北斗星命名为"熊星座"的传统。

在中国信奉巫教的少数民族中，迄今仍称北斗星为"熊星"。考虑到前述北斗星还有天帝车舆的含义，而古文献中关于黄帝"居轩辕之丘""黄帝造舟车"一类传说连篇累牍，那么，在双槐树遗址发现的"北斗九星"图案或许就是轩辕黄帝"有熊国"的标识，而轩辕一词也极有可能滥觞于"北斗九星"为"帝车"这样的文化理念。[25]

▲ 河南新郑轩辕黄帝塑像

但轩辕并非正牌黄帝,而是延续了黄帝称号的黄帝后裔——可能是血缘上的,也可能是文化上的,这一点,《太平御览》引《河图握枢》说得很明白:

> 黄帝名轩,北斗黄神之精。母地祇之女附宝,之郊野,大电绕斗枢星耀,感附宝,生轩,胸文曰:黄帝子。

"黄帝子"表明了轩辕是黄帝的后裔而非黄帝本尊。

张守节在《史记正义》中也透露了一丝玄机:"轩辕十七星,在七星北。黄龙之体,主雷雨之神。"这显然是说,"轩辕星座"并非"北斗七星",而是指"北斗七星"北边的17颗星。换言之,轩辕并非与"北斗七星"对应的正牌黄帝。

另外,还有很重要的一点是,"轩辕十七星"隐含着多的意味,也就是说,所谓的轩辕黄帝或者说"有熊国"可能不止一个。

河洛"北斗九星"在双槐树遗址中的现身隐含的极有可能是"易代"帝王的出现，因为在中原地区，每一个新天子或将做天子的，都一定会"临观河洛"，以此表明自己受命于天的正统身份。就这个意义而言，"河图"是"易代"帝王为了给自己"易代"执政的合法性寻找"天命"，才会展示的"受天命"的证据。

《尚书纬》对此有记载："握命人起，河出图。"所谓"握命人"，就是指秉承天命的新天子或将做天子的人。显而易见，双槐树遗址所出北斗九星图案是在暗示，这里的主人只能是正牌黄帝之后的"易代"冒牌黄帝。

四

从考古发现看，双槐树遗址所在的距今5300～5000年，正是西阴文化衰亡后群雄并起的仰韶晚期，这同强盛一时的黄帝"一统天下"图景截然不同。反倒是之前的仰韶中期，即西阴文化时期，更像是传说中的黄帝时代。西阴文化距今6000年至5300年，是史前中原文化最为强盛的时期。[26]

西阴文化以强势姿态登上历史舞台，完成了女权社会向男权社会的转变，促进了聚落结构的层级化、复杂化，使得整个社会快速步入文明前夜。

西阴文化时期存在着相对发达的农业、渔猎业、家畜驯养业和各种手工业，在同一时期东亚大陆上处于领先地位。这使西阴人有了可以大规模向外拓展的底气。

西阴文化器物图案的典型特征之一是两种花卉图案：玫瑰花和菊花。其中，菊花、玫瑰花的完整图案是花、蕾、叶俱全的"一枝花"。

这"一枝花"彩陶，就像刚从天际冉冉升起的旭日，将它的光芒从豫西、晋南和关中东部这一西阴文化核心区，辐射到周围区域，整个黄河中上游及其周边地区的文化面貌都因此染上了西阴文化那道绚烂的色彩，形成了空前一致的局面。这一范围西至甘青、川西北，东至豫东，北过河套，南达江汉。

▲ 西阴文化"一枝花"彩陶

不仅如此，西阴文化还通过这些地区将其影响波及更遥远的地方：向北，抵达内蒙古东南部和辽宁西部；向东，到达渤海和黄海之滨的山东以及江苏北部；向南，深入至长江南部中游区域。

西阴文化向东，不仅仅是影响了与其同时存在的海岱地区大汶口文化居民的日常生活，更重要的是影响了大汶口文化居民的精神生活——在大汶口文化一些墓葬中，可以发现其内部结构及装饰工艺同西阴文化保持了惊人的一致性。

西阴文化向南，对长江下游两岸的马家浜—崧泽文化和长江中游流域的大溪—屈家岭文化，也造成了不同程度的影响——这两支文化系统中都呈现出了多少不一的西阴文化因素。

可以说，西阴文化强势开拓，使得整个黄河中上游及其周边地区的文化面貌都打上了西阴文化的烙印，从而确立了其在族群语言和心理上的基本底色，实际上是完成了中国历史上较早的一次文化整合，奠定了中国"多元一体"文明的基本格局。

五

但是到了距今5300年前后时，西阴文化"一统天下"的格局被彻底打破，"蛮夷"崛起，西阴文化绝灭，中原沦陷。中原各地差不多同时进入到了萧条冷落、群雄割据的仰韶晚期。豫西、晋南和关中东部等核心地区的面貌由西阴文化一变而为仰韶晚期西王村类型。西阴文化时期的政治文化中心——豫西灵宝铸鼎塬聚落群，几乎"一夜之间"面目全非[27]：

一是聚落遗址的数量急剧减少。西阴文化兴盛时有大小聚落18处，此时断崖式下跌到了8处。

二是聚落群分布范围缩小。原来分布于沙河中下游的遗址基本消失，沙河和阳平河下游流域的遗址也基本不见，只在中上游留下寥寥几处。

三是西坡作为西阴文化时期的中心聚落，很多建筑此时已经被废弃，往日的喧嚣繁华趋于沉寂萧条。

总体而言，这一时期聚落遗址的数量、面积的急剧缩减，显示的是该地区社会人口和组织规模处于一个大幅度下降的过程中。

铸鼎塬聚落群在这一时期发生的变化不是一个孤立的现象，放眼原来西阴文化所覆盖的整个区域，几乎到处都是同样的情况。[28] 晋南的垣曲盆地，遗址数量由原来的24处下降到了13处，中心聚落面积由30万平方米下降到了14万平方米，聚落等级也由原来的三级结构变成了二级结构。

在渭河流域，原来呈现出西阴文化面貌的泉护一期此时一举变为泉护二期。

在豫中，原来西阴文化因素占主导地位的王湾一期文化被新崛起的秦王寨文化所取代。

▲ 秦王寨文化大河村先民居址复原图[29]

不仅如此，除了核心区外，西阴文化原先的控制区和受其影响的边缘区，文化面貌也都发生了翻天覆地的变化而进入仰韶晚期[30]：

晋中地区的文化面貌此时摇身一变而为仰韶晚期义井类型；

内蒙古中南部变为仰韶晚期海生不浪类型；

豫北冀南地区变成仰韶晚期大司空类型，后来改称大司空文化；

豫西南变成了仰韶晚期下王岗类型；

陇东地区变成了仰韶晚期大地湾类型……

可以说，彼时的中原及周边地区是群雄并起、战火纷飞，像极了3000年后彼此攻城略地、混战不休的战国时代。

在几乎同一时间，兴盛达200年、地处淮河流域的凌家滩文化，以及绵延600年之久、地处环太湖流域的崧泽文化，却突然同时宣告覆亡。更令人感到不可思议的是，繁衍生息达 1700 年之久、地处长江下游宁绍平原的河姆渡文化，也在同一时间踉跄着走向它的坟墓。[31]

同样距今 5300 年前后，日后名声大噪的良渚文化、屈家岭文化和马家窑文化分别崛起于长江下游、长江中游和西北的甘青大地。

就在西阴文化猝然终结的时候，我们发现处在中晚期过渡时期的海岱地区的大汶口文化主人正瞪着猎鹰般的眼睛指挥着千军万马向中原挺进。

大汶口文化的西进始于西阴文化势弱的晚期，亦即大汶口文化中期，当西阴文化解体后，其西进的脚步开始加快，这表现在河南临汝北刘庄、禹州谷水河、尉氏县椅圈马等遗址中都出现了大量的大汶口文化中期因素。这些分布在颍河、伊河和洛河流域的大汶口文化遗存与以山东汶、泗两河流域为主要分布区的大汶口类型文化面貌十分接近。但由于受到中原当地文化的影响，也在众多方面表现出一定的差异性，不过其文化面貌性质还是属于大汶口文化，所以有学者称之为大汶口文化颍水类型。[32] 换言之，颍水类型来源于大汶口类型，是大汶口类型的一个分支在河南境内的变体。

西进的大汶口文化不仅仅是文化的输出，更主要的是侵略性质的殖民输入，这集中体现在这些遗址墓葬的葬俗和陶制生活用具上。葬俗如用猪牙随葬和死者的拔牙习俗；陶制生活用具如各式鼎、壶、杯、豆等，几乎囊括了大汶口文化中期所有的生活用具类。

在长江中游地区，几乎与西阴文化覆亡同时，屈家岭文化势力骤然崛起，并在用武力征服豫西南地区后开始向北方和西北方拓展。向北方的一支，出南襄隘道穿越伏牛山和外方山，北上豫中，经上蔡十里铺、驻马店党楼、临汝北刘庄、汝州中山寨、禹州谷水河，挺进豫

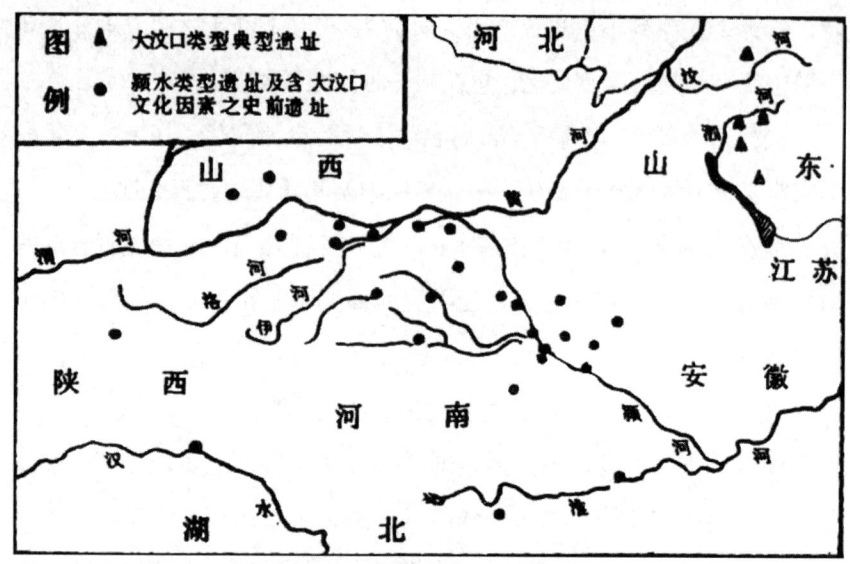

▲ 颍水类型遗址及含大汶口文化中期因素的遗址分布示意图[33]

中平原的郑州大河村，再折而向西，经豫西洛阳王湾和灵宝盆地，向北穿越黄河，抵达晋南夏县东下冯遗址和垣曲古城东关遗址；另一支向西北沿丹江溯水而上，经陕南，翻越秦岭，出现在了渭河谷地。[34]

面对着大汶口和屈家岭两大集团的强势入侵，中原土著迅速分化，一部分顽强抵抗，死战到底，如盘踞在辉县一带的大司空文化政权；一部分认输服命，甚至还可能充当了大汶口集团在中原统治"代理人"的角色，如郑州西山古城政权。

另外还有一部分为避战乱之祸，干脆逃之夭夭。这部分西阴遗民，在东有大汶口殖民者西下攻伐，南有屈家岭苗蛮势力北上进击的情况下，就只能沿着渭河上溯，向人烟稀少的西北甘青一带逃亡。

从考古资料看，他们先是逃到了今渭南市华州区泉护村一带，与同属西阴文化的泉护一期文化居民组成迁徙大军，北上到达渭河上游的陇东地区，在此留下了仰韶晚期大地湾类型。稍作盘桓后，他们又继续西进至陇西以及青海民和等地繁衍生息,并同当地土著交融,创造了繁盛一时的马家窑文化。[35]

中原地区实际上已经沦为大汶口和屈家岭两股文化势力的"半殖民地"和"准半殖民地",有点类似于民国时期群雄并起、军阀割据的混乱局面。这种状况一直持续到距今4800年前后,随着覆盖范围更为广大的庙底沟二期文化新兴土著势力的崛起才有所改观。但也就是仅仅有所改观而已,庙底沟二期文化覆盖和影响范围仅限于晋南、豫西和关中这个狭小的黄河三角洲范围以内,与先前的西阴文化一统中原的局面相比已不可同日而语。

六

从文化内涵上观察,双槐树遗址不管是三重环壕,还是北斗九星摆放遗迹等,都体现的是黄帝文化所特有的"新天子""易代"传统。

此外,遗址内还出土了大量包含外来文化因素的器物,如属于黄河下游大汶口文化因素的折腹鼎、背壶,属于长江中游屈家岭文化因素的双腹器等陶器组合,属于淮河流域双墩文化因素的靴形器,等等。说明双槐树遗址正处在一个剧烈动荡的变革时期,这也和文献记载的"新天子""易代"时代背景比较吻合。

从双槐树遗址周边环绕的诸多环壕聚落、城址等情况看,有面积为12万平方米的荥阳青台遗址,有面积为74万平方米的荥阳汪沟遗址,还有面积为10万平方米但已经是建有城垣的郑州西山古城遗址等。

青台遗址也出土有象征"帝车"和"帝星"的"北斗九星"遗迹。青台遗址"北斗九星"标志物位置与天体实际呈现基本一致,即便用现代天文学软件演示,位置也非常精确。同时还存在"北斗九星"祭祀区，尤为重要的是还发现了圜丘形天坛遗迹，暗示这两处遗址的主人都以轩辕黄帝自居，表明它们是两个并列而没有统辖关系的黄帝后裔"古国"。

▲ 郑州西山古城遗址空中俯瞰图 [36]

郑州西山古城遗址面积虽然不大，但已经发展成城——这在中原历史上是第一次，从其文化面貌和性质来观察，应该是大汶口文化殖民者扶植起来的具有半殖民地性质的祝融"古国"都邑所在[37]。考虑到青台遗址西北距西山城址仅 6 公里，并且文化面貌同西山城址所属的秦王寨文化有较多相似之处，不排除青台遗址是祝融族群控制下的一个傀儡式的"轩辕政权"。

就这个意义而言，这一地区所出现的双槐树、青台等环壕聚落遗址，一定程度上契合了上述"轩辕十七星，在七星北"的文献记载——这些聚落主人都不是正宗意义上的黄帝，而是逐鹿"河洛"、打着黄帝旗号的"易代"轩辕或"有熊国""轩辕国"一类，属于后黄帝时代。

良渚古国改写中华文明史

一

根据《史记》等文献记载,长江下游流域最早出现的国家是吴国。时间为商末周初,开国国君是周太王古公亶父的长子太伯,也就是周文王姬昌的大伯。在传统的认知中,吴国出现之前的长江下游流域,是没受过文明熏陶的野蛮人生活的荒芜之地,古人称这些人为"南蛮"。"南蛮"实际上是自诩为文明人的古中原人对南方人群的蔑称。

在传统的古史体系中,中原是华夏始祖"三皇五帝"活动的"天下之中心",其历史不但源远流长,而且文明程度之高可以普照天下。我们平常说的中华文明5000年,其实就是从这个意义上说的,指的是中国从黄帝时代算起,至今已经有了5000年文明的历史。但按学界关于文明定义必须有国家出现这一标准,在以黄河中游流域为核心的中原地区,至今没有找到距今5000年左右古国性质的相关遗址,反倒是在古人所谓蛮荒之地的长江下游发掘发现了5000年历史的古国都邑,这就是在2019年入选世界文化遗产、位于浙江省杭州市余杭区瓶窑镇的良渚遗址。[38]

良渚遗址的发现有一个漫长的历程。

20世纪30年代，中国考古学工作者经过十多年的努力初步确定了黄河流域以彩陶为特征的仰韶文化和以黑陶为特点的龙山文化，受此影响，吴越史地研究所的学者们也开始在江南寻找史前人类遗迹，并在1936年开始试掘位于杭州的古荡遗址。当时在杭州西湖博物馆参与助理工作的施昕更也参加了这一工作。古荡遗址试掘时间很短暂，但其中发现的一些石器和陶器却引起了施昕更的兴趣。他觉得他以前在老家良渚似乎也见过类似的器物，于是便多次回家乡进行野外考察。

1936年11月，施昕更在家乡一个干涸的池塘里发现了几片同龙山文化相似的黑陶片。随后，经当时的中央古物保管委员会批准并颁发采掘执照，施昕更于1936年12月至1937年的3月，先后三次对杭州良渚棋盘坟等6处遗址进行了发掘，出土了大批石器和陶器。

1937年底，由于日军攻陷杭州，杭州各类机构被迫迁移，西湖博物馆馆长将施昕更推荐到瑞安县，在抗日自卫队担任秘书。施昕更在此期间利用空闲时间仿照山东城子崖考古报告，于1938年出版了《良渚：杭县第二区黑陶文化遗址初步报告》。他在卷首语写下了"谨以此书纪念我的故乡"。就在报告出版第二年，施昕更因患猩红热并发腹膜炎，在瑞安去世，年仅28岁。

▲ 施昕更

《良渚：杭县第二区黑陶文化遗址初步报告》是良渚文化研究历史上的第一部专著。由于当时深受黄河文明中心论的影响，施昕更又没有受过系统的考古学训练，他将良渚一带发现的黑陶归诸山东龙山文化向南传播所致。

施昕更去世后，由于国家处在战争年代，良渚文化相关遗址的工作就没再继续进行下去，直至20世纪50年代，江南地区的考古工作才逐渐恢复正常，到60年代，许多同良渚文化有关的遗址陆续被发现发掘，如江苏无锡仙蠡墩、苏州越城、吴江梅堰、浙江吴兴邱城、杭州老和山、杭州水田畈、上海马桥、青浦崧泽、松江广富林等。这些遗址大都发掘出了施昕更在其报告中所说的黑陶，其形制和纹饰大同小异。

夏鼐先生首先认识到这些黑陶同山东龙山文化所出黑陶分属两个不同的系列，于是在1959年底举行的长江流域考古工作会议上正式提出，将太湖流域主要包括黑陶在内的这种文化命名为"良渚文化"。自此，良渚文化就从山东龙山的阴影中走出来，有了自己独立的身份和地位。

这期间，太湖流域在考古学上取得的另一个重大成果是，在地层序列上确立了马家浜、崧泽和良渚三支文化前后演变的关系。其中马家浜文化活动的时间大约在距今7000～5900年，崧泽文化在距今5900～5300年，良渚文化在距今5300～4300年。

1966年至1972年，由于众所周知的原因，全国考古工作处于停滞状态。1973年，考古工作恢复正常，良渚文化遗址的发掘研究进入一个新的阶段。

1973年，考古工作者发掘了江苏吴县草鞋山遗址，首次发现了玉琮、玉璧等大型玉礼器和良渚文化陶器共存的墓葬。1973年又在江苏吴县张陵山发掘出了随葬玉琮、玉璧的良渚文化大型墓葬。1978年至1982年，南京博物院对常州寺墩遗址进行了三次发掘，出土了由数十件琮、璧等玉器随葬的更大的良渚文化墓葬。除此以外，还发掘了江苏常州圩墩、苏州澄湖，浙江嘉兴雀慕桥、双桥等十多处良渚文化遗址，出土了大量的琮、璧一类玉礼器。

由于这些重型礼器接二连三地出土在被认为是未经开化的蛮夷之地，而且出土的大小墓葬差别明显，表明良渚社会可能已经是一个高度分层的文明社会，由此引起了考古界高度重视。

1982年、1983年两年，上海文管会发掘上海青浦福泉山遗址，再一次发现了随葬大量玉器的良渚文化大墓。随后，考古人员在对墓地的解剖中发现，福泉山竟是专门为埋葬那些墓主人而特意由人工堆筑而成的一座小型土山，他们形象地称之为"土筑金字塔"。这是考古认识上的一次突破，为后来的良渚文化研究提供了启示和导航作用。

二

1986年是良渚文化发现50周年，也是良渚文化发掘取得重大突破的一年。这一年的5月，浙江省考古研究所对地处杭州市余杭区的反山遗址进行发掘。反山也是一个人工堆筑的巨大土丘，共出土11座大型墓葬。随葬品异常丰富，有陶器、玉器、石器、象牙及嵌玉漆器共3000多件，而且琮、璧、钺、冠形器、三叉形器等玉礼器种类齐全，制作精美，玉礼器上的神人兽面纹更是雕刻得如鬼斧神工。尤其值得一提的是，12号墓葬出土的玉琮王和玉钺王，以及镌刻在上面的神徽图案，事实上是给考古人员打开了通向良渚神国的大门。

1987年，考古人员又发掘了位于反山东北约5公里处的瑶山墓葬区，共发掘出12座墓葬，还有一座祭坛。墓中发现大量玉琮、玉璧等礼器。另外，在东距反山约3公里处的汇观山，还发现了一座完整的祭坛和四座大墓。大墓中也发现了大量玉器等高级随葬品。

同在这一年，考古人员还首次对莫角山遗址进行了发掘，1992—1993年再次发掘后，确认该遗址系良渚古城宫殿建筑，主要由大、小莫角山和乌龟山三座独立的宫殿台基、大面积沙土广场以及35座房屋基址组成。这是一个人工堆筑的长方形土台，高8米，东西长670米，南北宽450米，呈覆斗状，总面积30余万平方米。其中大莫角山台基面积最大，达到了1.5万平方米，相当于6.3个故宫太和殿面积相加的总和。因为她是整个古城的最高点，南北两侧发现有两排共7座房址，房址所在台基周围还环绕有一圈壕沟，彰显整个台基是一个至高无上的存在，所以发掘者推测，这里是王的居所。

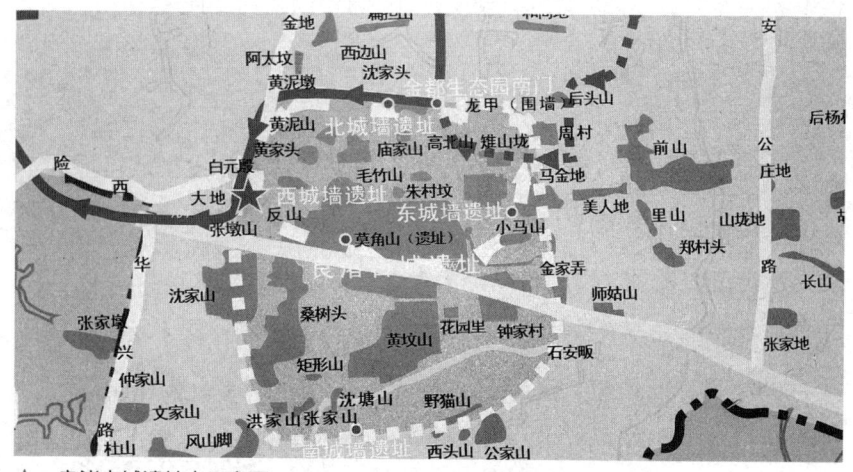

▲ 良渚古城遗址点示意图

整个莫角山建筑工程量浩大，初步估算，至少需要1000个劳动力连续不断地工作十年才能完成。要调动如此众多的人力，如果没有相匹配的财力、物力，没有一个强有力的强制性公共权力机构的保障，这一规模巨大的莫角山"土筑金字塔"显然不可能拔地而起。这意味着良渚人已经建立起具有强制性功能的初级国家形态，进入了文明时代。

之后 20 年的时间里,考古人员又在浙江、上海、江苏等地,发现了文家山、卞家山等近百处良渚文化遗址和墓葬,出土了大量精美的玉器、陶器等玉礼器。考古人员对于良渚文化的分布范围和良渚社会的政治、经济、宗教等有了一个更为全面的认识。

更大的惊喜来自 2006 年。这年 6 月,杭州市余杭区瓶窑镇葡萄畈村的一个村民要在良渚文物保护区范围内盖房。按照惯例,良渚遗址工作站的考古队去例行勘探。

走进还是一片稻田的遗址保护区,考古队员们发现在一条南北走向、宽约 45 米的河沟内,散布着许多疑似良渚文化晚期的碎陶片。带队的浙江省文物考古研究所副所长刘斌凭着职业的敏感,意识到其中可能存有玄机,遂决定在河床东侧挖个坑,看看河底下还埋了些什么东西。结果,挖了几下,就发现下面的泥土变成了黄色,这和良渚一带的灰黑色淤泥完全不同,显然是从外地搬运过来的。

再接着挖下去,发现是由人工铺设的一层大小均匀的小石块。由于当地经常暴发洪水,考古人员当时都以为可能是个河堤遗址,但随着发掘工作的继续进行,类似情况在四周也开始陆续出现。他们意识到,这些"河堤遗址"有可能就是良渚古城的城墙遗址。

2007 年 4 月下旬,经过 10 个月的挖掘,这条底部铺垫石块、用大量黄土夯建的南北向"堤坝"遗迹露了出来:其南至凤山,北接东苕溪,长 1000 余米,宽 40~60 米。到了第二年 6 月初,考古队员在莫角山北侧的河池头村,又发现了一段东西向、底部铺垫石块的遗迹。9 月中旬,发现了西起苕溪,东接雉山的一段遗迹。10 月下旬,在莫角山东侧也发现了相同遗迹。11 月上旬,在莫角山南侧又发现了一条相同的遗迹。至此，证实良渚古城存在的最重要一环——古城墙遗址终于暴露在众人面前：这座古城略呈圆角长方形，南北方向，城墙基址东西长1500米至1700米，南北长1800米至1900米，总面积290万平方米，大约相当于350个国际标准足球场面积总和那么大。

▲ 良渚古城西城墙遗址发掘现场

根据计算，古城墙在莫角山四周的田间延绵超过了6公里，但由于年代久远，许多地段已被破坏。保存较好的北城墙，高度约4米，靠外墙的石块明显比内墙的大，依稀可见当年非凡的气势。古城城墙的厚度同样罕见。除了南城墙略窄，40米宽外，其余三面城墙都有60米宽。

发掘过程中，考古人员陆续出土一些陶器、木器、石器等，显示的都是良渚文化晚期特征。2011年3月，浙江省考古研究所与北京大学碳十四实验室合作，对从良渚古城叠压城墙中发掘出的一系列样本进行碳十四测年，数据显示，良渚古城城墙的年代大致在距今4500～4300年之间。

继2007年发现良渚古城城墙遗址后，浙江省考古队又分别在北、东、南三面城墙中各发现2座水城门。随后，考古队对北城墙的火溪塘段城门进行解剖，发现这座水城门宽30多米，确系良渚古城的水路通道遗址。

另外，在良渚古城的东城墙外一处叫美人地的遗址发掘中，还发现了呈东西分布的平民居住地和古河道遗址。

从2009年到2015年，考古队在古城西面约8公里的地方，先后发现了用草裹泥堆砌而成的11条水坝——即便从现在的角度看，由这11条水坝组成的水利工程也是一个非常完备的水利系统了。11条水坝上下拦截形成一个8平方公里的水库，水库的水还可以蓄到古城北面斜山坡的高水坝里。这些高水坝，又可以将山区的木头等资源转运下来，取代人工搬运，轻松漂流到古城内。碳十四测年的数据结果显示，良渚水坝建筑时间大约距今5100～4700年。

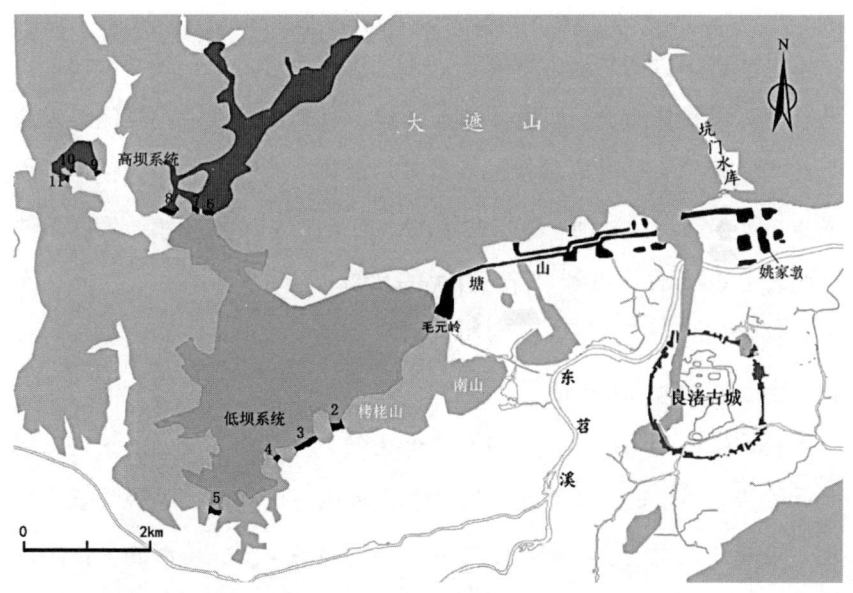

▲ 良渚古城由11条水坝组成的水利工程示意图

这期间，考古队确认了良渚古城北面的塘山、东面的郑村和南面的卞家山三处遗址的性质，它们连同南侧河道发现的排列整齐的竖立木板，共同构成了一幅良渚古城外郭城的形态图，总面积约30平方公里。

包含宫殿区、内城、外郭城的城址，祭坛的分等级墓地，以玉器为代表的出土器物，提前规划好的城防水利系统，以及已发现的600处同期分布在环太湖地区大约3.65万平方公里以内的良渚文化遗址……良渚古国在消失4000年多后的今天，通过考古学家们的辛勤努力，再一次向世人展示了它曾经的辉煌。

三

良渚古国是个等级森严的阶级社会。这首先体现在墓葬的等级规模和随葬品质量、数量的差别上。贵族墓与平民墓各居其所，秩序井然。差别之大，犹如天壤之分。

良渚古国贵族墓地大都建在人工堆筑的土台之上，高大宏伟，气势壮观。贵族墓内，一般有木棺或木椁，有的还涂着色彩鲜艳的朱漆彩绘。随葬品更是琳琅满目、丰富多彩，其中尤以玉器最为精绝，内涵也最为丰富。像反山、瑶山两地就出土玉器达2000多组，若以单件计则超过6000件，占到全部随葬品的90%以上。从制作工艺上看，无不是精雕细刻，巧夺天工。遍布良渚玉礼器上的神人兽面纹更是雕刻得别出心裁，如同鬼斧神工一般。

良渚古国的贵族墓地，有着高低贵贱之分。葬在反山的墓穴，陪葬品等级是最高的，相当于王陵级别；瑶山、汇观山，等级略低于反山，可能是大臣或者巫师。陪葬品越多的墓葬，安放棺椁的平台距地面越高，也象征着等级越高。

即便在最高等级的王陵中，从随葬品的多少也可以看出死者生前社会分工和地位的不同。如反山墓主人就可以分为三类，一类是既葬琮又葬钺。像最先挖出的12号墓，墓主人就可能是最富有和最有权势的国君，因为这个墓出土了玉琮王和玉钺王，代表的是既掌握祭祀权又掌握军权的人，是王者；第二类是随葬钺而不随葬琮，代表的是军官；第三类是随葬琮而不随葬钺，代表的是巫师。这三类人事实上已经形成了统治阶级中的最高阶层，高踞于良渚社会的普通民众之上。

▲ 反山遗址

《左传》说："国之大事，在祀与戎。"祀与戎复杂到需要专人从事这个职业，并由此凌驾于整个社会之上，说明良渚社会已经从史前的社会组织发展质变为政权组织，进入了初级国家时期。

与贵族墓地形成鲜明对照的是平民墓地。迄今为止，良渚文化已经发现2000座以上平民墓葬，60%～70%是只有几件陶器或石器的小型墓穴。他们一般直接埋在地里。墓葬小且无葬具，随葬品多为一两件陶器或石器，有的一无所有。

良渚平民大都居住生活在古城外的乡村里。根据考古人员对桐乡普安桥、新地里、海宁皇坟头、余杭玉架山、茅山等遗址的发掘可知，这个时期的村落面积（不计村落外部的田地）多在1万平方米上下，村落内散落着不到10座居民住宅。出土遗物多为普通家居生活生产用品，如陶制器皿、耘田器、刀、石犁等石质工具等。

等级森严的社会必然是一个分工明确的社会。良渚遗址出土的大量玉器，不仅揭示了一个庞大的社会上层阶级，也揭示了专门从事玉器加工的手工业制造者的存在。良渚玉器从原料的获取到搬运，从切割成形到最后精加工，是通过流水线实现的。民间的一般玉工可以参与采集玉料、初步加工或者简单玉器制作，贵族和王室则控制着高级玉器的制作，特别是玉器表面的微刻技术，包括那些代表神权的象征性的符号的创作，都由统治阶层所垄断。

莫角山东南脚下的钟家港发掘清理了部分高地和高地脚下的古河道。高地上应是"市民"居住区，河道内发现了许多玉石残料，其中有不少是长三四厘米、直径仅为1毫米多的玉管钻芯，相关专家认为是用于雕刻玉器花纹的工具，说明这一带是一处高端玉器制作区。另外，考古工作者多年来在古城附近一直都没找到水田的存在。这意味着，良渚古城并非一个超大的农业聚落，而是各种制造业生产、原材料和产品集散的中心，是联通它们的管理机构之所在。换句话说，良渚是一座按照不同社会功能组织起来的城市。

良渚古国还是一个政教合一的初级国度。良渚社会的最大特点是巫术盛行，整个社会都笼罩在强烈的宗教氛围之中。从出土的相关文物看，其宗教性遗物数量之多和品质之精都达到空前的地步，另外还出土了许多同宗教巫术密切相关的丧葬习俗、祭祀仪仗等方面的遗存。

从出土的宗教器物上看，良渚文化玉器、陶器和石器的一些与神灵有关的图像，有许多就是良渚人所崇拜的神灵图像，反映着良渚神祇文化的丰富内涵。这些图像大同小异，甚至原模原样地复制在良渚文化相关器物上，可以说已经固定化、程式化，有着特殊的含义，而不是普通意义上的装饰花纹，如神人兽面复合神像，广泛见于琮、钺、璜、镯、冠装饰、三叉饰、半圆饰等各地出土的属于良渚文化的玉器上，其中以1986年在反山12号墓出土的"玉琮王"为代表。

▲ 反山12号墓出土的"玉琮王"及其神人兽面复合图像

这枚玉琮王上所雕刻的神人兽面复合图像，人脸呈倒梯形，圆眼，宽鼻，阔口，露齿，表情威严，人头上的羽冠由22组呈放射状的羽翎组成——也有专家解读为太阳的光辉。兽面有巨大的眼睛，两眼之间以微凸的短桥联结，獠牙外撇，有鸟足形利爪，人臂、兽肢上都密布着匀称的饕餮纹。因为死者身旁除随葬有这件玉琮王和大量的高等级的随葬品外，还随葬着一件带有神人兽面雕刻的玉钺。在古代，琮是祭天的礼器，代表着神权；钺，是一种兵器，代表着军权和王权。所以，反山12号墓主人在生前就是良渚古国的王者，也是最高的"神"——我们姑且称之为"良渚教"的教主。

在至高无上的"王者"墓中，乃至在遍布太湖流域的良渚文化诸遗址中，刻有神人兽面图像的宗教器物频繁地出现，说明这个兽面神人应该是比王者地位还要高的"神灵"，联系到中华民族生生不息的祖先崇拜文化，这个神人极有可能就是良渚古国"王者"意识中的血脉祖先。

显然，这是一个宗教氛围很浓烈的"一神教"占主导地位的初级国度。

当然，作为一个政教合一的初级国度，要控制其教民的思想、言行，那就还需要制定相关的教义、教规。遗憾的是，由于那时还没有成熟的文字，也没有容易保存下来的书画载体，我们无法窥知其具体内容。但从福泉山、瑶山、汇观山、反山、寺墩、赵陵山等地发掘出来的祭坛建筑形制，可以读出一二。

其一，这种祭坛都是人工堆筑的高大土台。其二，坛面都是正方形。其三，都有三层阶梯。其四，都是坐北朝南，以南为上。与此相联系的是，在良渚文化玉璧和玉琮的刻符上，在高方柱玉琮的器形上，也有相同的特征。这种情况的出现说明，祭台和玉器上的层台刻符与高方柱玉琮的器形，有着共同的思想内涵。从《山海经》等相关古文献来看，这种人工堆筑的祭坛极有可能是古人心目中象征天地支柱的神山，即昆仑——大土台就是天地柱的地基；坛面和玉琮外方内圆，则意味着古人心目中"天圆地方"概念。

三层阶梯，意味着死者已经登梯升天，坛顶平坦意味着融于蓝天之中。根据现有的考古成果观察，良渚文化的祭坛都是和权贵墓葬规划在一起的，其功能显然是敬天祭祖——这正是中国传统文化的核心内容。坐北朝南，意味着古人以南为阳，以南为上这一思想，这和中国历朝历代帝王"背北面南"的观念一脉相通。

通过祭祀天地祖先加强人们的信仰，又通过臣民虔诚的信仰，来巩固既有政权，再用既有政权的暴力专政维护宗教礼仪秩序和臣民的精神生活，这既是良渚古国政教合一的特征，也是世界上所有政教合一国家的最重要的特征。

四

根据现有资料观察，良渚文化就是一个地处长江下游的"联邦"式集团留下的文化遗存，而良渚古国即是这个"邦国联盟"的盟主国。良渚古国的最高统治者，亦即这个"邦国联盟"的盟主，无疑是反山遗址那个既随葬玉琮王、又随葬玉钺王的12号墓主人——当然，从良渚古国绵延千年的历史来看，这个墓主人也只是良渚国数十代国君之一。

考古学界一般把史前社会组织结构分为中心聚落、次中心聚落和小型中心聚落，即都、邑、聚（村落）三级。在整个良渚"邦国联盟"中，良渚古城就是一个最大的中心聚落，它以其强大的政治、经济、文化和宗教等功能，形成了向周围辐射的态势。像上海福泉山、昆山赵凌山、苏州草鞋山、嘉兴雀幕桥、常州寺墩等遗址，虽然从墓葬品的数量和质量上看，明显低于良渚反山遗址等大墓随葬品，但也都具备中心聚落即"都邑聚"的金字塔形等级社会结构，呈现出明显的酋邦或古国性质。

根据各地出土的良渚文化遗存数量、质量，以及在各遗址中是否占有绝对比重等因素考量，一般认为，良渚"邦国联盟"集团控制的范围，向北跨越长江，势力范围延伸至江苏海安、兴化、阜宁、涟水、淮安和安徽定远一带；向西经宁镇地区东缘往南，过湖州西部，至杭州西郊、南侧，暂以钱塘江为限；钱塘江以南的绍兴北部、萧山等一带，由于钱塘江的南北摆动，不排除在良渚"邦国联盟"范围以内。

良渚"邦国联盟"领域以太湖流域为中心分为几大区块，每个区块又有自己的中心。太湖以北的中心遗址有江阴高城墩和常州寺墩，东北区块中心有苏州草鞋山和赵陵山，东部区块中心有上海福泉山，东南区块中心有桐乡普安桥等，南部区块的中心就是良渚古城。这也就是说，良渚"邦国联盟"所属领地，横跨了浙江、江苏和上海三省市的部分地区。

▲ 上海福泉山吴家场墓地出土的玉琮

良渚文化势力范围还不止于此，主体区之外，还有扩张区。良渚文化向南越过宁绍平原，到达闽浙一线，将原来沿钱塘江与杭州湾平行发展的两支文化——马家浜与河姆渡统一起来，变成一个新的文化类型，由此奠定了吴越文化的基本格局。[40]

自距今3800年上溯，在中国大陆范围以内，能够被考古学家认定为具有初国文明性质的大型都邑遗址，迄今为止只有良渚古城、陶寺古城、石峁古城和二里头古城。其中良渚古城和良渚文化活跃时期大约距今5300~4300年，这也就是我们今天说的中华5000年文明的实证依据。

但是我们要明白，这里的中华文明5000年同传统上所说的中华文明5000年不是一个概念。传统上所说的中华文明5000年是指，黄帝统治那个时期就进入了文明的门槛，这在考古学上目前还无法得到证明。

石峁古国改写"西戎"文明史

在古人心目中，除了居于中原的华夏人之外，东西南北四方都是没有开化的"四夷"所在之地，其中居住在西方的古人还被称为"戎"，《礼记·王制》说他们"被髪衣皮，有不粒食者矣"。即披头散发，用兽皮做衣服，只吃禽兽的肉，不吃五谷杂粮。

这种看法其实是错误的。考古发现，早在7800年前，渭河流域就诞生了白家—大地湾文化，距今6800年前后，代表仰韶早期的半坡文化又在渭河流域率先崛起，并迅速成长为彼时东亚大陆最为强大的一支文化势力。仰韶中期西阴文化之后，于仰韶晚期，在甘肃庆阳形成了一处面积达600万平方米的南佐遗址。此后经过老虎山文化前期后，在距今4300年时以陕北榆林地区为中心形成了显赫一时的石峁文化。石峁文化和石峁遗址所代表的社会组织已经跨过酋邦阶段，进入文明初期的古国阶段。

彼时，在整个东亚大陆，只有地处晋南的陶寺古国才能在文明进化程度上同它一比高低。

一

　　石峁文化的发现有一个漫长的过程。[41] 1929年冬，德国科隆远东美术馆代表、美籍德裔汉学家萨尔蒙尼在北平无意间听说，有几个陕北榆林府的农民，从当地田野里挖出来几十件玉器，现正在北平出售。萨尔蒙尼想看看到底是什么东西，就在别人的引荐下赶了过去。虽说萨尔蒙尼是个见多识广的人，但还是被眼前的景象吓了一跳：那几个其貌不扬的农民居然一下子就给他拿出了36件黑玉和6件绿玉。萨尔蒙尼非常喜爱，但由于手头拮据，只选取了其中4件：一件最大的黑玉刀型器牙璋、一柄最大的绿玉刀和两件较小的玉器标本。萨尔蒙尼回德国后，将这4件玉器交到了科隆远东美术馆收藏。而其余38件玉器被那几个农民卖给了古董商，几经倒腾，最后流向欧美一些国家。

▲　石峁遗址

　　这是石峁玉器首次见诸文字记载。由于此后的中国一直处于刀光火影的战乱时期，新中国成立后又百废待兴，因而没有人再去研究这批玉器，更没有人去注意出土这批玉器的那个偏远的地方。

　　1958年，陕西省开展文物普查工作，石峁遗址被发现，但囿于主客观条件的各种限制，当时只发现了包括皇城台高地"头套城"在内的三套城和今石峁遗址外城东门址外的圆形烽燧处——彼时的考古人员称之为"女王坟"，称整个遗址为"石峁山遗址"。遗憾的是，时值"大跃进"运动方兴未艾之际，考古人员建议保护遗址的报告被上级主管部门放到了一边，遗址的调查信息在随后一波又一波的运动中也丧失殆尽。

此后，经过1963年、1976年、1981年、1986年、2009年5次勘探调查和发掘，一直到2011年，一个历史文献上没有片言只语记载的面积达400万平方米的史前城址，忽然间出现在考古工作者面前。随后，石峁考古队工作者又对外城东门址及城内后阳湾、呼家洼、韩家圪旦等地进行了针对性发掘，揭露出了规模宏大、建筑精良的外城东门址和成排成列分布的房址、高等级墓区等遗迹，出土了一批具有断代意义的陶器、石器、玉器和骨器等文物，从而为石峁遗址的文化性质、年代确立提供了可靠的考古学依据，确认了石峁是一座始建于新石器时代晚期的巨大古城遗址。

二

石峁遗址[42]所在的榆林市位于陕西省的最北部，既是黄土高原和毛乌素沙地交界处，也是黄土高原与内蒙古高原的过渡区。东与山西省隔黄河相望，西同宁夏、甘肃两省接壤相邻，北面则和内蒙古的鄂尔多斯相连。由于其地处农牧业交错地带，又是陕、甘、宁、晋、蒙五省区交界枢纽，因此这里自古就是兵家必争之地。

石峁城址雄踞在榆林神木市高家堡镇石峁村北侧、黄河支流秃尾河及其支流洞川沟交汇的台垣山峁上，东距黄河10公里，北距长城20

公里，大范围属于黄河中上游北—东—南大拐弯内的"河套地区"。古城分为皇城台、内城和外城三部分，总面积达400万平方米，远远超出了此前发现的良渚古城290万平方米和陶寺古城280万平方米的面积，是目前所知国内规模最大的龙山时期至夏代早期阶段城址。内外城墙呈半包围圈形状将皇城台环抱在内，是为拱卫中心。整个古城依山势构建，大致呈东北—西南走向，气势宏伟。其文化面貌可以分为早、中、晚三期，年代距今4300~3800年。

皇城台是古城建筑核心分布区，台顶占地面积约8万平方米，分布有规划完整、秩序井然的宫殿建筑基址，北部还挖掘出了池苑遗址。四周则以堑山砌筑的护坡石墙包围——2015年调查发现其北部尚有多达9级的护坡石墙，局部墙体装饰有菱形眼睛的石雕，底大顶小，呈金字塔形状，垂直高差约70米。通向皇城台的门道位于台顶东北端，直面内外长城，两侧放置有互相对称的石构"墩台"建筑。在对皇城台周边的发掘中，曾发现有石雕人头像、鳄鱼骨板、彩绘壁画等高等级遗存。这种布局有序、功能齐全、地位高级的建筑特征，表明皇城台是王者和高等级贵族居住的宫廷所在。

▲ 石峁皇城台遗址

皇城台西边有一块地势较低的洼地，乡人俗称地牢壕，联系到皇城台同地牢壕一样是当地人千百年流传下来的称呼，不排除地牢壕就是石峁古国时期用来关押犯人的地方。

皇城台居于内城包围之中，城墙依山势大致呈东北—西南走向分布。内城占地面积大约 210 万平方米；外城是利用内城东南部墙体向东南方向扩建的一道弧形石墙形成的封闭空间，占地面积大约 190 万平方米。内外城墙加起来，总长度约 10 公里，城墙宽度在 2.5 米以上，其中内城墙长度达 5.7 公里。内城墙体大部分建在山脊之上，高出现今地面 1 米有余。远眺，如一条巨蟒正在沿着山脊回旋盘绕，令人震撼。

内城墙开有两座城门，一座在东北部，由两座瓮城和门道等设施组成，占地面积达 1000 平方米。另一座在内城墙中部偏北，也是由瓮城和门道等设施组成，占地面积 900 余平方米，所处地势较高，可与另一座内城门隔沟相望。

石峁城内利用天然沟壑形成的小山峁、小盆地，划分成 16 个相对独立的地理小单元，每个小单元内又都分布着住址、墓葬、手工业作坊等龙山文化晚期至夏代早中期遗存。

这些相对独立的地理小单元总体上属于一种大聚居、小分散的居住形态，表明遗址内部囊括了众多小规模血亲集团，暗示石峁政权是个融合了多个族群的政治组织。

外城系利用内城东南部墙体，向东南方向再行扩筑的一道弧形墙，长 4.2 公里，宽 2.5 米。保存相对完整的部分，高出地面 1 米左右。外城墙上也发现筑有城门、马面、角台等防御设施。其中，外城东门址位于外城墙东北部，由内外两重瓮城、门道、外砌石夯土墩台、门塾、马面等组成，占地总面积 2500 平方米，相当于 4.5 个国际标准足球场那么大。

▲ 石峁外城墙遗址

从地势上看，外城东门址蹲踞在遗址区域内最高处，城内外景物可一览无余，位置显要，战略意义重大。该门址是迄今为止中国目前所见同时代最大、结构最为复杂、筑造技术最为先进的城门。

樊庄子地点是一处具有祭祀性质的哨所，位于石峁城址外东南方向，与外城南侧一处城门隔沟相望，同外城城墙直线距离仅300米。四周地势开阔，有"一览众山小"之效果。联系到周边发现的四座同类构筑遗迹，很可能它们共同构建了古城外的"预警系统"。

石峁古城以其庞大的占地面积和气势恢宏的建筑创造了建筑史上的多个"最"：

第一，整个古城占地面积400万平方米，为史前中国最大城址。

第二，外城东门址占地面积约2500平方米，为史前最大城门，也是目前所见中国最早的结构清晰、保存完好、装饰华丽的城门遗迹。

第三，瓮城是在城门外（或内）修建的半圆形或方形的护门小城，属于中国古代城市城墙的一部分，是古代城市重要的防御设施之一，用于加强城堡或关隘的防守，延长外来敌对势力进入城门的时间，创造抵御外敌入侵的缓冲空间。石峁古城外城东门址的内、外瓮城及内城门址的双瓮城，是中国城防史上目前已知最早的瓮城实例。

第四，石峁古城发现的多个马面和角楼将中国现存土石结构城防设施的年代提前到了4300年前。马面，是建在城墙上的一个个凸起的矩形墩台，其作用是消除城下死角，自上而下从三面攻击敌人。因外观狭长，类似马的面孔而得名。角楼则是城墙转角处突出于墙体的建筑，是镇守城墙的重要军事据点。马面和角楼均属于古代城防重要设施。此前发现的我国最早的马面和角楼是位于甘肃汉代边城的八角城，距今有2000多年的历史。

第五，石峁壁画是迄今为止所发现的中国境内出土数量最多的史前壁画。这些壁画，成层、成片分布，集中在外城东门址内瓮城的东、西、南三面墙体内侧。二里头文化时期增修的石墙底部。壁画残块近200块，部分还附在墙体上。其中最大的壁画残块面积约30平方厘米。壁画以白灰面为底色，以红、黄、黑、绿四色绘出各种或方或圆的几何图案。史前壁画虽在距今5500～5000年辽河流域的牛河梁遗址和与石峁遗址同一时代的陶寺遗址有出土，但数量较少。

三

第三次全国文物普查资料表明，石峁遗址所在的榆林地区共发现新石器时代遗址4445处。其中面积在1万平方米以下者2982处；1万～50万平方米之间者1452处；50万～100万平方米之间者11处。这些遗址的时代为仰韶晚期、庙底沟二期和龙山时期，其中龙山时期遗址是仰韶文化遗址的 3.5 倍，且大型遗址都是龙山文化时期的。面积超过 400 万平方米的石峁遗址是公元前 2300 年该地区乃至整个中国唯一一处特大型中心聚落，与周围其他中小型聚落共同构成了四级聚落结构。从空间分布形态来看，处于第二等级 50 万～100 万平方米的聚落多是次级中心，处于第三等级的是散布在周边数量不等的面积在 1 万～50 万平方米之间的中小型遗址。[43]

一般而言，作为承载某区域政治、经济、文化中心的大都邑不会凭空产生，而只有在聚合了附近众多聚落的人力、物力、生产力和先进的科学技术之后，方能拔地而起。这样的大都邑由于种种主客观原因没落之后，其周围聚落的衰败也会由于惯性再持续一段时间。从这个意义上说，那些略早或略晚于石峁古城的聚落城址完全可以看作是石峁古城形成和败落的"衍生"实体。这种以不同城址或同一区域大面积聚落为中心的聚落群，形成了像金字塔一样的多层级社会聚落结构系统。石峁古城作为这个结构系统的政治、经济、文化中心高居金字塔顶端，而石峁统治者就是这个顶端的王者。

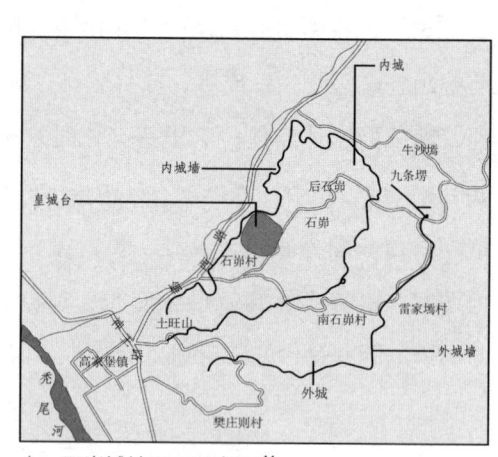

▲ 石峁城址平面示意图[44]

可以说，都邑所需的要素——城墙、宫城、宫殿、祭祀区、居住区、手工业作坊区等，石峁古城基本具备，据此可以判断，石峁古城是一个具有古国性质的大都邑。400 万平方米的城址面积，宽 2.5 米、长达 10 公里的石砌城墙，若以残存最高处 5 米计算，总用石料量需 12.5 万立方米，而且相当数量的石头还需要加工打磨，显然，其动用的劳动力资源远非本聚落人群可以承担。

正是缘于此，石峁遗址的发掘者才说，石砌墙垣不仅是出于守卫上的需要而构筑的防御性设施，也具有神权或王权的象征意义。它的出现暗示着，在公共权力督导下修建公共设施等活动已经成为石峁这一北方地区早期都邑性聚落的重要特征。如果说城墙体量反映的城址规模是推断资源集中、人力控制和行政组织的尺度，石峁遗址无疑已经具备了早期城市所必需的因素及特征，其与周边数以千计的中小型聚落共同构成了早期国家形态下所特有的"国""野"组合，因此，"我们有理由相信石峁遗址的统治者掌握了操控公共权力及控制祭祀权力的可能，具备了早期王国都邑的必要条件。有鉴于此，我们将石峁遗址的性质定义为'公元前 2300 年中国北方区域政体的中心'，它具备了集约人口、集约经济、聚敛高等级物质文化的空间地域系统，是 4300 年前大河套地区社会的政治、经济、文化及统治权力中心，也是不同于仰韶时代的维护社会新秩序的礼制与宗教中心"[45]。

石家河古国改写"苗蛮"文明史

一

在传统认知中,长江中游流域是苗蛮活动的主要地域。《礼记·王制》记载:"南方曰蛮,雕题交趾,有不火食者矣。"意思是说,住在南方的少数民族叫蛮,他们额头上刻着花纹,走路时两脚的脚趾相向,其中也有不吃熟食的人。

为什么叫他们为蛮?东晋史学家干宝在《搜神记》中讲述了这样一个故事:

高辛氏有老妇人,居于王宫。得耳疾历时,医为挑治,出顶虫,大如茧。妇人去后,置以瓠篱,覆之以盘。俄尔顶虫乃化为犬,其文五色,因名"盘瓠",遂畜之。时戎吴强盛,数侵边境,遣将征讨,不能擒胜。乃募天下有能得戎吴将军首者,赠金千斤,封邑万户,又赐以少女。后盘瓠衔得一头,将造王阙。王诊视之,即是戎吴。"为之奈何?"群臣皆曰:"盘瓠是畜,不可官秩,又不可妻。虽有功，无施也。"少女闻之，启王曰："大王既以我许天下矣。盘瓠衔首而来，为国除害，此天命使然，岂狗之智力哉。王者重言，伯者重信，不可以女子微躯，而负明约于天下，国之祸也。"王惧而从之，令少女随盘瓠。

盘瓠将女上南山，草木茂盛，无人行迹。于是女解去衣裳，为仆竖之结，着独力之衣，随盘瓠升山入谷，止于石室之中。王悲思之，遣往视觅，天辄风雨，岭震云晦，往者莫至。

盖经三年，产六男六女。盘瓠死后，自相配偶，因为夫妇。织绩木皮，染以草实。好五色衣服，裁制皆有尾形。后母归，以语王，王遣使迎诸男女，天不复雨。衣服褊裢，言语侏㒧，饮食蹲踞，好山恶都。王顺其意，赐以名山广泽，号曰"蛮夷"。蛮夷者，外痴内黠，安土重旧，以其受异气于天命，故待以不常之律。田作贾贩，无关繻符传、租税之赋。有邑君长，皆赐印绶。冠用獭皮，取其游食于水。今即梁、汉、巴、蜀、武陵、长沙、庐江郡夷是也。用糁杂鱼肉，叩槽而号，以祭盘瓠，其俗至今。故世称"赤髀横裙，盘瓠子孙"。

这个故事真中有假，假中有真。"梁、汉、巴、蜀、武陵、长沙、庐江郡"，这些地名是真，但盘瓠衔戎吴将军头颅得以同高辛氏女结合而生下"蛮夷"一族，显然是对南方这些少数民族的贬低，其中彰显的是北方华夏人以自我为中心、自高自大的文化优胜心理。

从文献记载看，长江中游流域最早出现的人群是犬戎、三苗。三苗活动时间大约同尧舜相当，但这些均被视为传说。尧舜以后至早商时期，这一带的史料记载阙如，直到晚商时期，这一地区才又出现在《诗·商颂·殷武》中："挞彼殷武，奋伐荆楚。深入其阻，裒荆之旅。"商王武丁讨伐荆楚，《今本竹书纪年》中也有类似的记载："三十二年，伐鬼方。次于荆。"

商末，周文王开始进行战略大布局，将势力向商王朝鞭长莫及的南方和西南方推进。这一带包括江淮、江汉和西南巴蜀等，后来都先后归附文王，成为周的重要盟国。《诗·国风·周南·汉广序》对此有很形象的描述："汉广，德广所及也。文王之道，被于南国。美化行乎江、汉之域。无思犯礼，求而不可得也。"

周武王发动牧野大战时，有庸、蜀、羌、髳、微、卢、彭、濮八个偏远小国参与了这场伐商战争。其中庸、濮两国就在江汉之南。

考古不仅发现了与文献记载可以对应的一些遗址、遗迹，而且还发现，早在晚夏二里头时期，夏人就在长江中游地区建立了自己的据点——武汉盘龙城，同当地土著有了较为广泛的交往和联系。武汉盘龙城发现了大量的二里头夏文化器物，该遗址很可能是夏王朝在长江中游地区设立的一个控制铜矿资源和绿松石资源的重要战略基地，因为那里靠近铜矿和绿松石资源所在地。[46]另外，赣江中下游地区广丰社山头、高安下陈、新余珠珊等遗址出土的觚、斝、盆、盉及直内戈等，也都明显受到了二里头夏文化的影响。

进入商代，商人在向江淮地区进军的同时，还从大本营郑洛地区派出一支人马，南下南阳地区，经随枣走廊，沿淯水、颍水、澴水直达长江岸边，攻陷了原夏王朝设在武汉地区的军事重镇盘龙城，进而改造为商人统治南疆的政治、经济和文化中心。同时商人又延续了盘龙城作为军事重镇的性质，垄断了武汉东南大冶、阳新、瑞昌一带的铜矿资源开采权。[48]

▲ 盘龙城宫殿复原模型[47]

根据文献和甲骨文统计，至迟在商代中期时，南方就已经出现12个方国，包括虎方、髳方、暴、雇、息、归、彋、卢、蜀、贝等。这些方国大都分布在河南南部、江汉平原和成都平原。其中，虎方在汉水以北，髳方在江汉流域，息国在河南罗山，归国在湖北秭归，彋在湖北竹山和竹溪地区，卢在竹山、安康之间。

从考古学方面观察，距今4300年前后，以陶寺古国的崛起为标志，以黄河中下游流域为核心地域的华夏文明开始占据中国大地舞台的中央，其他"蛮狄戎夷"等边缘族群文化或消亡，或同步汇入到华夏文明主流当中。这导致两个结果，一是"蛮狄戎夷"诸民族逐渐式微，他们也相应地丧失了自己的话语权；相反的另一个结果是，华夏文明一枝独大，不但垄断了"正统"的地位，同时也垄断了叙事的话语权。这在一定程度上加剧了古史传说的变异性。

事实上，长江中游流域文明起源很早。早在距今1.4万～1.1万年时，江西万年仙人洞遗址和吊桶环遗址就发现了一定数量的野生和栽培形态的稻属植硅石。湖南道县的玉蟾岩遗址，更是发现了距今1.48万～1.23万年的稻属植硅石。这是目前所见世界上最早的人工栽培稻标本。

这一地区发现的新石器时代文化依次为：彭头山文化，因湖南澧县彭头山遗址而得名，主要分布在洞庭湖区域的澧阳平原，距今9100～7920年；皂市下层文化，因湖南省石门县皂市遗址下层遗存而得名，主要分布于洞庭湖周围，包括湘、资、沅、澧四水中下游地区，距今7590～6920年；汤家岗文化，因湖南省安乡县汤家岗遗址而得名，主要分布于洞庭湖地区，距今6800～6300年。

此后便是大溪文化在重庆东部巫山地区的"破土而出"。大溪文化发展起来后，向东翻山越岭，征服了当地土著汤家岗文化，成为江汉地区的新主人。大溪文化一个重要的文明成果是，建筑了中国历史上第一座城，就是前文所述坐落在澧阳平原上的城头山古城，占地面积18.7万平方米，城内面积约8万平方米。

▲ 屈家岭—石家河文化先人制陶场景复原[49]

城头山古城崛起之后，经大溪文化、屈家岭文化，至石家河文化时期。在屈家岭文化和石家河文化交接之际，即距今4500年前后，长江中游流域先后出现了1000多处屈家岭—石家河文化遗址，并在此形成了至少17座史前中心聚落城址，在史前中国率先迈进城邦时代。其中，最大的古城就是居于中心地位的石家河古城，城址面积达到了120万平方米。城址内部有明显的功能分区，包括手工业作坊区、居民生活区、祭祀区和墓葬区等。以新石器时代至青铜时代聚落人口来换算，城内约有2万~4万人口。[50]

石家河古城已经初步具备了古国都邑的一切必要条件，长江中游地区迈进文明门槛的时间，比以陶寺古国为代表的黄河文明早了200年。

二

石家河古城[51]始建于距今5100年前后的屈家岭文化早期，延续至距今4000年前。其间进行了四次修筑和扩建。最繁华的时候是在石家河文化早中期，即距今4500~4200年。古城的防卫体系是城垣和壕沟并用。城垣由城墙、城壕和外围台岗共同堆筑而成。城墙残高3~8米，墙底宽30~50米。城墙以外开挖环墙壕沟，再往外是台岗。

石家河古城内的手工业作坊，不像陶寺古城那样，分布在某一个地区，而是类同良渚古城，分布于古城内外不同的区域。

城内谭家岭遗址位于城内中部高地，属居住区。房址多地面式建筑，有单间和多间等，还有大型建筑基址。

邓家湾遗址位于古城内西北处，由一片中小墓地和东边紧邻的宗教祭祀场所组成。在不足100平方米的范围内发掘出两座祭台。两座祭台北面发现有一些扣碗、盖鼎和零散的儿童骨架，南面则散布着不少筒形罐残片。经修复发现，这些筒形罐可分为细筒形罐、粗筒形罐和带乳钉筒形罐三种，它们往往套接在一起，下面是粗筒形罐，中间是乳钉筒形罐，上面是细筒形罐。这种筒形罐，一般认为是"祖神"形象，实际使用时应为竖置，发现时多横置，可能是举行祭拜仪式后用土掩埋所致。初步统计，邓家湾出筒形罐的地点达15处之多，集中出土的有5处。另外，在祭祀区还发现了数以千计的陶制祭器，包括陶缸、长筒形陶器、陶偶，即陶塑动物和陶塑人像等。其中长筒形陶器形状上细下粗，呈塔状，类似史前社会生殖崇拜信仰中的陶祖——男根的象征。考虑到出土地点紧邻墓地，一般认为，该祭祀区为祭祖场所。

▲ 邓家湾遗址出土的陶祖

石家河文化中期时，邓家湾祭祀遗迹被平整为祭祀场地，地面摆放有大量成排的套缸，还有很多的小型陶偶和动物陶塑，仅摆放整齐且比较完整的陶缸就有120件之多。陶缸占地面积很大，因扰动和破坏，自然分割成好几片区域，其中最大的一片长度达到了20米左右。一些陶缸上面有刻画符号，如镰刀、杯子和号角等，总共有十多种形象。另外，还出土了成千上万的红陶杯，其上形象与陶缸所刻相同。[52]

小型陶偶数以百计，姿态各异。但绝大多数都头戴浅檐帽，身穿细衣长袍，且呈跪坐抱鱼式，显得极为端庄虔诚，像是在上祭的样子。动物陶塑种类繁多，有狗、绵羊、山羊、猪、大象、猴、兔、狐狸、鸡、雉、猫头鹰、短尾鸟、长尾鸟、龟、鳖和鱼等。其中以狗、大象、鸡和长尾鸟的数量最多。这种场面可能是反映了一种庆贺丰收的祭祀活动。大批陶缸或陶臼摆放在那里，意在表现重大祭典中粮食的收获和加工场面。陶缸上刻画的杯子和遗址中数量庞大的红陶杯应该是一种祭具，大量的陶塑动物则可能是代表祭祀时用的牺牲，而那些抱鱼跪坐的陶偶则应是祭祀者虔诚祭告的形象。这种庆贺丰收的大典场景目前只在邓家湾和古城外的肖家屋脊有发现，而邓家湾的规模和内容又都超过了肖家屋脊，说明这种宗教性活动具有独占性和垄断性——这是文明起源过程中才会发生的特有现象。

▲ 邓家湾遗址出土的部分陶塑小动物

三房湾遗址位于古城内西南角，曾出土数万件红陶杯，还发现有数量不等的陶窑、黄土坑、洗泥池、蓄水缸等。考古人员推断，这里是一个以烧制红陶杯为主的大型专业窑场。

肖家屋脊遗址位于石家河古城南面，面积约15万平方米，是一处墓葬区兼玉器加工场所。在此出土的100多件同类型陶器，表明这些

石家河古国改写"苗蛮"文明史

墓葬主人生前很可能是陶工。

印信台遗址是一处顶部面积达1175平方米的祭祀台，位于古城外西边，与石家河西城垣隔护城河相望。祭祀台分为三层，截面为梯形，共揭露出四个人工黄土台基、土坑墓、瓮棺葬和陶缸等遗迹。是目前发现的新石器时代长江中游规模最大的祭祀场所。

位于石家河古城东侧的罗家柏岭遗址是玉器、石器和纺织手工业作坊区。考古人员在此发现了一座制作玉石器的大型建筑，出土遗物主要有陶器、石器、玉器和一些铜器残片、铜渣、铜矿石等，还有数百件纺轮。河东岸靠近该遗址的地方还出土了大量半成品的石器。

距今4200年时，石家河古城面积缩小为100万平方米，进入到石家河文化晚期（也有人称之为后石家河文化时期）。石家河文化玉器大部分是在石家河文化晚期发现的。这些玉器琳琅满目、种类繁多，主要有琮一类的祭器，龙、凤一类想象类礼器和鸟、鹰、蝉、羊等动物类饰物。仅邓家湾遗址一处就出土240余件。这些玉礼器造型别致、生动逼真，其精美绝伦、鬼斧神工的制作工艺达到了相当高的水准，它与辽河流域的红山文化、长江下游流域的良渚文化，以及大约同时代黄河上游流域的齐家文化，并立成为史前中国玉器加工工艺的四座高峰。

▲ 石家河遗址出土的玉羊头像

石家河古城结构复杂，布局严谨，功能齐备，包括手工业作坊区、居民生活区、祭祀区和墓葬区等，分区明确，且前后延续达千年之久，

具有明显的都邑性聚落特征。

石家河古城不是一个孤立的存在。放眼观察，石家河文化是一个分布有序、结构分明的大型遗址聚落群。从各自的城址面积、发展规模、贫富分化状况，以及附属聚落和控制区域等观察，该聚落群以17座古城为中心，呈四个等级体系的金字塔形状，分布在以江汉平原为主的长江中游流域。

处在这个金字塔塔顶的，正是面积达120万平方米的石家河古城，是为第一等级。古城之下是以其为核心、面积达8平方公里的石家河遗址聚落群。

占据第二等级的是15万～67万平方米的几座大中型城址分别领衔的聚落群。

占据第三等级聚落位置的是面积小10万平方米的几座小型城址和一些没有城垣的大、中型环壕聚落。

占据第四等级聚落位置的是一、二、三等级各聚落的附属聚落。一般而言，这些附属聚落都是单纯从事农业生产的普通村落，数量巨大，约有1000个。它们连在一起，共同构成了四级聚落等级体系的金字塔基座。

从石家河文化遗址四级聚落等级的地域分布可以明显看出，石家河古城高高居上，是这个严密社会组织结构的权力中枢，其对整个社会的控制是通过层层不同级别的聚落来实现的。

三

石家河古国的崛起使其能够在距今4500～4300年这个阶段同长江下游的良渚古国并足而立，傲视天下，而到距今4300年良渚古国灭亡后，石家河古国更成为整个长江流域唯一有实力和晋南陶寺古国联盟抗衡的政治实体。

调查表明，石家河文化所代表的不是一个单纯的石家河古国，而是一个以石家河古国为盟主国的古国或酋邦联盟集团，其以石家河遗址为中心向外扩延，总面积达20多万平方公里。大致范围，西到峡江地区，南界湘中和沅水中游，东以大别山、桐柏山、淮水分界，北进入南阳盆地，直至熊耳、伏牛山南麓。

根据传播路线、传播能量和地域文化面貌的差异观察，石家河古国联盟集团所控制的空间范围可分为核心区、控制区和边缘区三个不同区域。[53]

核心区由石家河城址及沿环壕分布的40余个附属聚落组成，方圆面积在8平方公里左右。核心区是整个石家河古国联盟集团的权力中枢，也是盟主国即石家河古国的首脑机构所在地。古城布局规划完整，设计科学，各功能区一应俱备，配套设施应有尽有。

沿古城环壕外围分布的40余个附属聚落，各自都具有特殊的功能和地位，北面有京山坡、严家山、黄家山、扁担山、鲁台寺，西面有印信台、月亮坡、朱家坟头、堰兜子湾，南面有石板冲、昌门湾，东面有罗家柏岭、熬家全、毛家岭等。它们共同担负着拱卫都邑、贡赋纳税、祭祀天地、供应食物等相关职能。

控制区是指该区域完全处在石家河古国联盟集团控制之下，其中既有盟主国的领土，也有和盟主国具有密切关系的其他古国、酋邦。该区域的工农业经济和军事实力是石家河古国联盟集团所凭借的主要力量，主要分布在洞庭湖西北部、长江南岸和汉水以西、长江以北两个区间。

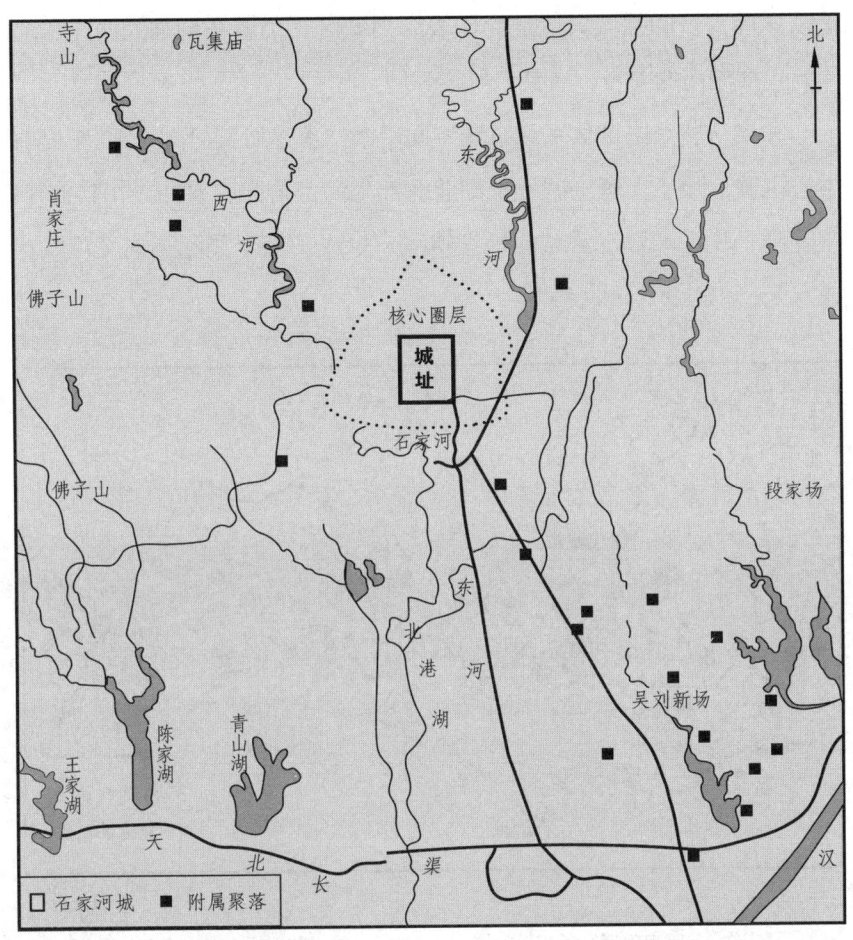

▲ 石家河城周边聚落分布图[54]

边缘区是指石家河古国联盟集团曾经占领，后来又不得不退出的地区和一些距离石家河古城比较偏远的地方，主要有四个区域：一是以郧阳区青龙泉遗址为代表的青龙区，地理位置在鄂西北和汉水上游，包括恩施、十堰和河南的淅川等地；二是以随州的西花园遗址为代表的西花园区，位置在鄂东北的随枣走廊一带；三是以通城的尧家林为代表的尧家林区，位置在鄂东南的通城、咸宁、麻城、蕲春等地；四

石家河古国改写"苗蛮"文明史　　89

是以湖南安乡的划城岗遗址为代表的划城区,位置在洞庭湖西岸和北岸,包括湖南的安乡、澧县、华容等地。

如果从整个防御体系和布局方面观察,上述石家河文化17座史前中心古城,除了大悟土城位于湖北北部与河南信阳交界处外,其他16座受制于长江和汉水流域的地理特点,形成了三个彼此隔绝又可以互通有无、相对集中的区域。

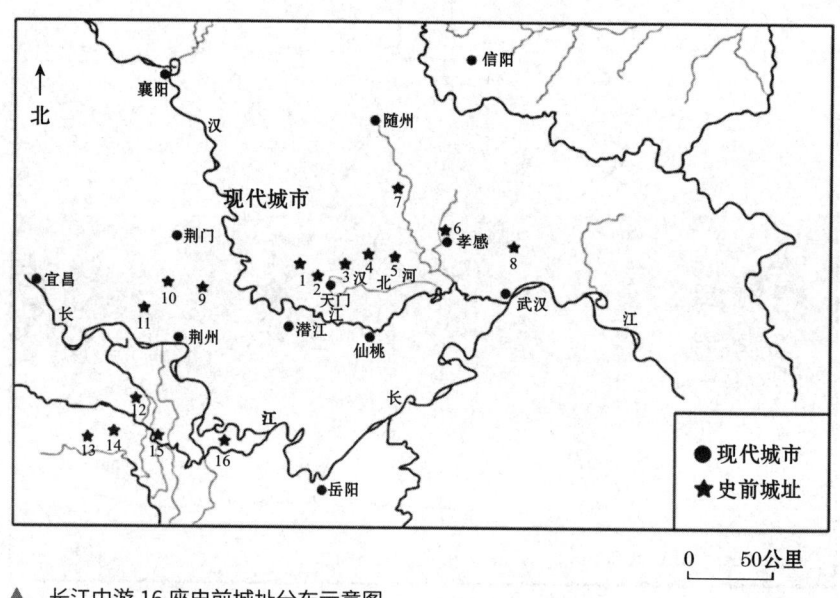

▲ 长江中游16座史前城址分布示意图

一是洞庭湖西北部、长江南岸,共分布有湖南澧县城头山、鸡叫城和湖北荆州石首走马岭、公安鸡鸣城和青河城5座城址。

二是汉水以西、长江以北区域,分布有湖北荆州阴湘城、沙洋马家垸和城河3座城址。

三是汉水以东的江汉平原北部、大洪山以南和以东,呈明显的东西向带状分布,共有湖北天门石家河、龙嘴、笑城,应城陶家湖、门板湾，孝感叶家庙，安陆王古溜和武汉黄陂张西湾8座城址。

由16座史前城址东西绵延而形成的这一条新月形带状轴线，不仅是彼时整个长江中游遗址分布最为密集的区域，而且是这一区域本土文化的策源地和辐射源。长江中游史前文化中心就是沿着这一轴线从第一区域、第二区域，转向了第三区域的大洪山南麓。在这一文化中心的转移过程中，整个区域文化面貌逐渐趋于一致，并对其他区域产生了强烈的影响。

商周两代应该是"封建社会"

一

谈这个问题之前，我们首先得搞清楚，什么是奴隶社会。斯大林在《论辩证唯物主义与历史唯物主义》中给奴隶社会下的定义是："在奴隶占有制度下，生产关系的基础是奴隶主占有生产资料和占有生产工作者，这些生产工作者就是奴隶主可以把他们当作牲畜来买卖屠杀的奴隶。"

在这个定义中，有四个关节点需要注意：第一，生产关系的基础是奴隶主占有生产资料和占有生产工作者；第二，奴隶主可以随便买卖和屠杀奴隶，也就是说，奴隶是依附于奴隶主而存在的，像牲畜一样，没有人身自由；第三，既然奴隶可以随便买卖，这就意味着奴隶社会存在的基础是商品经济。根据马克思阶级斗争理论，由此还可以引申出第四个关节点，那就是，奴隶社会中，奴隶主和奴隶是这个社会中的两大阶级，二者的矛盾是这个社会中的主要矛盾，并由此推动着整个社会向前发展。

长期以来，我们一直把夏商周三代社会定性为奴隶社会，但事实上，从百余年来的考古学成果并结合文献来看，至少商周两代社会的情况与斯大林这一关于奴隶社会的定义不符。至于夏代社会，由于目前的考古学成果还不足以揭示其具体情况和性质，我们暂且存疑。

第一，商周两代社会虽然存在奴隶现象，但只是个别的、少量的，不足以形成一个阶级。

甲骨文、金文和出土文献中都有"众""人鬲""小臣"等字样，综合学界多年辨析成果，"众"的字形，上方是日，下面是三个正在劳作的人，意为在太阳当头照射之下合群生活在土地之上的人群、百姓。

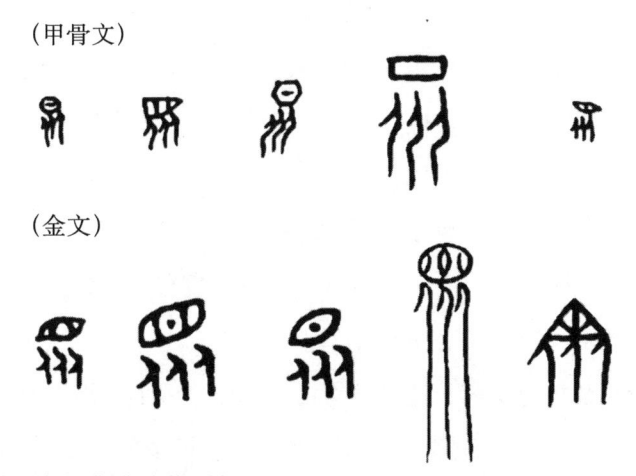

（甲骨文）

（金文）

▲ 甲骨文和金文"众"字的写法

文献中的"民"，是守着土地耕种的庶人，亦即庶民，晁福林先生称之为氏族或族众。[57]《汉书·食货志上》说得很明白，周代实行"受田制"，一夫百亩，"(殷周之)民，年二十受田，六十归田"，就是说，国家在"民"20岁时授给他们土地耕种，到60岁体力不济时再收回来，授给新一代的"民"。

据甲骨卜辞记载，从盘庚迁殷到商纣亡国，商王朝共用人祭 13052 人，其中，仅祭用羌人牲就达到了 7426 人，占全部杀殉人数的 56.9%。[58] 所谓羌人牲，就是来自西北晋陕高原的羌戎俘虏。在晚商时期，以鬼方为代表的羌戎集团是商王朝最主要的讨伐对象。

如果我们把这 56.9% 的羌人牲减去，剩下就是 5626 人，其中还有大量来自除西羌之外其他地方的战俘和包括一些贵族在内的其他人，如殷墟后冈发掘出一座圆形祭祀坑，上中下三层，共发现人骨 73 具，他们生前既不是战俘，也不是奴隶，而是一个叫戍嗣子的贵族全体家族成员。可能是戍嗣子得罪了商王，就成了商王献祭给天神和祖宗神的人牲。[59] 把这些人再算上一半的话，那么剩下的 2813 人才是真正的奴隶。但这 2813 个奴隶，是从盘庚迁殷到商纣亡国 274 年间的数字，如果平均到每年，还不足 11 人。当然这些数据只能反映一个比例。

西周金文（即青铜器铭文）中的"人鬲"有可能是家内奴隶，也有可能是依附于封地并且被连同封地一起赐予分封贵族的庶民；"臣"是指帝王"股肱耳目"一类高级官僚，当然也有人认为是指奴隶。而"小臣"指低级官吏，在学界则基本上是共识。

不论是从传世文献，还是从考古文物中，我们都没有看到商周两代有更多的关于奴隶的记载，所以就以上述极少数的奴隶现象而言，是不足以形成一个阶级的，当然也就不成其为奴隶社会了。

事实上，自从国家诞生以来，不论是什么朝代，也不论是国内还是国外，在资本主义社会出现以前，都有奴隶存在的现象，远至秦汉，近至明清，无一例外。如唐朝就有不少奴隶，《唐律疏议·名例律》甚至有"奴婢贱人，律比畜产"这样的规定，把奴隶比作成私人牛马；美国刚建立的时候，更是有几十万的奴隶存在，但没有人会把唐朝和美国看作是奴隶社会。

第二，就现在所看到的资料而言，商周两代社会的主要矛盾不是阶级矛盾，而是"民族"矛盾，或者说是商周共主和诸侯以及诸侯和诸侯之间的矛盾。我们看不到奴隶起义、平民起义这一类阶级斗争激化形式的存在。

曾被当作平民起义的西周"国人暴动"，现在已经通过考古学证明，是一次政变。所谓"共和行政"不是指周公和召公联合执政，而是指原军政大臣"伯龢父"即共伯和临时代王执政。这在西周金文中可以找到证据，后文《"共和行政"并非周召共同执政》有详细叙述，这里不再赘言。

商周两代社会主要矛盾是"民族"矛盾，表现为两代在其统治时期，主要的作战对象都是周边属于华夏边缘的方国或诸侯国。早商时期，殷商的主要对手是"南蛮"，这表现在殷商一连串向南方开疆拓土的征伐战争中。晚商时期，"南蛮"逐渐向北收复失地，晚商的政治中心也由豫西偃师商城、郑州商城，转移到豫北安阳的殷墟。彼时，殷商的主要对手变成了来自东南方的东夷、淮夷和来自西北方的羌戎。地处关中西部地区的周人利用殷商和羌戎的矛盾，借势殷商，逐渐成长壮大，最后联合周边小国，趁商纣全力征伐东夷之际，东进消灭殷商，成功取得天下。

西周初建，殷商遗民勾结管叔、蔡叔、霍叔"三监"发动叛乱，周公东征，历时三年才平定了这场浩劫。周公吸取教训，经过新型"封建"，成功将殷商遗民分化，消弭了殷商亡国后的隐患，但东南方的夷人和西北方的犬戎不时地袭扰，又成了其不得不面对的棘手问题。可以说，西周中后期，周人就是在同东南夷人和西北犬戎的拉锯战中走过了近 200 年的岁月。西周最后的灭亡，也是由于犬戎东进，攻陷西周都邑，周幽王仓皇出逃，最后被犬戎杀死在骊山脚下。

春秋时期，"攘夷""争霸"是各诸侯国不得不面对的主题。进入战国时代，列国混战，攻城略地，成为时代的主旋律。诸侯国之间的矛盾虽不能说是"民族"矛盾，但仍可视为"民族"矛盾的余波，与阶级斗争不太搭界。

既然阶级斗争不是商周两代社会的主要矛盾，甚至我们在其中看不到阶级斗争表现形式的存在，那商周两代社会当然就不是以奴隶主阶级和奴隶阶级为主要矛盾并推动社会向前发展的奴隶社会了。

第三，商周两代社会不具备奴隶自由买卖的商品经济基础。[60] 就目前看到的文献和考古资料而言，商周两代都是小农经济。所谓小农经济，亦称自然经济，是以氏族、家庭为单位，以生产资料个体所有制为基础，完全或主要依靠自己劳动，满足自身消费为主的小规模农业经济。在小农经济中，也存在商品买卖现象，但不占主体，没有形成商品经济所必须具备的市场保障机制。

商周两代的社会经济就是这种情况。正因为如此，我们才会看到，在对外战争中，大量以青壮年为主的战俘在被带回商王朝后，由于缺乏战俘"变现"奴隶的流通、交换渠道，无法实现奴隶的"商品"价值和使用价值，如果强行将他们改造成生产劳动者，还要付出巨大的监管成本，甚至还要面对他们反抗、起义等巨大风险，所以在殷商统治者眼里，这些战俘唯一的价值就是作为人牲供天神及祖先享用，进而起到杀一儆百的作用。

第四，商周两代是以氏族家庭为社会组织的基本单位，不是西方社会中那种"农村公社"，因而不具备形成奴隶阶级的社会基础。因为奴隶一般来源于外族，不可能在具有血缘关系的氏族内部产生。譬如古希腊，其奴隶来源主要有六种：一是战俘被贩卖成为奴隶；二是雅典城外的自由民父母出售子女为奴；三是法律框架内的债务奴隶，因违法而被贩卖为奴；四是海盗劫掠后贩卖或拐卖的奴隶；五是有组织的奴隶贸易；六是作为努力工作的奖赏，准许奴隶婚配繁殖的下代奴隶。除了第六种来源比较特殊外，其余五种奴隶的来源都是外族或外地。

第五，商周两代王朝最高统治者对氏族或家庭公社成员收取赋税的方式也同奴隶主对奴隶的盘剥有着本质的不同。在奴隶制社会中，奴隶是奴隶主的私有财产，奴隶主可以任意处置奴隶。奴隶主对奴隶的盘剥往往是在留给奴隶最低生活所必需的费用外，其余一律上缴。但商周两代社会的情况不是这样。《孟子·滕文公上》记载："夏后氏五十而贡，殷人七十而助，周人百亩而彻，其实皆什一也。"意思是说，夏朝时每家授田五十亩，赋税采用贡法；商朝时每家授田七十亩，赋税采用助法；周朝时每家授田一百亩，赋税采用彻法。贡、助、彻，或是实物地租，或是力役地租，名目不同而已，税率都是十抽一。

这种收税情况哪里有半点奴隶主盘剥奴隶的迹象呢？即使与后世历代历朝对农民收取的地租相比，其税率也算是低的了。

商周统治者收取地租的对象，实际上就是正常的农夫、庶民。这些庶民，平时聚族而居，合族而劳，把一定比例的收成上交国家，其余留在族内进行分配；战时则按族出征，履行兵役义务，这是氏族公社的典型特征。他们是社会生产的主体，是生产力的代表，是当地多年繁衍生息的原生态宗族成员。他们有属于自己的房屋、工具和可以自由支配的粮食等财物，还有独立的人格和自由，这是封建社会小农经济的特点，与那些完全作为奴隶主私有财产的奴隶是不可同日而语的。

总而言之，在商周两代社会，虽然存在奴隶现象，但奴隶远不是社会经济和生产关系的主要方面，不是生产的主体，因而也就不成其为奴隶社会。商周两代实际上是封建社会。

二

中国的"封建"概念最早来自陈独秀在五四运动中首次提出的"反封建"口号，陈独秀的"封建"概念则来自日本明治维新运动。他认为当时的清政府和日本德川幕府一样，是封建制度的总根源，而近代中国就是封建社会，近代中国各种落后现象都可以归之为"封建制度之遗"。[61]

陈独秀之后，以郭沫若为代表的一些史学家在20世纪二三十年代受当时国际共产主义运动的影响，将封建制度定义为地主阶级对农民阶级实行专制统治的社会制度，并将这一概念套用在中国历史分期理论中，认定秦至清2000年的中国历史均为封建社会。

熟悉中国历史的人都知道，这一定义实际上已经完全背离了"封建"概念的本义。从字面并结合中国传统文化看，"封建"是对受封贵族"裂土分民"的政治行为，就是"封邦建国"或"封爵建藩"的意思，这也是目前学界共识。由此循名责实，封建社会就是以"封邦建国"或"封爵建藩"为基本政治制度的社会。[62]

尽管在各种相关著作中，封建社会的具体内涵各有不同，但"封邦建国"或"封爵建藩"则是封建社会的根本特征。国王赐给封君一份领地或采邑（封建社会君主赏赐给亲信、贵族、臣属的土地以及土地上的农民），为封君提供政治上和军事上的保护。封君则负有对国王进贡、服劳役和兵役等义务。封君在自己的领地上享有较为完整的自治权，包括封国的君位世袭及司法、财经和军政大权等。国王和封君之间由此形成一种契约关系。

商周两代都符合封建社会这个特征，但商和周又有不同之处。[63]

商代同夏代一样延续了原始社会以来固有的"别生分类"分封传统，《国语·郑语》记祝融之后有己、董、彭、秃、妘、曹、斟、芈八姓，八姓之下又分出彭祖、邹、莒、楚等不同族邦，故《逸周书·尝麦》才有"昔天之初，诞作二后，乃设建典"之说。

《史记·夏本纪》记载："禹为姒姓，其后分封，用国为姓，故有夏后氏、有扈氏、有男氏、斟寻氏、彤城氏、褒氏、费氏、杞氏、缯氏、辛氏、冥氏、斟戈氏。"

《吕氏春秋·用民》记载："当禹之时，天下万国。"这里的"万国"就指的是以姓氏血缘为纽带组成的氏族国家，带有很深的原始社会痕迹。至汤建立商朝时，还有"三千余国"。

《史记·殷本纪》说契"其后分封，以国为姓"者就至少有7国。另外，从甲骨文记载来看，商代的封建已经有了诸妇之封、诸子之封、功臣之封、方国之封等，说明商代的封建制已经是一种很成熟的社会形态了。

考古发现，晚商的政治中心殷墟是由几十个功能小而全的居民社区组成，每个社区均具备房屋、窖穴、水井、道路、排储水系统等。另外，像制造青铜器、陶器、玉石器和骨器的作坊也都遍布于整个遗址的各个小区。[64]

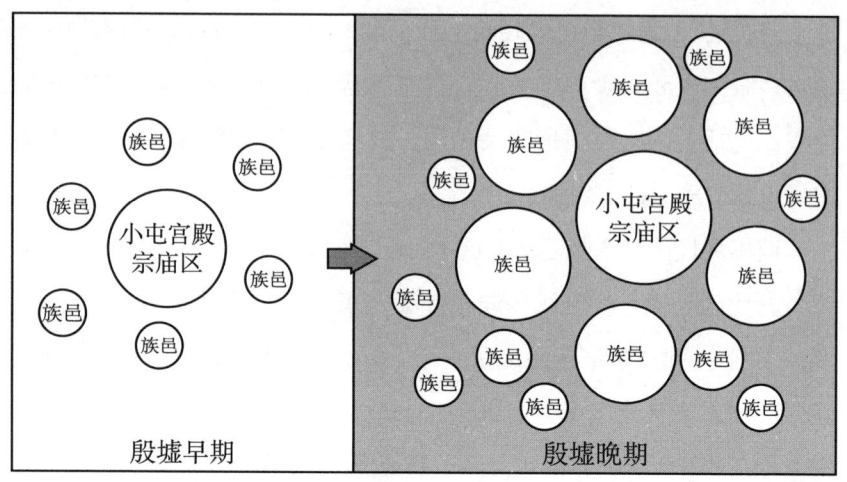

▲ 殷墟"族邑模式"早、晚期布局示意图

  这种布局是一种大邑聚落的形态，也就是说，殷墟是通过星罗棋布的小族邑环拱着王族宫殿区而构成的一个都邑系统。王族宫殿区是殷墟大邑的核心，是都城的心脏。在王族宫殿区周围近 3000 万平方米的王畿范围内向心式地层层分布着各族族邑。各个族邑都是相对独立的聚落单元，都有自己的势力范围，有自己的族徽，甲骨文中确指的殷商氏族至少有 200 个。这些分别属于不同族群的人，生前聚族而居，死后也"合"葬于其所属邑区。

  1967—1977 年，考古工作者在殷墟西区近 30 万平方米的范围内，曾陆续发掘 939 座小型墓葬，其中 900 座分布在 8 个不同的墓区。各个墓区之间界线分明，其葬俗、随葬器物特征和作为铭文的"族徽"都各不相同。这些墓葬，有少数级别很高，不但随葬有青铜器等礼器，还有 1~2 个殉人，说明这些墓主人是这一族邑的首领。他们有权代表本族参与商王朝重大的政治、宗教活动。

  2022 年 11 月 10 日上午，国家文物局在京召开"考古中国"重大项目进展发布会，介绍了近期考古工作系统揭示的殷墟洹北铸铜、制骨、制陶手工业生产方式和"居葬合一"的族邑布局模式，通报了殷墟外围考古新发现的具有族邑分区而居特征的三处聚落[65]：

一是辛店遗址，位于殷墟宫殿区以北约10公里处，是一处青铜器铸造遗址，已发现商代晚期铸铜作坊7处、房址10余处、墓葬近百座，出土约4万块陶范、陶模及大量制范、铸铜工具，出土的青铜器带有"戈"字铭文，显示该遗址可能是一处由"戈"族管理的青铜器铸造遗址。

▲ 辛店遗址所出青铜器上的"戈"字铭文[66]

二是陶家营遗址，位于殷墟宫殿区以北约7.2公里处，是一处商代中期的环壕聚落，遗址内发现有陶器生产区、居址区和墓葬区，以及25座墓葬中出土的大量青铜器、玉器和陶器等。由于目前尚没有发现有相关的铭文出土，其具体族属不得而知。

三是邵家棚遗址，位于殷墟宫殿区南部约2.5公里处，是一处商代晚期聚落，遗址内发现由18座房址组成的三组多进式院落，以及由1座"中"字形大墓、23座中小型墓葬、4座车马坑组成的墓地，墓葬内出土多件带有"册"字铭文的青铜器，显示邵家棚遗址可能为晚商时期史官"册"族居住地。

可以说，商代经过分封的氏族不仅是王朝统治的社会基础，而且还是彼时社会生产的主要组织形式。《尚书·禹贡》记载，夏时"庶土交正，厎慎财赋，咸则三壤成赋；中邦锡土、姓……"，就是说，夏王

商周两代应该是"封建社会"   101

▲ 邵家棚遗址墓葬出土铜礼器组合 [67]

朝根据各族邦所在地域赋纳等级的不同，在中邦地域赐予他们土地、姓氏，同时又依据各族邦与夏王室的远近关系及其品德的高低而定出封建的先后次序。商代也是同样的情况。这些被封的族邦、方国等，其实就是用来给夏、商王室缴纳赋税的社会生产组织单位。夏、商王室赐予封君土地和族姓，作为一种交换，封君则负有缴纳赋税、行使劳役和征伐等义务，二者实际上构成了一种契约关系。因为氏族是夏商社会最基本的组织形式，所以，中央政府就主要是通过氏族组织和由氏族组织进化而来的族邦、方国来收取赋税，采取的方式主要是力役地租，晁福林先生将这种封建制的经济形态概括为"氏族封建制"。[68]

▲ 商代青铜器上的部分族徽 [69]

商王朝灭亡后，周人将"殷民六族""殷民七族"等殷商遗民成族分给新封建的诸侯国，也说明西周时期氏族还是其主要的和基本的社会组织单元。氏族组织形式不仅依然存在，而且经过周公注入宗法观念重新"封建"后，封建宗法礼制成为西周社会上下共同尊奉的信条。

西周早中期实行的是"井田制""籍田制"，采取的是劳役代租费税制。就是说，农户先要集体到属于国家的公田里干活儿，公田里活儿干完了，才能干私田的活儿。到西周晚期时，周宣王废除原来的籍田制度，将籍田分给农户，由农民自己耕种，然后在收获后再交租。这是中国最早的"包产到户"。但不论是实行"井田制"，还是将籍田分给农户耕种，都是以氏族、家庭为单位进行的。

西周在封建制度方面实际上是继续因循了夏商两代的传统，《论语》说："殷因于夏礼，所损益可知也；周因于殷礼，所损益可知也。"这同上述孟子关于夏商周三代向庶民收取费税"其实皆什一"的说法是一致的。

但需要注意的是，这种因循不是一成不变地照搬照抄，而是有所损益，是一种继承基础上的合理创新和发展。这体现在两个方面：

一是周人打破了原来既有的各氏族、邦国分布格局，将"同姓"以及与周王室有婚姻关系的"异姓"功臣分封到其所征服地区，同时将殷商遗民及其他亡国遗民按氏、族和群的形式一同划拨过去，这样一来，新的封国就由以封君为首的周人、殷商等亡国遗民和当地土著三部分构成，由此消弭了殷商遗民和其他亡国遗民可能带来的隐患。

1954年，江苏丹徒发现了一件西周青铜器宜侯夨簋，其铭文记载，在四月丁未那天，康王在审视了武王和成王伐商时的地图之后，在"宜"地的宗庙中，面朝南册命"虞侯"，让他到"宜"地做侯，赏赐他鬯酒（一种香酒）、铜器、弓箭和土田、山川、人口等。其中的人口，正好由这三类人群组成：其一是周人同姓贵族"王人"，其二是殷商遗民"奠七伯"，其三是"宜"地的土著居民。"王人"作为统治者处于社会顶层，"宜"地的土著居民处于社会下层，殷商遗民"奠七伯"处于中层。[70]

二是周人"追念夏、商之亡由，旁设出宗子"[72]"分君亿疆"[73]，大意是说，为了进一步保证周人的统治地位，保证上下贵贱秩序不移，周王朝采用了以嫡长子继承制

▲ 宜侯夨簋及其铭文拓片[71]

为核心内容的宗法制度，并用礼乐的形式固定下来。王位由嫡长子继承，这个制度不仅存在于周王室，还通行于整个社会。由此整个社会就变成了一个金字塔形结构：诸侯在国内，同样要把爵位传给嫡长子，其他儿子则被封为卿大夫。卿大夫的职位，也只能传给嫡长子，其他的儿子就降到"士"这个阶层。士的嫡长子仍然是士，但其他的儿子就只能是平民了。这就是《左传·桓公二年》所说的"天子建国，诸侯立家，卿置侧室，大夫有贰宗，士有隶子弟"这样层层分封的政治体制。

正像《左传·昭公七年》说的那样，在这种体制下，"王臣公，公臣大夫，大夫臣士，士臣皂"。从诸侯到士大夫，在他们各自的封地范围以内，都是一个独立的小王国。不仅天子有王臣，诸侯有公臣，而且卿大夫等一般贵族也有家臣。所以郑玄注《仪礼·丧服》云："天子、诸侯及卿大夫有地者，皆曰君。"所谓"君，至尊也"。

西周时期，由于周公将新的封建制度同宗法制度结合在一起，宗法观念成为主要的社会意识形态，所以有人将它概括为宗法封建制。

春秋至战国时期，随着社会生产力的发展和周天子威信日益下降，人心思乱，礼乐崩坏，以井田制为主要内容的土地制度遭遇瓦解，原来的那些贵族趁机兼并土地，逐渐形成地主阶级，地主经济才得以确立。但就整个社会政治、经济结构而言，这个时期仍处在从西周延续下来的封建制度框架范围以内，所以有人将它概括为地主封建社会，也不无道理。

由上可知，商周两代是名副其实的封建社会，但这种封建社会和马克思讲的封建社会并不完全相同。马克思讲的封建社会是指欧洲中世纪的封建制度，其特点主要是靠契约来维系，同时辅之以血缘关系，而商周则正好相反，主要是将血缘作为纽带，同时辅之以契约关系。

欧洲中世纪的封建，国王分封的封君虽然也有亲族，但更多的是亲信、将领和主教。国王与封君之间的关系不是通过"上下尊卑"的礼制来约束，而是用契约来保障缔约双方的权利和义务。即便是领主与农奴也是靠一纸契约来维系，农奴对庄园主承担忠诚、劳役等义务，但同时也享有受庄园主保护的权利。

封建社会，顾名思义就是分封社会。分封其实就是分权，就是将土地、人力等支配权分散使用，所以，封建社会不可能形成大一统的中央集权制。这与秦至清2000多年的帝制社会有着本质的不同。

秦始皇统一六国,废除封建制,实行郡县制,皇权至高无上,一统到底,其根本特征是中央集权制,亦即专制。整个社会主要由地主阶级和农民阶级组成,二者的矛盾构成了该社会的主要矛盾。皇帝和郡令、县令的关系,也不再像封建社会里帝王和封君那样是相对独立的契约关系,而完全变成了一种上下隶属和依附关系。皇帝待臣僚如待奴隶,臣僚不但没有自主的治理权,甚至连身家性命都不是自己的,所谓"君叫臣死,臣不得不死"就是这个意思。

二者之所以有如此大的差别,根本的原因在于,帝制社会里,臣僚的权力是皇帝给的;而封建社会里,封君的权力则是来自契约的保障。

尽管在秦代以后的历朝历代也存在过封建现象,但一是规模过小,属于个别情况;二是这种封建已经不是原来意义上的封建,而是徒有名号的虚封建。大多封君只有爵位和收入,而没有实际的地方自治权。就这个意义来讲,秦至清并不是真正意义上的封建社会,将其定义为封建社会确实是属于张冠李戴,名不副实。

至于秦至清该叫什么社会,仁者见仁智者见智,但有一点是大家公认的,那就是它的性质是——专制。

三代大同社会遭遇尴尬

一

自孔子始，儒家经典作家对夏商周三代社会的美化和向往是一以贯之的，其目的是"克己复礼"，回归大同社会。

孔子在《论语·卫灵公》中首发其端："吾之于人也，谁毁谁誉？如有所誉者，其有所试矣。斯民也，三代之所以直道而行也。"意思是说，我孔丘对于别人，诋毁过谁？赞美过谁？如有所赞美的，必须是曾经考验过他的。夏商周三代的人都是这样做的，所以三代能直道而行。

《礼记·礼运》记载，孔子有一次作为陪祭者参与了鲁国的祭祀，仪式结束，到宫门前的望楼上游玩，但他对眼前的美景似乎没有半点儿兴致，反而喟然长叹。

他的学生言偃就问他："您为何叹息？"

孔子说："大道运行的时代和夏、商、周三代杰出人物当政的时期，我孔丘未能赶得上，但我有志于此。大道运行的时代，天下是属于大家的，选拔贤能之人当政，相互讲究信用，建立和睦关系。所以人们不只是把自己的亲人当作亲人，不只是把自己的儿子当作儿子，且使老年人得到赡养，壮年人有用武之地，幼年人得到抚养，鳏寡孤独者及身体残疾之人皆得供养，男子有正当职业，女子都适时出嫁。爱护财货却不必藏于身边，能竭尽其力却不必为自己。因此阴谋诡计不会兴起，偷窃作乱无人去做，所以出外可以不关闭大门。这称为大同世界。"

孔子将大道运行的时代和夏商周三代杰出人物当政的时期看作是大同社会的一个样板，三代社会因而成为他理论体系的统绪，代表美好的过去。自此以后，夏商周三代所谓的大同社会就成了儒家信徒千年不变的歌颂对象和朝思暮想的理想追求目标，而秦以后的帝制社会则是他们不遗余力挞伐的对象。

宋代朱熹在《答陈同甫书》一文中说："尧、舜、三代自尧、舜、三代，汉祖唐宗自汉祖唐宗，终不能合而为一也。"意思是，周秦之变以前和周秦之变以后，是完全不同的两个历史阶段。三代之治是"天下为公"，而周秦之变以后的郡县制都是由私心、私欲支配的政治，"千五百年之间，正坐如此，所以只是架漏牵补，过了时日，其间虽或不无小康，而尧舜、三王、周公、孔子所传之道，未尝一日得行于天地之间也。"

明代的王阳明对夏商周三代社会也是推崇备至，他在《传习录》中说："三代以下之治，后世不可法也，削之可也。唯三代之治可行。"

黄宗羲在《明夷待访录·原法》中则宣称："三代以上有法，三代以下无法。"所谓三代之法，是为天下人，天下为公，而三代之后的法律，都是为了保护君主的私产。

儒家信徒对夏商周三代社会这种狂热的溢美一直持续到清末民国时期，如《薛福成日记》就说："唐虞以前，皆民主也。……迨秦始皇以力征经营而得天下，由是君权益重。秦汉以后，则全乎为君矣。"谭嗣同则更激进，他在《仁学》中居然断言，秦后"二千年由三代之文化降而今日之土番野蛮者"。

总之，在儒家信徒看来，夏商周三代时期，是"圣王"治下的大同世界，人能活得像个人，而秦代以后变成了君王意志支配下的专制社会，人变成了专制制度的奴隶，毫无自由和自尊可言。

二

传世文献中没有关于商代人祭和人殉的任何记载，但考古发现的商代人祭、人殉现象，尤其是晚商时期，令人触目惊心，彻底颠覆了人们对三代大同社会的认知。

人祭，是把人像牛、羊、猪等牲畜一样作为祭品奉献给祖先神和天神，希望求得福祉和庇佑的一种祭祀行为。将人作为祭品就是所谓的人牲。牲起初只是表示用来祭祀的牛，后来才成为动物祭品或者牲畜的通称。人牲多为战俘和奴隶。

人殉，是将活人作为某一死者的陪葬品直接掩埋或杀死后再掩埋在"主人"身旁。二者生前有一定关系，一般是妻妾、主仆或君臣。

根据远近关系和墓主人在冥界享受需要，或同穴而葬，或异穴而埋。

中国的人牲、人殉现象萌芽于六七千年前的仰韶文化早期，譬如，在6500年前著名的河南濮阳西水坡大墓中就发现有3具人殉。其后经过大汶口文化、龙山文化的传承，在商代发展到高潮，尤其是在商代晚期，达到鼎盛。早商时期虽然在考古中也发现有人牲、人殉现象，但规模都不是很大，一般也就是一至十几个。

考古发现早商时期人牲、人殉较多的一次是：1955年在郑州商城二里岗遗址的灰层、灰坑里，有5具成人骨骼和2具小孩骨骼，分几次重叠纵横埋在一个坑中；在另一个坑中，则是十多具成年人骨同几架猪骨分层埋在其中；还发现一墓穴，分层埋有4具成年人骨、4个人头骨和一架猪骨。[74]

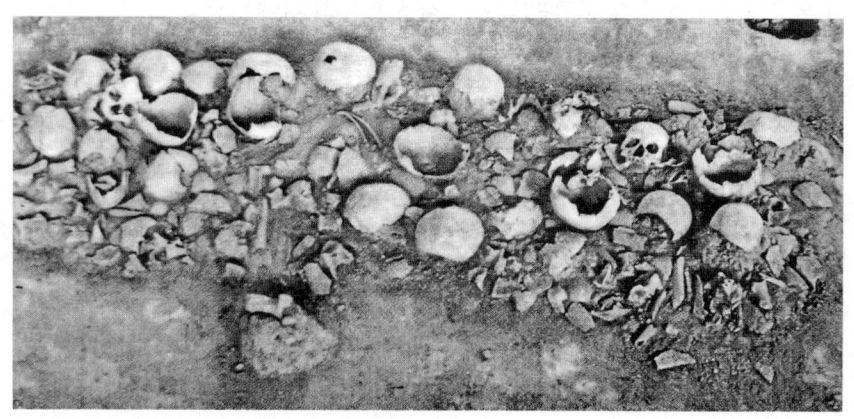

▲ 郑州商城宫殿区内发现的人头骨坑[75]

但到晚商，尤其是在武丁时期，祭用人牲、人殉，动辄就是几十、几百个。如在洹水北岸侯家庄西北冈商代的王陵墓地，虽然在3000多年间经过了多次盗掘，墓室器物几乎被盗一空，但仍然发现有大量的人牲、人殉现象。[76]

1001号大墓是个王级墓葬。墓底中心腰坑殉有1人和1把玉戈。四角各有两坑，每坑各殉有1人、1犬和1把铜戈。因墓坑被盗掘破坏，所以墓室旁侧，只发现了一具人殉骨骼。墓室椁顶发现11人。四个墓道的夯土里，殉人有全躯2具、无头肢体61具、人头骨73个。

墓坑东侧另设有22个祭祀坑，每坑殉葬1~7人不等，计有68人。该墓总计发现人牲、人殉225人。专家估测，如果按照大墓的结构复原起来，在没有被盗掘的情况下，殉葬的人数可能为三四百人。这些人牲、人殉多数都还未成年，有的还是幼儿，甚至连天灵盖都没有长满。

根据发掘现场情况，可以想象当时的屠戮情景：当墓坑墓道被挖掘好时，那些战俘或奴隶们就双手背绑，一队接着一队地被强行驱赶至墓道，并肩东西成排，面向墓坑跪倒在地。刽子手站在后面，手提屠刀，一声令下后，立即举刀砍杀。随着鲜血喷溅，这些战俘或奴隶瞬间人头落地，肢体俯身扑倒。刽子手们杀完人后，走出墓道。这些尸体没有做任何处理，就被填土所埋。埋好一层或两层，然后再如法炮制，又是一批人牲，一层填土。

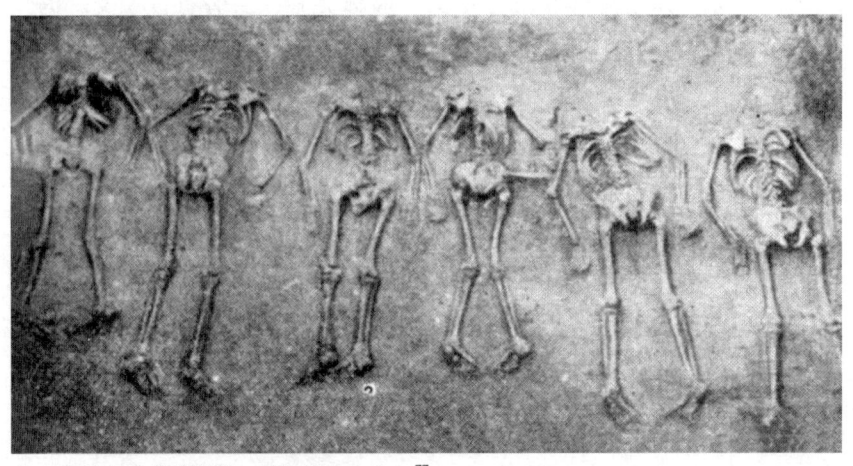

▲ 1001号大墓南墓道一溜殉葬的6个人[77]

王陵墓地其他各墓被盗掘后破坏得更为严重，即便如此，也发现了不少人牲、人殉情况。如1002号大墓，殉葬有10颗人头；1003号大墓，殉葬有1人和1颗人头；1004号大墓，殉葬1人和13颗人头，如果算上中心腰坑已被扰乱的1具人骨，该墓共殉葬15人。

1550号大墓人殉情况更令人感到恐怖，中心腰坑殉葬1人、1狗，墓室四角设有四个小坑，每个坑中各殉葬1人。北墓道口，则祭献10颗一排的人头骨数列。该墓总计残存人牲、人殉有几十乃至上百个之多。

另外在大墓东区，还发现有附属于大墓的1242座小墓。根据殉葬情况，可分为22类。除了车、马、象、兽、禽鸟、器物6类殉坑之外，杀人殉葬和作为人牲的有16类，有的是全躯人骨，有的是无头肢体，有的是人头骨，等等。这1242座小墓发现的人牲和人殉数量接近2000个。[78]

武官村编号为WKGM1的墓葬位于西北岗东区，是一座有南北双墓道的大墓。墓坑底部腰坑葬1人，肢体完整，身旁有青铜戈。据此推测，死者应该是墓主人的贴身卫士一类；二层台上东西两侧共葬41人和犬、猴、鹿各1只。西侧葬24人，其中6人有棺木，8人有随葬品；东侧埋17人，其中8人有棺木，部分随葬有青铜器和玉器。这些人都是全躯，排列有序。从其与墓主同穴、有棺木以及随葬高等级祭品看，身份和地位较高，应该是墓主生前的近臣或嬖妾。北墓道有马坑3座，出土马骨16架，部分还出土了铜镳等器物。马坑的南边有犬骨4架。在马坑下偏东，有人坑2座，埋2人，相向而蹲。东边1人旁有铜戈，戈有铭文，西边1人旁有铜铃。这两人生前或为墓主御用饲养犬马人员。这三种埋葬都同墓主有明显的从属关系，埋葬的目的也较为明显，即为墓主死后服务，所以他们都是人殉。

墓坑填土之中发掘出34颗人头骨，分别位于不同层面，大体上下直立放置，面朝中央。位于大墓偏南53米、偏东7米处，共挖有4排

17座的排葬坑。这些坑中的埋葬情况彼此类似，所出人骨皆无头，俯身，而且没有随葬品。排葬坑南边分布有大小、深浅不一的散葬坑。坑内埋葬的人与排葬坑情况相似，均是被斩首且俯身而埋。显然，这些死者都是用以祭祀墓主的人牲。[79]

安阳洹南后冈是商代贵族的另一处墓地所在。其中1座被盗掘过几次的大墓，中心腰坑的殉人骨已被搅乱，墓室内有28颗人头骨，有的还带着几节脊椎骨，有的没有了下颚，有的还带着血迹。这些被杀殉的人，都是奉献给墓主享用的人牲。刽子手将他们的脑袋砍下后，血淋淋地投进了墓中，而将肢体胡乱掷进了南墓道，或者直接打进夯土之中。这些零乱的人骨有148块，但究竟是多少人留下的骨头，已无法得知。专家估计至少也有几十人。

大墓之外，还发现5座小墓，但多被盗毁，只有一座小墓保护情况较好，其南壁和西壁的下边，各发现有1具人殉或人牲。1具似无头颅，1具似为童骨。[80]

后冈还发掘出一座圆形祭祀坑，上中下三层，共发现人骨73具[81]，这暗示是三次杀祭后分别掩埋的结果。最下层胡乱堆放着19具尸骨，但身首完整的只有2具，其余都是缺胳膊断腿。可以分辨出的有青年男女各有3名，成年男子2名，儿童4名，婴儿2名。其中一名20岁上下的青年男子侧身蜷曲着，在其朝上的右胯部散乱地堆放着60枚商人用作钱币的海贝，在他的尸骨下面也还有一些散落的海贝。

▲ 下层人牲堆放平面示意图[82]

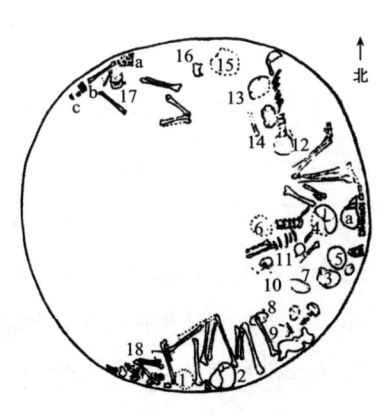

中层共发现 29 具（颗）人骨和头颅，其中身首相连的有 19 具，仅剩头颅的有 9 颗，还有 1 具是有身无头。能分辨出的有青年男子 8 人，儿童 5 人。这 29 名死者中，有 2 人随葬海贝，分别为 31 枚和 51 枚。5 名儿童中，除有 1 名短缺下肢外，其余均为全躯。有一名是幼儿，乳牙尚未完全脱落，胸前挂有一玉串饰。还有一名青年头部右侧发现一枚骨笄，自下而上插入，应该是致其死亡的凶器。右手臂佩戴着一枚玉璜，手腕上还戴着一只穿绳的玉鱼，说明这个青年男子应该是一名富有的贵族。

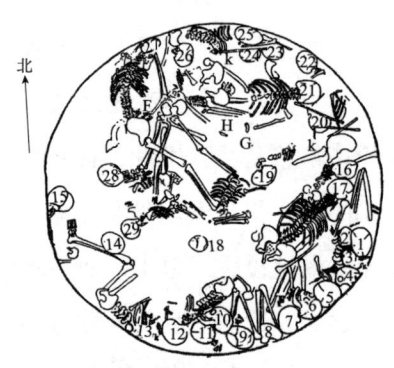

▲ 中层人牲堆放平面示意图

最上层共发现 24 具人骨，其中全躯的有 15 具，单独的头颅 7 颗，无头躯体 2 具。能够鉴定出的，有青年男子 6 名、壮年男子 3 名、儿童 4 名。这一层随葬海贝的人更多，其中，16 号尸骨左手腕和腰间分别各挂一串和两串海贝，总计 100 余枚；17 号只剩一颗头颅，是个十八九岁的少男，嘴里含有 3 枚海贝；18 号是个十六七岁的少男，臀部放有一个麻布袋，内装 300 多枚海贝。另外，还有好几处都堆放着小堆的海贝，不过已经无法分清其主人是谁。

▲ 上层人牲堆放平面示意图

奇怪的是，这一层还随葬有大量的青铜器，其中属于祭祀所用的礼器有鼎、竽、爵各 1 件，青铜鼎上的铭文显示其主人名为"戍嗣子"。

另外，还有青铜戈2件、青铜刀1件、青铜镞1枚，不知名小铜饰1件。

这些人骨架或者俯身跪扑，或者仰身跪卧，或者双手抱头，或者双臂被绑。有的前额还有刀痕，显然都是作为人殉被直接杀死在这里而后埋葬的。

发掘者认为死者都是奴隶，但奴隶是没有随葬品的，这一推断显然不成立。从随葬情况来看，这些死者应该是一个贵族大家庭的成员，包括最底层的奴隶。上述刻有"戍嗣子"的青铜鼎铭文显示，某年九月丙午这天，商王在一座宫殿里赏赐了戍嗣子货贝二十朋，为纪念这一光宗耀祖事件，戍嗣子铸造了这件鼎，祭祀父亲的在天之灵。

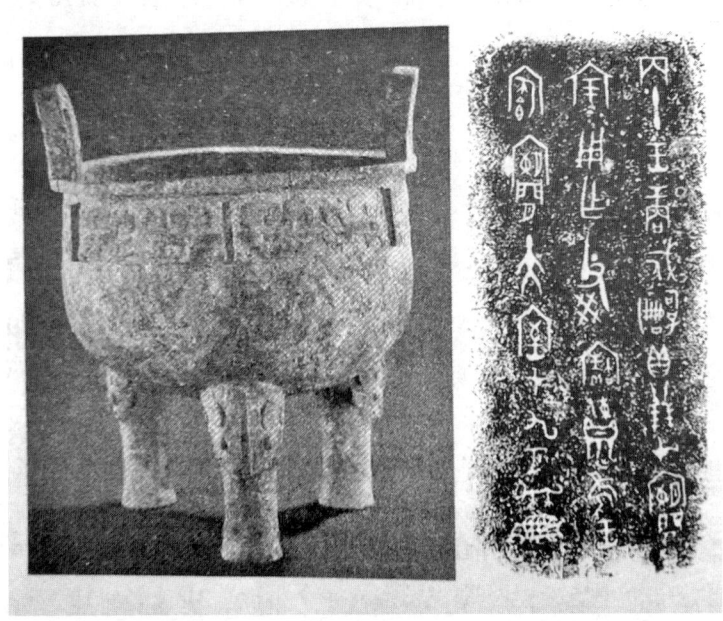

▲ 戍嗣子鼎及其铭文拓片[83]

朋是商代使用的货币单位，按照王国维《说珏朋》古制贝、玉皆五枚为一系，二系一朋，青铜器铭文中又有"易（赐）贝二朋"字样，说明二朋一般就可以拿出手了。根据周制，百亩（约合今 31.2 亩）为一田，二十朋则可以抵三田。

青年历史学家李硕认为，这一圆坑中的 73 个人牲均是戍嗣子家族成员，而操办这次杀祭者极有可能就是商王本人。因为在《史记》等文献中记载，纣王曾经处死鄂侯、比干等高级贵族，甚至"烹九侯"，并将九侯献给他的女儿制成了肉干。后冈这座圆形祭祀坑在一定程度上印证了传世文献的记载，并从另一个侧面反映了商人传统的宗教理念：人牲的身份地位越高，就越能取悦先王诸神。[84]

1976 年春，考古工作者在安阳武官村北地王陵区又发现了 250 多座祭祀坑，其中 191 座得以发掘，坑中被屠杀的骨架计有 1178 具。

三

商王朝不但在奴隶主贵族死后使用人祭、人殉，在进行大型建筑施工时也使用大量的人牲、人殉。我们以洹南小屯商代后期都城和宫殿遗址为例加以说明。[85]

小屯北地靠着洹河的 53 座大型建筑基址，由北向南，可分为甲、乙、丙三组。北面甲组 15 座基址，是商王寝殿；中间乙组 21 座基址，是商王宫殿；南面丙组 17 座基址，是商王祭祀场所。中间宫殿的营建，按照步骤需要举行四种祭祀仪式。

第一种仪式叫奠基：就是在基坑挖成后，未打夯之前，在基坑底下，再挖一个小坑，里面埋一只狗或一个小孩。21 座基址中，有 7 座举行了奠基仪式，挖了 13 个小坑，共用狗 15 只、儿童 4 个。

第二种仪式叫置础：就是当基址打到一定高度的时候，在打好基础竖立柱子之前，在基址上挖一个小坑，里面埋葬狗、牛、羊三牲。

有 3 座基址举行了置础仪式，挖了 19 个坑，共用 98 条狗、40 头牛、107 只羊，还用了 2 个人牲。

第三种仪式叫安门：就是在大门内外、左右两侧埋葬人、兽，以求得神灵保佑。有 5 座基址举行了安门仪式，挖了 30 个坑，共用 4 只狗和 50 个人牲。

第四种仪式叫落成：当建筑完成后，还要在建筑物的前面埋葬车、马、人、兽。有 1 座基址举行了落成仪式，在残留的遗址中发现了 127 个坑，共用 5 辆车、10 匹马、5 只羊、12 条狗和 585 人。专家估测，如果把坑全部复原，用人应该是 833 个。

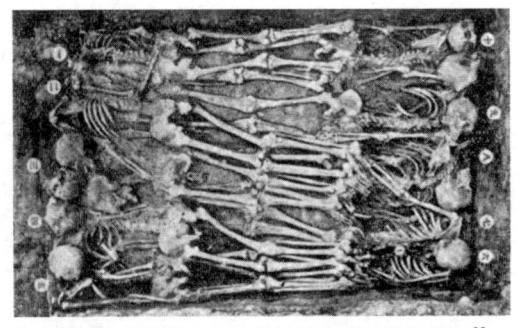

▲ 安阳小屯殷代乙七建筑基址落成时的人祭坑[86]

南面的丙组基址是商王祭祀天地祖先之处。他们以中部大型基址为中心，在上面举行人头祭、牲畜祭以及烧牲祭等，其中 9 座基址挖有 25 个坑，用了 62 只羊、74 条狗和 97 人。这些用作祭祀的人牲，儿童保留了全躯，成人一律斩首。斩首后的人骨，俯身趴在地上，头、颈完全脱落。有的还留有下颚，有的脊椎骨上还连着腭骨和颈骨。仰身躺在地面的，头部被砍去上面一部分，下半部分还连在颈上。被砍的地方，有的是在鼻部，有的是在眉际，砍痕清晰可辨。

类似的发现，在殷墟中还有很多，由于篇幅有限，不一一说明。

事实上，除了殷墟之外，在商王朝统辖范围的其他地方，也发现有不少的人牲、人殉现象。如河南辉县琉璃阁的商代墓葬区，1935 年

三代大同社会遭遇尴尬　　117

和1937年两次在这里发掘，发现殷商墓葬3座，每座都有1～2个人殉或人牲。1950—1951年再一次对辉县琉璃阁商代墓地进行发掘，又发现大小墓葬53座，其中大一点的墓大都有人殉现象。如141号墓，发现1颗人头骨；147号墓，有1具人骨架和6颗人头；150号墓，有5具人骨、5颗人头。[87]如此等等。

山东省益都苏埠屯发掘了4座商代墓葬，其中1号大墓的规制与安阳殷墟侯家庄西北冈的殷商王陵大致相似。墓主生前可能是诸侯之长、方伯一类的显赫人物。墓底中心腰坑和奠基坑，各发现1具人骨。奠基坑里的人骨呈下跪姿势；中心腰坑里的人骨，腿部已经折断，可能是活埋所致。二层台上，东面发现6具人骨，其中有一个是儿童；西面也发现1具儿童骨骼。墓室南门道口，分三层埋有胡乱堆放的14具全躯人骨，大多是儿童，有的还能明显看见绳索捆绑的痕迹。除此之外，还发掘出了25颗人头骨，头骨遗留颈椎骨数节，可以明显看出是用刀砍杀所致。[88]

▲ 益都苏埠屯奠基坑里呈下跪姿态的人殉[89]

此外，在江苏铜山丘湾、河北藁城台西等商代墓地，也都发现了类似的杀殉现象，说明晚商时期的人祭、人殉，已经作为一种制度而存在。

四

从甲骨文相关记载统计来看，有关人祭的卜辞是以武丁时期为最多，计有甲骨673片，卜辞1006条，祭用9021人。另有531条未记人数。其中，最多的一次祭用人数是500个。[90]

廪辛、康丁、武乙、文丁时期，计有相关甲骨443片，卜辞688条，祭用3205人。另有444条未记人数。最多的一次祭用人数是200个。

祖庚、祖甲时期，计有相关甲骨100片，卜辞111条，祭用622人。另有57条未记人数。最多的一次祭用是50个羌人。

帝乙、帝辛时期，计有相关甲骨93片，卜辞117条，祭用104人。另有56条未记人数。最多的一次祭用人数是30个。

从文献记载看，商代末期对外战争十分频繁，所获战俘也应该不在少数。不过，这一时期商王朝用兵的主要方向是东南方的淮夷，但同一时期的甲骨卜辞中很少有用战俘作为人牲的记载。武乙时期有一条卜辞说，商王命羌奴开垦荒地，说明商代末期社会发生了重大变化，那就是不再把大量的战俘杀掉作为人牲，而是转变使用到了农业生产上。这同商末几代帝王淡化鬼神观念，以及整个社会思潮和宗教思想的变化有密切关系。

不过，这只是问题的一个方面。从另一角度看，自武丁至帝乙、帝辛时期，商王朝用人牲、人殉的次数和数量越来越少，同周人作为商王朝"牧师""方伯"强势崛起也不无关系。据甲骨卜辞记载，从盘庚迁殷到帝辛亡国，共用人祭13052人；另外还有1145条卜辞未记人数，如果1145条卜辞都以1人计算的话，全部杀人祭祀，至少当用

14197 人——这是个很不完备的数字，因为有很多甲骨流失在国外，还有被损坏的、没有被发现的，等等。其中，仅祭用羌人牲，就达到了 7426 人，占全部杀殉人数的 52.5%，这还不包括 324 条未记具体人数的卜辞。

考古学家曾对前述 1976 年春发掘后又回填的殷墟王陵区 191 座墓和祭祀坑遗骸重新作了发掘，并结合甲骨卜辞以及锶同位素科技考古的手段进行研究分析，结果表明，这些人牲基本上是来自以羌人为主要组成部分的外族俘虏。[91] 譬如《合集》[92]32093："卯三羌二牛。卯五羌二牛。""卯"是将人或牲口一劈两半悬挂起来的祭祀方式。"羌"就是羌人。"羌"在甲骨文中的写法就像是个头顶羊角的人，或是脖子被绑缚在木桩上的样子。

▲ 《合集》32093 拓片

周人崛起后，由于得到商王朝的大力支持，再加上周人和羌戎集团有着千丝万缕的联系，遂一跃而成为西方霸主，有力地遏制了羌人对商王朝的侵略和骚扰，这使得商王朝不再或者说很少再同羌戎集团发生战争，这样一来，原来在人牲中占主要比重的羌人俘虏就没有了来源，商王朝用作祭祀的人牲随之断崖式下跌。

商周时期不止一个郑国

史籍所见郑国只有一个,那就是周宣王二十二年(公元前806年)封庶弟姬友于郑地所建立的诸侯国。友又名多父,就是后来的郑国始封君郑桓公。郑桓公建立的郑国在今陕西凤翔一带。

宣王死后,年近中年的太子宫涅继位,这就是大家熟悉的周幽王。幽王提拔郑桓公进入新一届的领导班子中,任命他担任了掌管土地的司徒一职。

周幽王晚年由于宠爱褒姒,废掉太子和申后,同西申国交恶,西申国遂与鄫国、西戎结盟,周王朝外交陷入困顿,大战一触即发。同时,国内统治阶层内部矛盾激化,以皇父为首的一批世袭贵族官员纷纷携带大量财富逃离宗周。百姓更是流离失所,社会动荡不安。

《国语·郑语》记载,郑桓公看到这一切,知道西周王朝已经是朝不保夕。他无力挽救国家于危难,那也得设法保全自己的族人不至于成为无谓的牺牲品。但他不知如何做,就去找德高望重的太史伯阳父,向他请教:"周王室多灾多难,我担心落在我身上,到哪里才可以逃避一死呢?"

伯阳父首先分析了当时的形势。周王室衰败，戎、狄肯定会昌盛起来，不能靠近他们。在周都洛邑，南面有楚蛮、申、吕、应、邓、陈、蔡、随、唐九国；北面有卫、燕、狄、鲜虞、潞、洛、泉、徐、蒲九国；西面有虞、虢、晋、隗、霍、杨、魏、芮八国；东面有齐、鲁、曹、宋、滕、薛、邹、莒八国。这些国家若不是周王的同姓支族、母弟甥舅之类的亲戚，就是蛮、夷、戎、狄之类。不是亲属就是凶顽之民，不能到那里去。

伯阳父建议郑桓公率族人到济水、洛水、黄河和颍川这四条河流之间："这一带除了（东）虢国和郐国稍微大点，其余都是子爵、男爵一类小国，不足为虑。虢国国君和郐国国君仗着地势险要，颇有骄横贪婪、疏忽怠慢之心。您可以以朝廷有大难为理由，把妻儿老小、部分族人和财物先存放到他们那里。以您司徒现在的地位和权势，他们不敢不答应。一旦周国开始大乱，按这两个国君贪婪无度的本性，一定会侵吞您寄放在他们那里的人口和财物。到时候，您就可以以司徒的名义率成周大军奉辞罚罪，取胜自然不在话下。取得虢国和郐国之地后，周围的8个城邑就顺理成章归郑国所有。届时，您再修复周的礼制来守卫治理这片土地，就可以稳固下来了。"

郑桓公听伯阳父说得在理，遂派人联络东虢国和郐国的国君，说要将妻儿老小、部分族人和财物存放到他们那里去。这两个国君果然不敢拒绝，这样，郑国的势力就渗透到了济、洛、黄、颍四水流域。郐国在今河南新密、新郑、郑州、禹州这一带；东虢国的统治区域相当于今荥阳市境。

走完这步棋，郑桓公有了新的想法，他并没有按照伯阳父的意思去等着周国大乱的时候再去收拾东虢国和郐国，而是立刻将刺刀对准了国内局势较为混乱的郐国。

《韩非子·内储说下六微》记载，郑桓公打算灭掉郐国，就先打听郐国的豪杰、良臣和明智人士的情况，全部记下他们的名字，然后将郐国那些肥沃的田地分别写在他们名下，又写上封赏的官爵名称。之后在外城门外设了坛场，把相关记录撒上鸡血后掩埋到下面，像同这些人结盟似的，大张旗鼓地搞祭祀活动。

郐国国君闻听消息后，认为这些人已经被郑桓公贿赂、收买，一怒之下，就将这些良臣和豪杰全部杀掉。郑桓公趁机发兵，一举灭掉了郐国，郐国的国土顺理成章地变成了东迁后郑国的大本营。[93]

大约就在郑国东迁的同时，犬戎、西申、鄫三国联军同西周王师发生了战争，周师大败，联军趁势追击，攻陷西周王都。郑桓公保周幽王仓皇出逃，被犬戎追杀于骊山脚下，西周灭亡。郑桓公之子掘突在这种情况下即位，是为郑武公。武公继承父亲未竟事业，定都于今新郑市区的郑韩故城遗址，由此成就了郑国在中原大国的地位。

▲ 郑国故城北城门遗址航拍图[94]

郑武公死后，武公之子寤生即位，是为郑庄公。郑国发展势头迅猛，一度击败周王室，救援齐国，成为春秋初期强国之一。郑庄公死后，王室出现争位现象。内耗之下，国力逐渐衰败。又适逢齐、晋、楚、秦等国相继走向强盛，逐鹿中原，争霸天下。郑国处在四方交战的旋涡中心，无法主宰自己的命运，只能不断转换身份依违于晋、楚之间，还时不时地跪拜在齐、秦脚下。其间，虽然也有子产改革的一时光芒，甚至还大败韩国，但积弱积贫，终被晋、楚、宋、韩等国蚕食殆尽。

公元前376年，韩哀侯灭郑，郑祚遂绝。郑传15代24君，共计452年。

史籍关于郑国的记载长期左右了国人的认知，以为周宣王分封其弟友所建郑国是历史上唯一一个郑国，直到20世纪甲骨文和很多金文出土以后，学界才发现，早在商代就有郑国存在，而在西周中前期还有另一个迥然有别的郑国也曾存在于世。[95]

甲骨文中有"奠来廿""奠入廿""侯奠""子奠""奠氏""南奠""北奠"等大量带"奠"的语句。商周青铜器铭文中也没有郑，皆作"奠"。"奠"就是"郑"的甲骨文和金文写法，这在学界已是共识。

参考史籍和甲骨文记载来看，商王武丁有几十个儿子，称"多子"。其中就有"子奠"，也称"侯奠"，子奠为王子奠的简称。其所在"奠"，乃晚商一个重要封国。

武丁晚期甲骨文中有不少卜辞是商王对"奠子"安危的卜问，或是对"奠子"康宁的祈祷，如"□□（缺字，下同）卜宾贞，令咸子、奠子宁？八月"，再如"□□卜大贞，令咸子、奠子……"，等等。这里的"奠子"就是子奠，有学者认为是武丁之子，奠（郑）国的封君。

武丁晚期的奠（郑）国都邑地处今河南濮阳的"郑父之丘"，亦即帝丘古城一带。"郑父之丘"因商朝的王子郑（奠）居此而得名，属晚商王畿之内方国。甲骨文称为北奠（郑）。

所谓奠，《说文》云："奠，置祭也，从酋，酋，酒也。下其丌也，《礼》有奠祭者。"就是说，奠乃置酒于酒器架之上祭神的一种祭祀行为。奠作为地名又与"甸"为通假字，《周礼·天官·甸师》注说："郊外曰甸。"甸是王朝远郊统治区。

▲ 甲骨文"奠"字的写法

商人嗜酒，又勤于祭祀祖宗鬼神，需要大量的醴酒作祭品，所以商王就设置甸田，专门用来生产粮食，以供应祭祀之用。这片甸田就在郑父之丘周围，是黄河经常泛滥的地方，土地肥沃。

甲骨文中有"多甸"，即多奠，乃管理远郊地区的多个治官。子奠是商王武丁之子，但从本义上说，应为商王武丁派下去管理新开辟甸田的一方官员。

青铜器中有子奠觯，专家怀疑是武丁时代王子奠的遗物。

甲骨卜辞经常出现"我甸受（年）""贞,（我）奠受年"一类卜辞，是商王对奠（甸）地收成情况的卜问。"受年"就是这一年获得了丰收的意思。

甲骨文中还有"在云甸河邑"的卜辞，意思是说王在云地的郊甸滨河之邑，"云甸河邑"就指的是濮阳郑父之丘。

后来商王朝为了巩固西疆的边防，防御羌戎的袭扰，就将子奠封到了商王畿之外的今陕西华县一带，卜辞称之为西奠（郑），如《合集》24："辛亥卜，屯贞，众人立大史于西奠（郑）……月。"今人多称之为南郑。

华县地处渭水和北洛水汇入黄河之处，是关中盆地通往中原的交通要道。商王将子姓奠（郑）国徙封于此，战略目的一目了然。

商末，周文王为了布局弱商大业，首先征服了位于今西安附近的崇、丰等殷商属国，接着又东进灭掉子姓奠（郑）国，由此将整个关中地区牢牢地控制在了自己手中。子姓奠（郑）国灭亡以后，其移民大部分被周人迁至今陕西宝鸡靠近周人故土岐山一带，沦为周人异姓封国——井国的臣民。子姓奠（郑）国遗民新迁的地方，仍沿袭了原来的国名——奠（郑），史称西郑。

子姓奠（郑）国贵族移民还有一部分，在周康王时期，被迁徙到

▲《合集》9767拓片：贞，（我）奠受年

▲《合集》24拓片

了今江苏丹徒一带。我在上文《商周两代应该是"封建社会"》中已述及，江苏丹徒出土的宜侯夨簋记载了这件事，大意是说，在四月丁未那天，周王查看了周武王和周成王伐商时的地图。周王在"宜"地的宗庙中，面朝南册命"虞侯"，让他到"宜"地做侯，赐予他用来祭祀的酒和酒器、弓箭，带有300条沟、35处村落的土地。同时还赐予他姬姓贵族作为"宜"地的"王人""奠"地的"七伯"及相关人口。"奠七伯"就是指"奠"地的七支宗族首领及其家族。

西郑所在的井国为姜太公姜尚小儿子井的封地，与迁徙后的奠国遗民比邻而居，奠地实际就成了井国的一部分。《说文》云："邢，郑地有邢亭。"邢即井。《世本》说，井乃"姜子牙之后。周有井利井伯"。

西周金文中有井伯、井叔、井季，是姜太公之子井的三个儿子，其中井叔又有三子，因他们的封地分别在郑、咸、丰三个地方，故称为郑井叔、咸井叔、丰井叔。三人生活时代大致与周康王同期。

从华县迁徙而来的子姓奠（郑）国遗民属于井国治下，井国因而也被称为奠（郑）井国，井国封君称为奠（郑）井叔。奠（郑）井叔青铜器目前见有奠井叔钟、奠井叔甗、奠井叔蒦父鬲、奠井叔康盨、奠井叔康鼎等。

奠井叔甗铭文显示："奠（郑）井叔作季姞甗，永宝用。"意思是，奠（郑）井叔为夫人季姞做了该甗，希望能够永远传承下去。"季姞"是指姞姓国贵族之第三女或三女之下的某一女。甗原是烹饪用的厨具，后成为礼器流行于商至汉代。

卢连城先生认为，奠（郑）井国南接散国、西临矢国。大致在今甘肃千阳东北及北部，陕西凤翔北部，麟游东北部，甚至可能还波及今甘肃陇东、灵台南部一带。[97] 其核心位置，根据《括地志》《汉书·地理志》以及西周青铜器大簋、兔尊铭文记载，大概就在今凤翔境内故秦都雍城一带。

大约到了姜太公六代孙奠（郑）井叔康时，周穆王收回西郑，建了大郑宫作为他的临朝办公之地，所以西周青铜器大簋、兔尊铭文就出现了"王在奠（郑）"的记载。《太平御览》引《竹书纪年》也说："周穆王所居春宫，郑宫。"

兔簋还记载，周穆王建了大郑宫以后，又在周围建了苑囿等配套设施，任命兔为司土："司奠（郑）苑林，及吴及牧。"意思是，兔被任命为司土，在奠（郑）地管理苑林、沼泽和畜牧。兔为此制作兔簋以为纪念。

周穆王时期的青铜器康鼎记载，周穆王从奠（郑）井叔康手中收回西郑后，听从执政大臣荣伯的建议，仍然留奠（郑）井叔康在朝廷担任了一定职务。奠（郑）井叔康表示，誓死为周王服务。

自穆王以后，后面几任周王都将西郑作为了辅都而使用。《世本》所谓"自穆王以下都西郑"，这里的"都"应为辅都，因为镐京或"周"才是正

▲ 奠井叔甋铭文拓片[96]

▲ 兔簋铭文拓片[98]

都。换言之，穆王及其之后的几任周王都实行的是双都或三都制。

这种情况一直持续到周宣王时期，宣王将他的庶弟姬友分封到西郑，建立姬姓郑国，西周双都或三都制才宣告结束，后世大名鼎鼎的周代郑国也由此登上历史舞台，开始了她452年的炫目表演。

▲ 康鼎（全形拓）

圣王治理下的西周也施行人殉制度

在《论语》《礼记》等儒家典籍记载中，孔子心目中的西周社会是个人人向往的大同世界，周文王、周武王和尧舜一样都堪称圣王，而周公无疑是做臣子的典范，他们的思想也顺理成章地成为孔子所创立的儒家学说的直接来源。因此，夏、商、西周三代社会，尤其是西周，便成为他梦寐以求的"克己复礼"目标："行夏之时，乘殷之辂，服周之冕，乐则韶舞。"（《论语·卫灵公》）

夏、商、西周三代社会在历史文献中，从未出现过关于人殉、人祭现象的记载，但考古发现，晚商以来，人殉、人祭现象普遍盛行。这种普遍不仅仅是指整个商王朝，事实上还包括了商王朝下属的诸多方国，周也不例外。

早在20世纪五六十年代，在西安沣西墓地就发掘出了182座西周墓葬，其中9座有人殉现象；在西安长安区马王镇张家坡西周墓地发掘出了4个车马坑，每辆车上也都有1个殉葬的御乘人员。[99]

据不完全统计，迟至20世纪80年代中叶以前，在西周都邑所在的丰邑地区（今西安沣河两岸），仅张家坡发现的西周255座中小型墓葬中，人殉墓葬就有20座，共28个殉人，约占全部墓葬的7.8%。在客省庄、马王村一带发掘中，发现中、小型西周墓葬62座，其中人殉墓葬6座，共有8个殉人，约占全部墓葬的9.7%。

20世纪七八十年代，北京琉璃河黄土坡西周墓地发掘出了8座人殉墓葬和1座有殉人的车马坑。[100]

中国新闻网2023年2月16日报道，西北大学文化遗产学院对外披露，考古人员在位于陕西省旬邑县的西头遗址发现西周时期城址和墓地。墓葬数量超过1000座，发现了10多座诸侯级别的大型墓葬。其中一座编号为M90、呈甲字形的东西向大墓，殉葬43人，是迄今为止所发现的西周人殉数量最多的一座墓葬。这43具人殉中，有38具置放在墓道中，从上至下分三层埋葬，另外5具置放在墓室西侧二层台上。

▲ 西头遗址M90墓道从上至下分三层埋葬38具人殉[101]

如此重大的人殉史实，历史文献却没有哪怕片言只语的记载，这不由得会让我们想起《逸周书·世俘解》对周武王战胜殷商，凯旋返抵镐京后举行开国大典的那一幕：第一天进行的就是献俘告祖礼。武王命人杀掉所俘殷王武士百余人和40个小氏族的首领后，又命司徒、司马在外朝南门处剥掉众多俘虏的衣服，夹道示众，然后再将他们驱赶到内朝杀掉，取下他们的头颅献祭众位先公先王。之后又由太师吕尚用白、红两种旗杆挑着商纣王及其二妻的首级进入，作为牺牲，燎祭位居上帝左右的先祖木主（祖先牌位），以示伐纣事业大功告成。

《逸周书》是中国古代历史文献汇编，又名《周书》，隋唐以后亦称为《汲冢周书》。内容主要记载周代从文王、武王、周公、成王、康王、穆王、厉王到景王年间的时事。一般认为，《逸周书》是孔子删定《尚书》后所剩"伪书"，系"周书"逸篇，故有此名。而今人多以为此书主要篇章出自战国人之手，可能还经汉代人改易或增附，所以不可尽信。但考古和上述西周开国大典中残忍的杀戮献祭记载基本上是一致的，说明《逸周书》的确有可能就是孔子删定《尚书》后所剩残篇，这种情况也恰恰与孔子"为大人隐，为圣人隐""隐恶扬善"的史识、史观相吻合。

当然，西周大规模地出现人祭人殉现象和周武王在开国大典上杀掉所俘殷商武士、小氏族首领百余人残忍血腥的行为，也不能用后人眼里的品德高尚与否这样的观念来评价。道理很简单，这种现象之所以会发生，是由其特殊的历史条件所决定的。

人牲、人殉是一种野蛮而血腥的原始宗教行为。那时的人们由于认知能力有限，对疾病、生死、梦幻等现象无法理解，于是就产生了天命、来世、灵魂不灭等相关的迷信思想。他们幻想着在人的世界之外还有一个与之相平行的鬼魂世界。为了死后能够继续享受和现实世界一样的荣华富贵，他们就希望将生前最珍贵的物品和享受方式随他们一起埋葬，以便他们在阴曹地府继续使用。这样，就逐渐产生了殉葬这一类现象。

不过，要注意的是，上述西周时期有人殉现象的墓葬，大都出现在先周和西周早期，也就是周公改制之前。周公代成王摄政以后，意识到其中的荒谬和残忍，遂本着以人为本、敬鬼神而远之的原则，进行改制，重新制定周礼，坚决摈弃了这一陋习。

不但如此，周公还进一步在《周礼》中对祭祀的牲品之数作了严格限制。尤其对从天子到士大夫的祭祀用牲之数做了明确的规定：天子"合诸侯而飨礼，则具十有二牢"，"上公之礼九牢，诸侯诸伯之礼七牢，诸子诸男之礼五牢"。牢在这里是祭祀用牲畜的意思，或说是指牛，"十有二牢"就是宰杀了12头牲畜或牛。

从考古发掘情况来看，西周中晚期几乎没有发现以人为牲的现象，殉葬的情况虽然偶有所见，但大都是殷商遗民或殷商属国遗民所为。如洛阳北窑村和晋南绛县横水墓葬区高等级贵族墓葬中就发现有不同程度的人殉现象，经考古人员鉴定，洛阳北窑村墓葬区是从殷墟迁移过去的殷商遗民的[102]，而绛县横水墓葬区属于来自西北地区羌戎"怀姓九宗"的倗氏一族[103]，均和纯正的周人无关。

《左传》记载的一件事说明了周公在这一改制中所起的决定性作用。昭公十年，鲁国贵族季平子有一次用俘虏祭祀先祖，鲁国大夫臧武仲在齐国听到后大感意外："周公大概不会去享用鲁国的祭祀吧！周公享用合乎道义的祭祀，鲁国不符合道义。《诗》说：'那德行声誉特别显明，让百姓不要轻佻随便。'现在的做法可以说轻佻随便得过分了。把人同牲畜一样使用，上天会福佑他的后人吗？"

周公是鲁国的始封君，又是周礼的制定者，所以鲁国大夫臧武仲听到鲁国贵族用俘虏祭祀先祖的事情，才会发出这样的感慨。

这件事也说明，一种行之既久的习俗要彻底改变，不是轻而易举的事情。但由于周礼不仅是一种道德要求，还是一种法律条款，具有强制性的作用，所以在西周中后期，即便那些王公贵族还想继续沿袭这一习俗，也恐怕是有心无胆。可能正是在这种情况下，刍灵和偶人才开始有了市场。

"刍灵"，即茅草人，是用茅草扎束而成的人形。"偶人"，也称象人或俑，是一种制成人形的雕像或塑像。刍灵和偶人的出现是为了替代丧葬礼仪中所使用的活人殉葬，本质就是人殉的"替代品"。考古工作者在陕西韩城梁带村西周墓地、渭南刘家洼春秋早期墓地和山西翼城大河口西周墓地都出土了用来殉葬的木俑或陶俑，时间在西周晚期至春秋早期。

▲ 陕西韩城梁带村西周墓地出土的木俑

孔子赞成用刍灵随葬而反对用俑随葬，他认为俑的形象太像人了。《礼记·檀弓下》对此有记载："涂车刍灵，自古有之，明器之道也。孔子谓为刍灵者善，谓为俑者不仁，不殆于用人乎哉？"孔子坚决反对用俑随葬，对这种人深恶痛绝，甚至不顾斯文体面，破口大骂："始作俑者，其无后乎！"

经过西周中期到春秋数百年的思想、礼制革新，至战国时期，俑像制作之风大为盛行。《韩非子》说："象人百万，不可谓强。"正是春秋战国时期用偶人代替活人随葬社会现状的反映。

但由于进入战国时期，礼乐崩坏，用活人殉葬的恶俗又有所抬头。秦穆公用170个人殉随葬就是典型的一例。《史记·秦本纪》记载："穆公卒，葬于雍，从死者百七十人。"

更可恶的是，秦穆公死前还留下遗言，让子车氏的三个儿子奄息、仲行、鍼虎为其殉葬，目的是让他们在阴间继续为自己去效力："秦伯任好卒，以子车氏之三子奄息、仲行、鍼虎为殉，皆秦之良也。"（《左传·文公六年》）

按照这一记载，子车氏的三个儿子都是秦国优秀的人才，可悲的是，照样逃脱不了被殉葬的命运。

秦穆公这一残忍无道的行为，让秦国的民众悲愤填膺，"国人哀之，为之赋黄鸟"：

交交黄鸟，止于棘。谁从穆公？子车奄息。维此奄息，百夫之特。临其穴，惴惴其栗。彼苍者天，歼我良人！如可赎兮，人百其身！

交交黄鸟，止于桑。谁从穆公？子车仲行。维此仲行，百夫之防。临其穴，惴惴其栗。彼苍者天，歼我良人！如可赎兮，人百其身！

交交黄鸟，止于楚。谁从穆公？子车鍼虎。维此鍼虎，百夫之御。临其穴，惴惴其栗。彼苍者天，歼我良人！如可赎兮，人百其身！（《诗经·秦风·黄鸟》）

参照周啸天、姜亮夫等先生的注释，翻译成现代文，大意是：

交交黄鸟鸣声哀，枣树枝上停下来。是谁殉葬从穆公？子车奄息命运乖。谁不赞许好奄息，百夫之中一俊才。众人悼殉临墓穴，胆战心惊痛活埋。苍天在上请开眼，坑杀好人该不该！如若可赎代他死，百

圣王治理下的西周也施行人殉制度

人甘愿赴泉台。

交交黄鸟鸣声哀，桑树枝上歇下来。是谁殉葬伴穆公？子车仲行遭祸灾。谁不称美好仲行，百夫之中一干才。众人悼殉临墓穴，胆战心惊痛活埋。苍天在上请开眼，坑杀好人该不该！如若可赎代他死，百人甘愿化尘埃。

交交黄鸟鸣声哀，荆树枝上落下来。是谁殉葬陪穆公？子车鍼虎遭残害。谁不夸奖好鍼虎，百夫之中辅弱才。众人悼殉临墓穴，胆战心惊痛活埋。苍天在上请开眼，坑杀好人该不该！如若可赎代他死，百人甘愿葬蒿莱。

不只是文献记载，这一时期的考古也发现了不少人殉的墓葬，但大都在边缘地区，如地处西北地区的秦国、地处今鲁东南地区的莒国、地处江汉平原的曾国等。其中，在秦都雍城出土的1号秦公人殉墓被认定为秦景公墓，殉人竟达到了186个。这一数字，打破了乃祖秦穆公170个的人殉纪录。但秦景公用186人殉葬在历史文献中也没有任何记载。

▲ 殉人186人的雍城1号秦公大墓

不过，毕竟时代在进步，又经过周公的改制，人本主义逐渐深入人心，这种现象也只是在边缘地区死灰复燃而已，与晚商时期的人殉盛行情况已有天渊之别。

咸阳周陵张冠李戴两千年

陕西咸阳市渭城区周陵镇周陵示范农场内,在蓊蓊郁郁的青松翠柏环绕中,一南一北近距离地挺立着两座高大的封土堆,两座封土堆前各立有清代陕西巡抚毕沅制立的石碑一通。南面的封土堆呈覆斗形,碑面显示是"周文王陵";北面的封土堆顶部近似圆锥形,碑面显示是"周武王陵"。因二人是父子关系,"周文王陵"前面左右又传说有周成王陵和周康王陵,祖孙四代同葬一起,当地传言,文王这是"背子抱孙",世人因此称为周王陵,简称周陵。[104]

"周陵"被认为是周陵,至少已有2000年的历史。《史记·周本纪》记载,"武王上祭于毕,东观兵于盟津",《孟子》记载:"文王生于岐周,卒于毕郢",毕或毕郢因而被认为就是现在"周文王陵"所在这一带。

查阅文献可知,至少在西汉中期,汉天子就开始诏封文王之后以奉祀"文武周公"了。《周陵志》记载,元鼎四年(前113年),汉武帝诏封周公三十六代孙姬嘉为周子南君,秩品为列侯。元封三年(前108年),武帝又封姬嘉的弟弟姬昭为承休侯,作为周公的后嗣,让他"缮治陵寝"。因为"周公墓"也祔葬在"周陵"之内,所以很难不让

▲ 传说中的咸阳周文王陵

人想到，这里的"陵寝"指的就是"周陵"。

100多年以后，东汉光武帝刘秀在建武三年（27年）又封周公四十代孙姬观为卫公，奉"文武周公"。姬观居咸阳，因而"祭祀不绝"。由于咸阳在历史上只有现在这个"周陵"，所以基本上可以推定，东汉光武帝时就已经认定现在这个"周陵"是真的周陵了。

三国刘劭在《皇览》中曾说："秦武王冢在扶风安陵县北，毕陌中大冢是也，人以为周文王冢，非也。"安陵县，西汉惠帝置，属右扶风，治所在咸阳市东北穆家村附近。"扶风安陵县北，毕陌中大冢"就指的是这个"周陵"。既然彼时"人以为周文王冢"，说明这已经是当时人们的共识了，这与《周陵志》所记东汉光武帝诏封周公四十代孙姬观为卫公，"居咸阳，奉文武周公"可以前后对应。

此后，魏晋至隋唐也屡有诏封周公后人诏祀文王、武王之举。至宋代时，宋皇愈加重视"文武周公"祭祀礼仪、次数，并制定出到"周陵"祭祀的规制。宋太祖在建隆二年（961年）下诏："历代帝王，国有常享，著于甲令，可伸而行。五代离乱，率为废坠，匮神乏祀，阙礼甚焉。其周文王庙宜令有司，准令三年一享，岁仲春月行享。牲用太牢（古代帝王或诸侯祭祀社稷时，牛、羊、豕三牲全备为"太牢"），以羊、豕代。祀官以本州长吏，有故遣佐宾行事。仍令造祭器送之陵侧。"[105]

建隆四年（963年），宋太祖又下诏命，明确规定守"周陵"人数为五户，免除各种役差，春秋两季奉祀："历代帝王，或功济生民，或道光史载，垂于祀典……周文王武王给守陵五户，蠲其他役，春秋奉祀。他处有祠庙者，亦各祭享。周成王康王各给三户，岁一享。"

开宝三年（970年），宋太祖再次下诏，明令周文王、周武王、周成王等27陵所在州主管官员要亲赴各州陵前致祭："西京凤翔雄耀等州，周文成康三王、秦始皇……汉高文景武元成康七帝……凡二十七陵，所在长吏致祭。"

自开宝六年（973年）起致祭，文武成康四王陵庙均刻立石碑，《金文萃编》和《周陵志》都分别录有碑文，可惜原碑都散佚不见，今只存《大宋新修周武王墓碑》一通。

宋代从徽宗政和三年（1113年）起，在仲春、仲秋两季由州府主管官员亲赴陵寝享祀历代帝王形成定制，直至明初依然在施行。后改为"三年出祝文香帛，遣太常寺乐舞生赍往所司致祭"[106]。《周陵志》记录有明代"文武成康"陵墓祠庙13通祭祀石碑的碑文，现在还保存有6通。

清代致祭历代明君，没有具体的次数规定，或三年一祭，或一年一祭，或一年数祭。但朝中凡有重大事情或盛大庆典，一定会派遣官员前赴"周陵"，致祭文王、武王陵寝，如康熙元年（1662年），康熙帝就下诏："至前代各陵寝，春秋仲月，守土正官一人执事以礼生祭日，用羊一豕一，余仪注与庆典同，祭周文王武王成王康王。"嘉庆年间则规定："祭告帝王陵寝，奏准应遣官员……各于本省副都统总兵官内拟派，就近致祭。祭文香帛等项，礼部照例备办……西安祭黄帝轩辕氏，周文王武王成王康王，汉高祖……"

清代祭祀盛行立碑，刊刻祭文，但由于破坏、散佚，现在能看到的就只有20多通了。这只是其中很少一部分。

▲ 传说中的咸阳周武王陵

民国时期，由于"反封建"，人们到"周陵"祭祀的热潮下降了很多，但出于"反帝"、凝聚民心的需要，"周陵"同黄帝陵并列，成为民国政府祭奠的祖陵。祭奠时，没有了太牢、斋戒，也不起起居，不进奉，只在每年春季举行一次陵祭。

民国二十一年（1932年）春，蒋介石偕夫人宋美龄，率领当时的考试院院长戴季陶等10余人，亲自拜谒周陵。罗敏在《中华民国史研究（第1辑）：蒋介石的日常生活》一书中透露，祭奠结束后，蒋介石当日就去了黄帝陵。蒋介石在日记中还写下了他拜谒周陵后的心志："谒文武周公之陵，而不思发扬光大其先人之基业者，非吾族类也。"

民国时期祭奠"周陵",通常都是在清明节,主祭一般由陕西省政府主席或省主席派主要官员担任,省有关部门和咸阳县负责人陪祭。有时,国民政府中央也派员主祭。通常由省政府拟定祭奠仪节、祭文、标语、训令,以及注意事项、参加人员等。县政府则按省府要求逐项落实责任。如民国三十年(1941年)西京筹备委员会西字第94号给咸阳县政府的公函:"案查本年四月五日为民族扫墓节,同日致祭周陵。祭陵时间拟定是日上午十时,相应函请贵府筹备祭陵典礼并率领各机关公务员、各联保主任及各校师生,届时一同参加。仍请贵府先期布告民众,悝知祭陵意义,以广宣扬……"

咸阳县政府于第二日就下发公告,通知有关事项——咸阳县政府民国三十年三月三十一日民礼字第754号令:"查四月五日为民族扫墓节,届时中央暨省府大员与各机关长官,均由西安出发,前往周茂各陵,举行扫墓典礼。本县为历代帝都,列祖列宗陵墓之所在地,我咸民众,久亲遗泽,缅哲圣之漠烈,益启民族之思想,用坚抗战之自信。顷奉省政府电令,以本年民族扫墓典礼,尤应隆重举行,以示崇敬。兹规定各乡镇国民兵参加恭祭周陵,注意事项一份,随令颁发。除分令外,合行令仰该乡镇长于令到之后,即将该管保甲长、壮丁一律集合该乡适中地点,每日趁早或晚集训二小时。所有服装武器,应即为整备。沿途路面树株,与保甲公约、国民公约及守望哨所,均须遵照规定办理完善。保甲长及壮丁,尤应发挥此次训练之精神,行动迅速,操练纯熟,藉昭纪念之隆重,启发民族之意识……切勿疏忽为要。切切此令。"

"周陵"具体所在地渭城乡政府也仿照上例,很快颁发了一个内容大致相同的告示,要求各保甲长召集全乡各保合龄壮丁在乡公所提前演练，以备届时结队参加祭奠仪式。

民国时期祭奠"周陵"也不是每次都由中央或省府指定祭祀事项，有一段时间，"文武成康"诸陵就是由咸阳县府负责祭祀和保护的。

民国历次祭祀"周陵"，都没有立碑纪念。

从西汉至民国2000多年的时间，官方出面祭祀"周陵"的各种活动络绎不绝，这与周文王、周武王和周公被推崇为万世圣人有直接关系，正如清人吴廷锡所总结："夫文王演易，武王访畴，千古学术治化之原，肇自两圣。适周公践阼摄政，制礼作乐。遂使西北雍部文化，推行于东南，江汉之邦。海隅日出，罔不率俾。觐光扬烈，万祀昭垂。其孰知文明进化，绍美轩皇，俱自毕郢二陵开其初祖哉。"

▲ 陕西巡抚毕沅制立的周文王墓碑

尽管历朝历代都有学者质疑咸阳"周陵"的真实性，唐人张守节甚至在《史记正义》中引《括地志》指出，咸阳所谓"周陵"其实是秦王陵，周文王陵和周武王陵可能分别是秦惠文王陵和秦悼武王陵，然而官方丝毫不为所动，由官方出面祭祀"周陵"之风反倒愈演愈烈。其中可能有两个原因，一是咸阳"周陵"乃历史形成的"定论"，历代统治者都不会轻易怀疑它的真实性；二是出于政治的需要，统治者需要这个祭祀祖先、凝聚民心的平台。

官方我行我素，但民间质疑的声音却不绝于耳。进入20世纪80

年代，先后有阎文儒、刘庆柱、李毓芳、王学理等考古学专家从考古学角度出发，用考古证据论证了"周陵"实属张冠李戴的秦王陵。在这种情况下，2007年3月至6月，陕西省考古研究院联合咸阳市文物考古研究所对"周陵"进行了全面调查和勘探，结果表明，"周陵"确是战国时代的秦王陵。[107]

▲ 从两个盗洞附近采集到的错银铜镦[108]

首先，从遗物时代看，自"周陵"周围采集到的各类建筑材料大多具有战国时期的风格，如板瓦，外侧饰粗绳纹，内侧为麻点纹或素面；瓦当，素面或葵纹等。另外，从两个盗洞附近采集到的错银铜镦，与秦始皇陵一、二号铜车马上的铜镦殊无二致，时间应在战国时期秦国到秦朝一统天下期间。

其次，从遗迹时代看，也具有战国时期秦国的特点。由于没有发掘相关陵冢，考古人员只能根据主要遗迹的布局和形制特点对其进行初步分析和判断。就布局而言，一是"周陵"南北向长方形双重陵园的布局与凤翔雍城秦公陵园1号陵园、长安神禾原战国秦陵园、临潼秦始皇陵园等接近或相似；二是陵园里外葬坑的排列与汉阳陵（汉景帝陵）、汉茂陵（汉武帝陵）相比缺乏规律，但与长安神禾原战国秦陵园、临潼秦始皇陵园类同，特点是较为凌乱，没有一定的规律可循。

就形制而言，在陵园调查和勘探中发现，其三区有168座小型墓葬，形制可分为竖穴墓和竖穴洞室墓两种，而这两种形制均为战国晚期秦人墓葬的典型特征。

2012年9月至2013年2月，陕西省考古研究院在咸阳市渭城区周陵镇贺家村北发掘了163座墓葬，墓葬大部分为竖穴墓道直线洞室墓，少数为竖穴土坑墓。出土了大量的仿铜陶礼器，如鼎、盒、壶和日用陶器釜、盆、罐、壶等，其中，陶蒜头壶的数量较多。从墓葬形制和这些出土文物来看，均为战国秦墓所特有。贺家墓地西距"周陵"只有1.7公里，163座墓葬为战国秦墓等于给"周陵"实是战国秦王陵的结论提供了进一步的佐证。[109]

▲ 贺家墓地出土的陶蒜头壶[110]

咸阳"周陵"虽然并非真正的周陵，但说它是王陵或帝陵是毋庸置疑的，因为钻探结果表明，它具备"亚字形"大墓和双重陵园的帝王陵规格。

2000年以来由官方定性为周陵的咸阳"周陵"，至此被证明是两座战国时期的秦王陵，但其具体身份仍有争议，有认为是秦惠文王公陵和秦悼武王永陵的，有认为是秦惠文王和王后合葬陵的，还有认为是秦悼武王和夫人合葬陵的。

目前获得大多数学者认同的观点是，这两座"周陵"乃前述《史记正义》所说秦惠文王公陵和秦悼武王永陵。其中，"周陵"南冢为秦惠文王公陵，北冢为秦悼武王永陵。近年编纂出版的《陕西省志·文物志》及《咸阳市志·文物编》均采用了这个观点。

息国不止息夫人夫国一个

一

息夫人的故事在中国可以说是家喻户晓，人人耳熟能详。说的是春秋时期，陈国君主陈庄公的两个女儿分别嫁给了蔡国国君蔡哀侯和息国国君息侯。因为陈庄公姓妫，所以他这两个女儿嫁到这两个国家以后，就按照周代出嫁女子只称夫姓和父姓的习俗，被人称作蔡妫和息妫。陈国位于今河南周口市淮阳区城关一带，蔡国大致在今河南驻马店上蔡县一带，息国在今河南信阳息县一带。

公元前684年，息妫回陈国省亲路过蔡国（也有说是出嫁时），蔡哀侯派人把小姨子接到蔡国宫中。毕竟是姐夫、姐姐，总得尽些地主之谊。没料到息妫长相俊美，蔡哀侯一见之下，惊为天人，就有些把控不住自己，言语轻佻，举止失礼，这让息妫很不高兴。息侯知道了这件事，怒不可遏。可是一时又无可奈何，因为蔡国实力远在息国之上，当面硬杠，肯定是要吃亏的。

这事虽然不大，但侮辱性极强，息侯自然不会善罢甘休。绞尽脑汁，几番斟酌后，息侯想出了一个借刀杀人之计。他派人对楚国国君楚文王说："请您假装进攻我国，我向蔡国求援，蔡哀侯一定会派军队来，楚国再乘机攻击蔡国，就可以一举拿下蔡国。"楚文王早就想吞掉蔡国，苦于没有借口，息侯这是瞌睡给了个枕头，于是听从息侯的计策，不久就向蔡国发动了攻击。楚军在莘地（今河南汝南县境），击败蔡军，俘虏了蔡哀侯。

蔡哀侯在莘地战败被俘后，了解到事情的原委，心怀怨恨，就想方设法要报复息侯。他知道楚文王好色，遂决定以其人之道还治其人之身，在楚文王面前极力赞美息夫人的容貌。楚文王听后果然想得到息夫人，于是打着巡游的旗号来到息国访问。息侯不敢怠慢，盛情款待楚文王。还按照楚文王的意思，让他见了息夫人一面。楚文王看见息夫人果然容貌娇美，顿生歹意，第二天，便假设宴席回谢息侯，乘机以武力俘虏了息侯，息国就此灭亡。

楚文王没有杀掉息侯，而是让他做了守卫城门的一名兵丁。息夫人闻讯，欲投井自杀，后受人劝阻作罢。为保全息侯的性命，息夫人无奈嫁给了楚文王。

在后来的三年中，息夫人为楚文王生下楚堵敖和楚恽两个儿子。但在这三年之中，息夫人从未主动同别人说过话，楚文王问她这是何意？息夫人回答说："我一个女人，伺候两个丈夫，即使不能死掉，又有什么话可说？"楚文王认为是由于蔡哀侯的唆使才导致他发兵灭亡息国，为了让息夫人高兴，于是再次派兵攻打蔡国，教训了蔡哀侯一下，但这无非就是做个样子给息夫人看看而已。

公元前677年（一说为前675年），楚文王去世，息夫人的长子楚堵敖继位。堵敖认为弟弟楚恽是他坐稳王位的潜在隐患，就想杀死楚恽。公元前672年，楚恽逃到随国，然后勾结随国支持他的势力，潜回国内，袭杀堵敖，夺取了楚国王位，是为楚成王。

然而，螳螂捕蝉黄雀在后，楚成王因为年幼，毫无政治经验，结果军政大权落入楚文王弟弟、他的叔叔令尹子元手中。令尹是楚国在东周时期除楚王外最高的官衔，处于一人之下万人之上，内主国事，外管战争，总揽军政大权于一身。

子元早就对嫂嫂息夫人垂涎三尺，只是苦于没有机会。现在，文王一去，楚国军政大权尽在自己掌握之中，便没了顾忌，竟在息夫人宫室旁边营造了一座豪华房舍，在里面一边摇铃铎，一边跳万舞，意图引诱息夫人投怀入抱。息夫人听到后，哭着说："先君让人跳这个舞蹈，是用来演习备战的。现在令尹不用于仇敌而用于一个寡妇的旁边，这不是很奇怪吗？"侍者告诉了子元，子元故作醒悟状说："女人都没忘记袭击仇敌，我反倒忘了。"

公元前664年，子元变本加厉，不顾礼义廉耻，直接住到王宫，公然调戏息夫人。子元的丑恶行径惹得天怒人怨，出自楚国芈姓家族若敖氏的朝中大臣斗射师找到子元，痛斥他的无道，遭子元囚禁。若敖氏一族本就对子元的嚣张跋扈行径看不惯，一直在隐忍，子元现在不但做出有辱尊卑伦常之事，还囚禁了谏阻的斗射师，是可忍，孰不可忍！若敖氏当机立断，派申公斗班率众闯入宫中，杀死了子元。持续八年的子元之乱得以平息。从此息夫人隐居深宫，不问政事。

关于息夫人的这些故事分别记载在《左传》《史记》《列女传》等古籍中，应该是真实可靠的。但关于息夫人最终结局却有多个不同版本。其中流传最广的是《列女传》的说法：

息国不止息夫人夫国一个

夫人者，息君之夫人也。楚伐息，破之。虏其君，使守门。将妻其夫人而纳之于宫。楚王出游，夫人遂出见息君，谓之曰："人生要一死而已，何至自苦！妾无须臾而忘君也，终不以身更贰醮。生离于地上，岂如死归于地下哉！"乃作诗曰："榖则异室，死则同穴。谓予不信，有如曒日。"（活着不能在一室，死后同埋一个坑。我说的话你不信，就让太阳来作证。）

息君止之，夫人不听，遂自杀，息君亦自杀，同日俱死。楚王贤其夫人，守节有义，乃以诸侯之礼合而葬之。君子谓夫人说于行善，故序之于诗。夫义动君子，利动小人。息君夫人不为利动矣。诗云："德音莫违，及尔同死。"（往日良言休抛弃，至死与你不分离。）此之谓也。

颂曰：楚虏息君，纳其适妃。夫人持固，弥久不衰。作诗同穴，思故忘新。遂死不顾，列于贞贤。

息夫人的传奇故事流传极广，后人感于此，特意在山麓建祠，四时奉祀，称为"桃花夫人庙"，又称桃花庙，至今仍为湖北省武汉市汉阳区的名胜之一。

唐代诗人王维途经汉阳时，曾到庙中凭吊，题诗《息夫人》：

莫以今时宠，难忘旧日恩。
看花满眼泪，不共楚王言。

二

楚国灭息以后，将息国变成了它的一个县，与同时被楚国灭亡的申国一同成为楚国北疆重要的军事基地。

湖北枝江百里洲曾发掘出三件塞国青铜器铭文，专家认为，古代的"塞"同"息"，也就是说，塞国和息国是同一个国度。三件青铜器的作器者亦即原创人均以公孙为氏，表明他们都是息侯或息妫的后代。因为自西周实行新的封建制度以后，被灭之国的贵族遗老一般都被分散迁徙到不同地区，统治者试图通过这种迁徙行为消除亡国遗民聚集反抗的隐患。楚王将息国贵族遗民迁到百里洲这样一个四面环水而难以逃走的地方，就是为了方便监视管理。

公孙氏是春秋时期姬姓诸国宗亲贵族常见的姓氏，是只有诸侯国国君之后才能享有的称呼。公孙就是"公"之子孙。"公"乃周代"公侯伯子男"五等爵位中的一等爵位，如鲁大夫公孙敖，就是鲁桓公之孙、庆父之子。但至春秋时期，五等爵位之间的界限开始模糊，各诸侯国国君就逐渐都以公相称了。百里洲三件塞国青铜器作器者之所以称作公孙，大概就是因为他们是息国国君之后。《世本》云："息国，姬姓。"

铭文之所以改"息"为"塞"是因为息国灭亡后，息国遗老遗少的爵位都被楚国取消了，作器者作为息侯之后，为了避讳，才不得已用了这个模糊的称谓。[111]

周代息国是姬姓，从《左传·隐公十一年》下面这个记载也可以得到证明：

郑、息有违言。息侯伐郑，郑伯与战于竟，息师大败而还。君子是以知息之将亡也。不度德，不量力，不亲亲。

"不亲亲"是说，息、郑同是姬姓之国，不念手足情谊，还要同室操戈。隐公十一年是公元前712年。也就是说，仅仅32年之后，息国就灭亡了。因为史料无载，猜测这个息侯很可能就是后来作为息妫丈夫的那个息侯，不只是因为时间短暂，更是因为其前后不着调的做事方式如出一辙。

西周和春秋时的息国，文献大都指向了今河南息县一带，但关于其具体史实记载，也就上述这些零碎的东西。因此，长期以来，人们都以为息国只存在于西周至春秋时期。

三

事情的变化来自1979年发现的河南省信阳市罗山县莽张镇天湖村一个晚商时期的墓地。天湖墓地至今已经发掘四次，共发掘商周时期墓葬72座，其中商代晚期至西周时期墓葬50座，战国时期墓葬22座，出土了大量陶器、石器、玉器和青铜器等文物。在这些文物中，带有铭文的铜器54件，内容包括族徽、官职、人名等，其中像"乙息""息父乙""辛息""辛父息""息己"等带"息"字铭文的铜器就有33件。

研究人员观察到，铜器铭文中的"息"字，根据书体结构不同，可以分为五种[112]，其中，第一、三两种书体出现时间相对较早，使用时间也很长，可视为"息"字书体的主流风格；第一种书体数量最多，有20件，约占总数的60%；第三种数量4件，占比为12%。据此推测，第一种书体应该是晚商时期"息"字占主导地位的流行书体。

第二种书体流行于殷墟三、四期，时代稍晚，书体结构介于第一种和第三种书体之间。第四、第五两种书体所在铜器时代为商代末期和西周早期，且数量较少，不具代表性，可视为"息"字主流书体之外的异体字。

第一种				第二种	第三种	第四种	第五种
鼎 M5:1	戈 M9:7	戈 M9:8	矛 M9:10	鼎 M6:2	鼎 M28:10	爵 M6:5	尊 M41:9
爵 M11:2	爵 M18:2	瓿 M28:7	瓿 M28:8	瓿 M6:7	鼎 M28:11	尊 M6:12	
爵 M63:9	爵 M8:2	爵 M8:3	戈 M43:4	爵 M28:6	鼎 M28:12		
觯 M44:9	瓿 M8:4	瓿 M8:5	爵 M12:3	爵 M64:2	瓿 M44:11		
爵 M12:4	爵 M45:5	爵 M46:5	爵 M46:6				

▲ 五种"息"字金文一览[113]

有学者认为，五种书体可能代表着五种不同的书写体系或传承，来自于不同的青铜器铸造技术或工匠团体，或许意味着息族内部有五支不同的部族。而五支不同的部族构成了一个相对独立的方国——息国。

殷墟出土的武丁时甲骨卜辞也有关于"息"的记载，如"戊申，妇息示二屯，永""口子何息伯"等。

▲ 戊申，妇息示二屯，永[114]　　▲ 口子何息伯[115]

带有"息己"铭文的铜器发现于天湖墓地 12 号和 46 号两座墓中。天湖 12 号墓出土有代表权力的铜钺和带"息己"铭文的铜爵，表明墓主人是身份高贵的息族男性贵族。

1985 年 4 月，殷墟刘家庄南属于殷墟四期的 63 号墓中，出土了带铭文的青铜觚、爵酒器组合，其中铜觚圈足内壁一侧铸有"己父息"三字，铜爵鋬内壁铸有"父己息"三字。[116] 这座墓晚于天湖 12 号，随葬 1 件骨笄而不见兵器和工具，说明墓主人很可能为女性，两座墓主人生前应该是父女关系。墓中随葬的"己父息"铜觚和"父己息"铜爵，应该是嫁于殷墟的息族女子——殷墟刘家庄南 63 号墓主人，为祭祀自己远方家乡亡故的父亲"息己"——天湖 12 号墓主人——而铸造的祭器。

殷墟甲骨文中"妇息""息伯"的出现以及其中显示的商王朝和息国可能存在的姻亲关系，说明息国是商王朝在南方培植的一个重要方国。

▲ 殷墟刘家庄南63号墓所出青铜觚、爵及其铭文[117]

周代商取得天下后，爆发了"三监之乱"，原属商王朝的一些东夷、淮夷方国也参与了这场叛乱，息国作为这个地域重要的一分子，从名义上说，还受叛乱首要分子管叔的管辖，所以也很可能卷了进去。周公和成王东征平叛，前后历时6年之久，灭了多个东夷、淮夷叛国，息国正是其中之一。

灭了息国，周王朝还是采取了沿袭其国名、国土和土著居民的方法，封建姬姓子弟建立了一个全新的姬姓息国。罗山天湖息国墓地就在传为姬姓息国故地的今河南息县西北方不远处。

传世铜器徵作父乙簋铭文显示："公史（使）退吏（事）又息，用作父乙宝尊彝"，另一件传世铜尊也铸刻有类似的铭文："公赐退贝，对公休，用作父乙宝尊彝"，将两则铭文对照阅读，意思是说，公派"退"到息国执

▲ 徵作父乙簋铭文拓本[119]

息国不止息夫人夫国一个

153

行公事，受到公的赏赐，"退"用公的赏赐给父亲铸造了这个祭器。[118]

铭文中的"公"，不称其名、氏，说明地位很高，一般推测应该是周初在王室辅政的召公、毕公一类人物。公派"退"出使息国，一方面说明成王、康王时期姬息已经立国，另一方面也表明息与此"公"关系密切，或为其支系亦未可知。

天湖墓地41号墓，棺椁结构以及随葬品放置于头箱的做法，同陕西长安张家坡西周墓地发现的170号墓极为相似。另外，41号墓出土的"息"铭铜尊，圈足下折，不同于晚商时期，而完全是西周早期铜尊的特点。类似形制的铜尊在47号墓中也有出土。这种情况也暗示，在西周早期，至迟在成王、康王时期，姬姓息国可能就已封立。

灭亡后的息国人被分割成了几个部分，遣散到周王朝控制的其他地区。

一部分可能迁徙到了周人老家周原地区。1980年陕西省岐山县王家嘴村北一西周早期墓中出土了1件铸有"息父丁"三字铭文的铜鼎。有研究者认为，这件铜鼎的铸造和最初使用者应该是西周早期一位生活在周原地区但秉持商文化传统的"息"族人。"息父丁"铜鼎是作器者为祭祀其父"息丁"铸造的，作器者及其父亲"息丁"极有可能是姬姓息国替代殷商息国后，被周人强制迁徙到这里的殷商息国贵族遗民。

▲ "息父丁"铜鼎及其铭文[120]

另一部分可能迁徙到了唐叔虞领导下的唐国。2002年，山西临汾

庞杜墓地出土了一批刻有"息"字铭文的铜器，诸如"息父庚册""息册""息父乙册"等。庞杜墓地时代为商代晚期至西周早期。据研究，庞杜墓地所出"息"铭铜器的铸造者和最初使用者，也是西周早期生活于临汾但秉持商文化传统的殷商息国贵族遗民。其中，带有"息父乙""息父庚"铭文的铜器，有可能是铸造者为祭祀其埋葬于天湖墓地的父亲"息乙""息庚"而打制的祭器。

▲ "息父庚册""息册""息父乙册"铜器 [121]

庞杜墓地西距汾河15公里左右，东南距尧都的陶寺遗址22公里左右，大体属于《史记》所记唐叔虞封地"河、汾之东，方百里"范围以内。

殷商息国贵族遗民迁徙至此，应该与周成王分封其弟叔虞到唐有关，这符合周王朝将殷商及各亡国贵族遗民遣散至新封国的封建思想和政策。

商代息国遗民还有一部分可能迁徙到了今湖北十堰郧阳一带。1975年，郧阳出土了1件属于春秋时期的郧子行盆，器身和盖内壁各铸有铭文两行11字："郧子行自作食盆永宝用之。"以前，学者普遍认为郧子行盆属于姬姓息国所有，乃楚灭息后流入楚国。但哥伦比亚大学东亚语言和文化系教授李峰先生认为[122]，"子"最初是周人对周边非周封国国君的称谓，后来尤其是春秋时期，逐渐被非周人封国的国君所采用并把它刻在青铜器上，以显示自己特殊的身份，像所谓秦子、陈子、邓子、楚子、郑子、许子等都是这种情况。从这个意义上讲，十堰郧阳出土的郧子行盆铭文中的"郧子"可能并非姬姓息国国君，而是天湖息国国君后裔首领的自称。

殷商息国的贵族遗民可能还有一部分迁徙到了齐国南部地区。《左传·哀公十年》记载："公会吴子、邾子、郯子伐齐南鄙，师于鄑。"先秦时期的地名，多源自古国、古族。齐南鄙之鄑邑，应该同息国有关。

▲ 郧子行盆铭文拓本 [123]

楚灭姬姓息国置县，姬息亡国遗民不大可能逃亡至齐地生存，一来是路途遥远，二来史料无载。春秋时期不同于西周及其以前，诸侯国所发生的大事件，一般不会漏载，像桓公在莒、陈完奔齐、巫臣奔晋、王子朝奔楚、伍子胥奔吴等，在《左传》等文献中都有明确记载，但却没有姬息奔齐之说。

西周早期，周公采用新型封建制度封建诸侯，藩屏王室，每个封国都分配以殷商及其他亡国遗民，齐国作为诸侯之首，文献在这个事情上没有记载，但它被分配以殷商及其他亡国遗民应该是没有问题的。

"鄑"极有可能是息国遗民迁齐之后新地方的名称。《左传》云："凡邑，有宗庙先君之主曰都，无曰邑。"息族因叛周作乱被灭国而东迁，是亡国遗民，周王朝不允许他们立有宗庙社稷，所以只能改称为鄑。

召公才是北京城的最早建造者

一

召公奭，又称作召公、召伯、召康公，姬姓，与周武王同辈，是周王朝重要的开国功臣之一。生卒年不详。关于他的出身，文献说法不一，大多认为他是姬周的近支，但《尚书校释译论》引《世本》说："召氏，周文王子召公奭，支庶。食邑于召，为周卿士，以国为氏。"也就是说，召公奭是周文王庶子。召公之称来源于他早先的封地"召"，就是今陕西扶风县召公镇一带，处在周人故地周原的东缘。这个地方属于西周王朝畿内之地，《史记索引》说："召者，畿内采邑。奭始食于召，故曰召公。"也有说他以雍为采邑。雍在今宝鸡市凤翔区一带。

周武王在公元前1046年发动推翻商纣统治的牧野之战，召公就是其中一名重要的军事首领。因此，周朝建立以后，召公就成为周武王治理天下团队中一个重要的成员。《史记·周本纪》记载："武王即位，太公望为师，周公旦为辅，召公、毕公之徒左右王，师修文王绪业。"由于他的特殊贡献，后人将他与周公、姜太公并列，称为周初

"三公"。

根据陈槃《不见于春秋大事年表之春秋方国稿》中的说法，周朝建立后，武王"封建亲戚以藩屏周"，召公奭被分封到今河南漯河市郾城区建立燕国。后来，武庚勾结管叔、蔡叔、霍叔发动暴乱，召公协助周公东征平叛。召公先是接受周公指令，命太公率领齐国精锐，在"东至海，西至河，南至穆陵，北至无棣"这一广大区域，对所有闻风而动的"五侯九伯"进行讨伐。由于这一命令发布及时，太公又执行得比较坚决，这些"五侯九伯"在三监叛乱中，大都未跟风相叛，反而是在召公率领下积极参加了平叛战争，后来还受到召公的褒奖。[124] 随后，召公又在武庚溃败后向北逃亡时，受命北上追击，用了不长时间就将武庚残部彻底歼灭。

周公平叛以后，根据当时的局势进行了新的封建。或许是考虑到召公曾经北上追击武庚残部，对北方地区较为熟悉，遂徙封召公到今北京房山区琉璃河镇一带建立了北燕国。北燕南接原殷商方国原（今河北易县一带），东邻孤竹（今河北迁安、卢龙一带），北靠蓟（今北京市区北），穿越燕山向东又直面肃慎，军事和政治地位十分重要。

《史记·燕召公世家·索引》记载，召公同周公一样，由于在朝中身肩重任，无法离开，遂"以元子就封"。"元子"就是天子和诸侯的嫡长子。

召公协助周公摄政，鞠躬尽瘁，兢兢业业，深得成王和周公信任。在周公摄政第七年，周王朝开始东进中原，在伊洛河盆地营建东都洛邑。召公受命，亲自前往勘察，办理宫殿、宗庙、朝市等重要建筑选址事项。

召公在他到达洛地的第七天早晨，发布诰书，命令殷民以及各国

158　返璞归真：考古纠错的中国史

诸侯派人前来洛地，营建洛邑。还委托周公上书成王，告诫成王应当敬德，使天命长久，这就是流传了3000年之久的《召诰》。

洛邑建成，周公归政成王。成王将周公和召公的具体职守做了分工。周公主要在洛邑主持成周政务，召公则留在镐京主持宗周政务，《公羊传·隐公五年》所谓"自陕而东，周公主之；自陕而西，召公主之"，说的就是此事。文中的"陕"是指今河南三门峡市陕州区一带。

周公去世以后，原来在执政大臣中排位第二的召公奭，顺位升任首辅大臣，成为成王后期最有实权的人物。召公无论资历还是能力，都堪称出乎其类，拔乎其萃。更重要的是，他有一颗耿耿忠心，因而在朝野上下深孚众望。成王对这位叔公也是礼敬有加，几乎所有的国家大事都是在先征得召公同意以后，才颁布实施。甚至连分封诸侯这种应该由周天子亲力亲为的事情，都放心地委托召公去办理。

陕西岐山西南刘家原一带，1902年曾出土一对带有铭文的玉戈，后被考古界称为"太保玉戈"，铭文说，周公东征胜利后的某年六月，太保召公受成王之命，沿汉水向南巡视江汉诸国，召集诸侯前往周都集体朝拜成王。召公为显示周天子"皇恩浩荡"，还特意代成王分封了厉国，赏赐厉侯百十个臣仆。厉，在今湖北随州北。

成王在岐阳会盟诸侯之时，命太保即召公随其殷见东国五侯，五侯主动向太保交出族人六支，太保为此嘉奖了他们。太保也得到成王的赏赐，

▲ 太保玉戈[125]

因而为其父文王制作了用于宗庙祭祀的尊彝宝器。时间是"乙卯……在二月既望"，地点是在岐周。[126]

召公才是北京城的最早建造者 159

▲ 保卣[127]

召公以周公为楷模，敬德保民，奉守礼度，勤恳踏实，为他赢得很高的声誉，西周一些金文，甚至在"太保"之前加上了"皇天尹"这样的修饰语，对召公给予极高的礼赞。

《史记·燕召世家》记载，召公和周公分工，管理西部区域，受到百姓爱戴。召公到乡下视察，看见一棵棠树，就在树下受理政事，处理案件。召公管辖范围以内，从侯伯到一般平民百姓，都各司其职，各得其所，几乎没有什么出错现象。召公去世以后，人们思念他的政绩，就把棠树保留下来，并且写出了《甘棠》一诗来怀念他。这就是著名的"甘棠遗爱"故事。

召公辅政期间，天下也不太平，现在安徽六安一带的录国就发动了叛乱。录国又称六国，同夏商两朝都有很深的渊源。当年大禹将东夷偃姓始祖皋陶封于这一带，故六安又称皋城。录国的国君叫录子。此前，武王和周公都曾因录国叛乱而对其用兵，迫使录子臣服，并给予他子爵的封号。但录国距离宗周较为偏远，结果是归而又叛。

西周早期青铜器太保簋铭文记载，召公亲自率兵前往征剿，由于叛乱人数少，规模小，周师不费吹灰之力就取得了胜利。成王为此嘉奖召公，赐予他很多土地。

召公享有高寿，周成王驾崩前还顾命他辅助康王。他不辱使命，带领群臣，继续了文武成王的政策，促进了社会的稳定和繁荣，形成了"四十年刑措不用"的"成康之治"大好局面。

二

琉璃河遗址[128]位于北京市房山区琉璃河镇董家林、黄土坡等村一带，1962年春天发现。遗址东西长3.5公里，南北宽1.5公里，总面积约为5.25平方公里。遗址内分布有前后多个时期的文化遗存，但以西周时期遗存最为丰富。

1972年，北京大学历史系考古专业和北京市文物管理处联合对遗址进行了正式发掘，弄清了遗址的年代、分期和性质，确认该遗址是一处西周时期的燕文化遗存。之后，北京市文物工作队和中国社会科学院考古研究所又多次进行了发掘，发现西周墓葬和车马坑300余座。尤其重要的是，在西周早期墓葬出土的青铜器上发现了"匽（燕）侯"一类铭文，由此确证了琉璃河遗址就是西周早期的燕国都城遗址。

1986年，考古人员在琉璃河遗址发掘了一座编号为1193、墓室四角都各带有一条窄长墓道的大墓。不幸的是，该墓曾经遭遇严重盗窃，仅残剩少量随葬品；万幸的是，其中两件青铜器带有铭文，这就是后来名声赫赫的克罍和克盉。"罍"和"盉"都是古人用来调和酒水的器具。两器在器盖内和器口内壁均刻有相同的铭文："王曰：'大保唯乃明乃心，享于乃辟。余大封乃享，命克侯于匽。使羌、冟、䖏。与御敞。'克来匽，纳土，众有司。用作宝尊彝。"

尽管学者们对这篇铭文还有不同的解读，但在以下几个关节点上达成了共识，即："王"是指周成王；"大"同太，大保就是太保召公奭；克侯乃召公嫡长子克，是该墓主人；"匽"是燕的通假字，就是燕国、燕地。

按照通常的理解，这篇铭文翻译过来的意思是，周王对召公奭说：

▲ 克罍、克盉及其铭文 129

"你功勋显著，我封你土地，供你享用。令克去匽地为侯，羌、页、虘等国划给匽国，并统御敌国。"之后，克就来到匽地建立国家，并作青铜罍、盉予以纪念。

该铭文不但证实了《史记·燕召公世家》关于在西周早年"封召公于北燕"的说法是正确的，同时还证明了《史记索引》"以元子就封，而次子留周室，代为召公"的记载也是符合史实的。文献上失载的召公长子克在这里露出了一些端倪。

克罍和克盉的铭文可与史书记载互相印证，表明燕国的确是周初召公奭的封国。1193号墓主人，亦即燕侯克的椁木保存比较好，碳十四测定其外椁的年代大致为前1032—前991年，这为西周起始年代以及成王、康王两世年代的推断提供了重要的参考数据。[130]

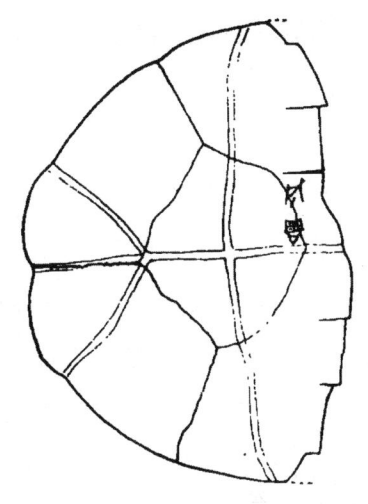

▲ 琉璃河遗址出土的"成周"字样卜甲摹写[131]

1996年秋，考古人员对琉璃河遗址宫殿祭祀区进行发掘，除了发掘出一大批陶器外，还发现了十片龟甲，其中三片还带有刻字。有一片经分析是龟腹甲的甲首部分，正面刻有"成周"两字，背面经过修整，显露出几组双联方形凿印和明显的灼烧痕迹。显然，这是一片为"成周"祈福或占问的卜骨。

"成周"就是西周的东都洛邑。《史记·周本纪》记载："成王在丰，使召公复营洛邑，如武王之意。"出土带有"成周"龟甲的基址是琉璃河遗址中时代最早的西周遗址之一，意味着琉璃河遗址的建设是在周公东征和成周营建之后。换句话说，《史记·燕召公世家》所谓周武王灭商后实行大分封，将召公封到北燕这一记载是有些问题的。史实真相更可能是如上所述，召公原来分封在南燕，即今河南延津东北45里处，周公东征之后，重新进行封建，召公徙封至北燕。

周公封建不同于武王封建的一个主要内容是，将殷商和其他亡国遗民成族成群地分散到各个封国中，从根本上消除了殷商和其他亡国

召公才是北京城的最早建造者

遗民聚集起来反叛的隐患。琉璃河遗址的发掘表明，遗址内部遗存主要由三部分组成，分别是周系文化、商系文化和当地土著文化，换言之，琉璃河遗址人群是由姬姓周人、殷商遗民和当地土著三部分组成，这是周公封建思想在燕国具体实践的体现。

2019—2021年，北京市文化遗产研究院联合中国社会科学院考古研究所等8家单位，对琉璃河遗址的城址区和墓葬区再次进行了发掘，共发掘西周早期墓葬5座、房址3座、疑似城外环壕1条，出土铜器、漆器、陶器、海贝、象牙器、丝织品标本等各类文物100余件。[132]

其中，1901号墓出土了一件铜簋，器盖内和器内底都刻有铭文。器盖内铭文是"白（伯）鱼作宝尊彝"，器内底铭文是"王于成周，王赐圉贝，用作宝尊彝"。铭文记载了贵族"圉"在周王的典礼上获赐贝币，后铸簋作为纪念这件事。

铜簋是一种饮食器，在西周时期同鼎一起配套作为礼器使用。为什么铜簋器盖和器内铭文不一致呢？考古学家的解释是，因为这件铜簋与40多年前出土的圉簋形制、纹饰完全相同，应该是当年墓主人下葬时，相关人员将随葬的这两件铜簋的盖、身在下葬时混装了。

古城址内还发掘出4处具有一定规模的夯土建筑基址和7处大型水井。其中，最大一口水井的井圹夯土宽度超过30米，深逾10米，表明西周燕都"穿井治城"的水平已经相当发达。

这次发掘最重要的一个发现是，让我们厘清了召公奭和燕都的关系。史籍一般只是提及召公被分封至燕，是由其长子前往就封的，并没有提及召公曾到过燕国的事情，所以长期以来就在人们脑海中形成了这样一种观念：召公可能没有参与过燕都的建设，甚至没有去过燕都，燕都最初的设计、建造者是第一任燕侯——召公的嫡长子克。毕竟燕国距离宗周镐京过于遥远，召公在西周王朝中又肩负重任，没有时间也没有足够的精力去顾及这些事情。

此前，琉璃河遗址还出土了一件带有铭文的青铜器——堇鼎，鼎腹内壁铸有铭文4行24字："匽侯命堇饴大保于宗周。庚申，大保赏堇贝，用作大子癸宝䵼。仲。"意思是说，燕侯命令堇去宗周向召公敬献食物，召公赏赐了堇一些货贝，堇为了纪念此事，就铸制了这个鼎。

有不少学者就此认为，这一段铭文证实，周武王封召公于燕，召公让长子克代封，他自己并未去燕国。但琉璃河遗址1902号墓所出土的一件带有铭文的青铜卣却彻底颠覆了人们的这一认知。铭文依稀显示：

▲ 堇鼎铭文拓本[133]

太保墉匽，延宛匽侯宫，太保作册夨贝，用作父辛宝尊彝。庚。

这里的"太保"是指召公，"墉"是修建、筑城之意，"作册"是商周时期的史官。铭文是说，太保召公在匽筑城，随后在匽侯宫进行了宴飨。太保赏赐给作册夨一些货贝，夨为他父亲铸制了这件礼器。

召公才是北京城的最早建造者　　　　　　　　　　　　　　　　165

▲ 记载"太保墉匽"的作册奂青铜卣[134]

从这则铭文可以得知，太保召公才是匽（燕）城的建造者。换言之，最早的北京城——燕国初都"匽"是在太保召公一手策划并领导下修建的。

两处遗址改写芮国史

一

梁带村是陕西韩城东北7公里外昝村镇一个千余人的小村子，坐落在黄河西岸的台塬上。2004年8月，村民们常在半夜时分感觉地面有所震动，于是有人便出去查看，结果发现田地里有陌生的人影在晃动。这些人好像警惕性很高，一见有村民出现，立刻逃之夭夭。而在他们逃走的地方，却留下了不少挖下的深洞。

当地文物部门确认，这是盗洞。韩城市文物纠察队会同当地派出所立刻展开缉捕行动，至次年5月，共抓获来自河南、陕西的11个盗墓团伙计47人。

2005年4月，陕西省考古研究院会同渭南和韩城市相关部门在先进行了试掘之后，正式对这一块地方进行勘探发掘。至2007年底，先后完成四次发掘，发现1300余座墓葬。墓地可以分为北区、南区和西区，其中北区和南区都有带墓道、随葬青铜器的高等级贵族墓葬。北区大型墓葬出土的青铜器大多属于西周晚期，部分青铜器铭文还带有

"毕公"等字样，有关学者据此认为这一区域可能是西周晚期毕公家族的墓区。[135]

南区大型墓葬是考古人员重点发掘的对象，其中，27号、26号、19号和28号等多座带墓道的大墓，都出土有大批带"芮公""芮太子"字样的青铜器，发掘者由此确认这块墓地属于芮国墓地，时间为西周晚期到春秋早期。[136]

这似乎是一件令人感到不可思议的事情，因为在《左传》《尚书》《史记》等文献记载中，商周时期的芮国地处山西芮城和陕西大荔两地，而这两个地方都没有正式考古的芮国遗物出土，反倒是文献上没有关于芮国片言只语记载的韩城梁带村，挖出了大量的芮国遗迹遗存。

26号墓位于27号墓西南侧，是一座"甲"字形大墓，随葬有大量的玉器和20多件青铜器，其中包括571件玉饰、5件鼎和4件簋。鼎、簋、瓠、壶都刻有"仲姜作为桓公尊鼎"一类铭文。571件玉饰从墓主人颈部一直延续到膝盖处，计有四组颈饰玉佩饰、三组腕饰和两组握饰。这些玉器是目前陕西发现的等级最高的组玉佩饰。

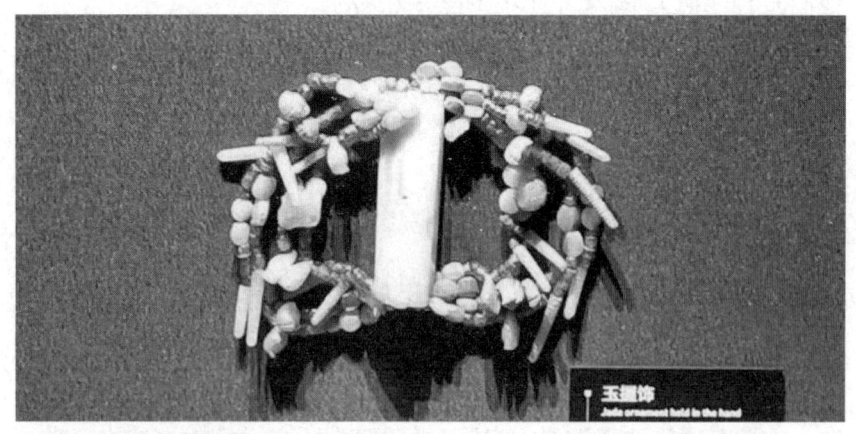

▲ 26号墓出土的玉握饰

26号墓随葬品不但数量多，而且品级也很高，甚至在某些方面超越了27号墓，说明墓主人是个高级贵族，但墓中不见随葬武器。在春秋时期，这样的墓主人只能是个女性。

铭文中的"姜"是周代齐、申、吕、许等诸侯国的国姓，"仲"是老二。翻译过来意思是，姜姓国的二公主给芮桓公做了此青铜鼎。因为包括青铜鼎在内的这些器物，"仲姜"不是为了自用，而是为一国之君芮桓公所做的祭器，所以称为尊鼎、尊簋、尊壶等。姜姓国的二公主为什么会给芮桓公做这些祭器？那当然是因为她是芮桓公的夫人了。由此可以推定，墓主人就是仲姜，芮桓公的夫人。

▲ 26号墓出土的青铜鼎[137]

27号墓是梁带村1300余座墓葬中最大的一座，有两条墓道，随葬品更为丰富，其中包括7件青铜鼎和6件青铜簋，这意味着27号墓主人生前地位要高于26号。从随葬的青铜器及物品判断，该墓下葬时间大约处于春秋早期偏早阶段，比26号墓要稍微早个几十年。这同"仲姜"给芮桓公所作祭器正好对应上，因为"仲姜"给芮桓公作祭器表

两处遗址改写芮国史

明，彼时芮桓公已经死亡。

令考古人员欣喜的是，27号墓随葬的青铜簋上还刻有"芮公作为旅簋"这样的铭文，考虑到26号墓处在27号的西南侧，考古人员认定，27号墓主人就是"仲姜"的丈夫芮桓公。

▲ 27号墓发掘截面图

芮姜，也就是这位名为"仲姜"的芮桓公夫人嫁给了芮国国君，所以又称芮姜。据《左传》记载，鲁桓公三年，亦即前709年，芮姜因为儿子芮伯万宠幸了太多的妻妾，怠于国政，一怒之下，就把儿子从王位上赶下来，并驱逐出了芮国。

芮伯万万般无奈，只好灰溜溜地逃到邻近的魏国去居住。魏国的地盘在今山西省芮城县一带。因为魏国和芮国一样，都是姬姓，是周天子这个大宗下的小宗。俗话说，打断骨头还连着筋，芮伯万作为一国之君落难，魏国自然不能不理，不但接纳了他，还给他在今芮城县西20里的郑村建了一座城让他居住，就是文献记载的芮伯城。

芮国国君被废，还被驱逐出境，这在当时可是个了不得的政治事件。周王虽然还是中央政府的一把手，但已不复昔日的威风，在诸侯眼里也就是个名誉上的天子。或许是顾虑到这一点，周王就没吭声，也可能是还没来得及发声，邻近的秦国就不干了。前709年，也就是芮伯万遭驱逐事件的次年，秦国就打出维护封建礼教秩序的旗帜，派兵攻打芮国。

秦国此时的君主是秦宪公。他打出这样的旗帜，表面上看似乎堂而皇之，但明眼人一看就知道是个幌子，其真实目的无非是想趁机扩大地盘而已。秦宪公很精明，选择时机也恰到好处：你芮姜氏一个妇道人家，收拾你还不是小菜一碟？然而，战争的结果却出乎所有人的意料，芮国居然打胜了。至于战争的过程，史料阙如，《左传·桓公》也仅仅用9个字记录此事："四年秋，秦攻芮，败焉，小芮也。"

一般认为，芮姜氏是来自齐国，也正因为她有齐国如此大国的出身背景，她才见多识广，有恃无恐。不管怎么说吧，秦宪公经此一战，再不敢随意乱动了。毕竟当时的秦国还不是很强大，与晋、楚、齐等大国相比，只能勉强算个二流的诸侯国。

但秦宪公不服呀，一个妇道人家调兵遣将打败了自己，那老脸往哪儿搁啊？秦宪公于是就想方设法取得周王室的支持，又联合南虢国（今河南三门峡一带），三家出兵，包围了芮伯万逃难的魏国，逼魏国国君交出了芮伯万。

秦宪公这一招挺损：芮姜啊，你把儿子君位废掉，又将他驱逐出境，还打得我狼狈不堪，那我就以恢复礼制的名义帮你儿子复位，让你儿子再和你干仗。不过，周王也不傻，我堂堂周王室岂能被你一个小小的秦国所利用，干些见不得人的勾当？于是就将芮伯万带回了东都洛邑。《竹书纪年》对此记载："（桓王）十二年，王师、秦师围魏，取芮伯万而东之。"周桓王十二年（公元前708年），乃秦国攻打芮国失败后的第二年。

▲ 芮姜墓出土的芮太子鬲、龙纹盉

这芮伯万说起来也是多灾多难，被人家掳掠到洛邑仅一年，就又被戎人给盯上了，《竹书纪年》说："（桓王）十三年冬……戎人逆芮伯万于郏"。"郏"通"郏"，即郏鄏，是洛阳西北一古山名，这里指洛邑。这句话的意思是说，"戎人"又从洛邑将芮伯万接走了。

"戎人"又是何许人？为什么就能将曾是一国之君的芮伯万轻松带走？一般认为，"戎人"在这里就指的是秦国。因为秦国地理位置在西北地区，与戎人杂处，在中原人眼里就是不讲礼仪规则的戎狄一类。更重要的是，秦国和彼时的晋国是敌对的两个阵营，而《竹书纪年》是春秋时期晋国史官和战国时期三晋之一的魏国史官所写的一部编年体史书，因此晋国史官骂秦人为戎人也就可以理解了。

此后，芮伯万就一直在秦国的控制之下。秦宪公去世以后，秦国发生政变，大臣废黜太子（就是后来的秦武公，名不详），改立秦出子继位，内乱开始爆发。而此时的芮国却蒸蒸日上，处在相对强盛的时期，不但同虢国修复了关系，而且与其他邻邦一起站到了周王室一边，共同讨伐妄图以庶子身份代替嫡子身份的晋国曲沃系，《左传·桓公九年》记载："秋，虢仲、芮伯、梁伯、荀侯、贾伯伐曲沃。"（鲁）桓公九年就是公元前703年。

正是在这种情况下，为避免内外交困的局面，秦国采取了弥合外怨的策略，于前702年将芮伯万送还了芮国。

二

梁带村墓地还有19号和28号两座是"甲"字形大墓。19号墓在仲姜墓之西，单墓道，随葬青铜器3鼎4簋等。墓内还出土了大量的玉饰品，但也没有发现兵器。总体观察，19号墓的随葬品明显少于桓公墓和仲姜墓，年代也略晚于仲姜墓，发掘者据此推测，19号墓主人是芮桓公的次夫人。

▲ 19号墓出土的窃曲纹簋

26号、27号和19号墓属于一个组，而28号墓处于其东南约30

米处，附近还出土了独立的车马坑，说明28号墓是独自成组。28号墓随葬品丰富多彩，青铜礼器组合为五鼎、四簋、四鬲、两壶等；兵器有戈、矛等；还有成套的乐器编钟、编磬等。虽然没有发现文字资料，但其随葬品却是除了27号桓公墓以外配置最高的大墓。显然是一个王级大墓。

但奇怪的是，这样一座大型墓葬内，除了外棺顶部出土了三件玉戈外，墓主人身上居然没有佩戴任何玉器。要知道，终周一朝，可是讲究"君子无故，玉不去身"的。在梁带村墓地发掘的中、小型墓内，约有半数都随葬有一件或多件组玉器。但28号墓主人作为国君级别的大人物，在埋葬时竟不佩戴珠玉，显然是有特殊缘由的。这不能不令人想到芮伯万的特殊遭遇。

芮伯万自前709年被母亲仲姜逐出母国，至前702年秦人纳还，前后8年过着颠沛流离、寄人篱下的生活，估计原本属于他的佩饰之物，在长期艰辛奔波中散失殆尽。即便归国，无非也是以一个曾经被流放的前国君身份出现，所以他在晚年过着朴实节俭的生活也在情理之中。另外，28号墓中随葬的众多青铜重器上都没有铸刻铭文，纹饰也显得较为粗糙草率，这也同他尴尬的身份有关，或者是他生前悔悟，有意不尚浮华；或者是时任君王忌讳，故意为之。总而言之，28号墓的形制、规格及其特殊埋葬方式，都将墓主人指向了芮伯万。

芮伯万之后，芮国还延续了一段时间，《史记·秦本纪》记载，在秦德公和秦成公元年时，"梁伯、芮伯来朝"。秦德公元年是前677年，秦成公元年是前663年。但仅过了23年，也就是在前640年时，"秦灭梁、芮"。至此，芮国在周王朝前后经历400年后，灰飞烟灭。

▲ 28号墓出土的青铜鼎

史籍里的这些记载，在2016年发现的陕西澄城刘家洼芮国墓得到确证。[138] 刘家洼遗址位于澄城县王庄镇刘家洼村西的鲁家河东岸塬边，北距黄龙山约10公里。墓地处在关中、晋南、豫西和北方联系的洛河通道之上，是洛邑、镐京和晋国交通的枢纽，乃秦晋春秋争锋之地，战略位置极其重要。

刘家洼遗址包括城址区、夯土基址区、一般居址区、高等级墓地和中小型墓地等。刘家洼墓地是整个刘家洼遗址的重要组成部分之一，可分为高等级墓葬区和一般墓葬区两大部分。高等级墓葬区发掘出了1～3号三座大墓，均为中字形大墓，3号形制略小一点。三座大墓虽然都遭遇了盗掘，但仍出土了不少青铜器，这为墓地性质的判断提供了依据。[139]

1号墓由于被盗严重，没有发现带铭文的青铜器，但墓葬形制最大，残存各类随葬品200余件，包括编钟、编磬、铜簋、铜兵器等，

两处遗址改写芮国史 175

时代为春秋早期，考古人员判断墓主人为芮国国君。

2号墓葬规模仅次于1号，虽然也被盗了，但还遗留下一套列鼎，同时发现有芮公铜器，年代与1号墓相近，也是春秋早期，考古人员因此推定，墓主人极有可能也是一代芮国国君。

3号墓小于2号墓，不带墓道，说明3号墓主人生前地位低于2号墓；墓内出有两件芮公鼎，墓内未出兵器，暗示墓主人是个女性；3号墓与2号墓相距仅4米，说明二者生前关系极为密切。综合上述特点，发掘者推断3号墓主人是2号墓主人的夫人。

▲ 刘家洼3号墓出土的芮公鼎

这也就是说，刘家洼墓地同梁带村墓地一样各经历了两代芮王。考古人员又对两处墓地所出铜、金、玉等器形制与纹饰，进行了比较鉴定，结论是，刘家洼墓地大致处在春秋早期偏晚至春秋中期早段，稍晚于梁带村南区墓地[140]，换句话说，二者是前后相继的。这同《史记·秦本纪》记载的前640年"秦灭梁、芮"是大体对应的。

但这样一来,又产生了一个问题。如前所述,梁带村墓地可以分为北区、南区和西区,其中北区大墓也像南区芮国大墓那样,不但带有墓道、随葬青铜器,而且部分青铜器铭文还镌刻有"毕公"字样,北区这些高等级贵族墓葬因而被认为是毕公家族的墓区。从表面上看,这种现象似乎不太合乎常理。毕竟是芮国君侯墓地,周边怎么能够允许外人染指呢?

这其实是一种误解。芮国严格意义上来说,只是周王朝的一个畿内封邑,亦即采邑,就是周天子在王畿内封赐给卿大夫作为世禄的田邑。在周代,周王是不发工资的,因为货币还没有强大到具备中介和流通的功能,周王赏给臣下的主要就是土地和人口,你的吃喝拉撒,全靠你的这块土地和生活在这块土地上的人口供给。因为官员级别不同,所以周天子所封的采邑也相应地分成了若干等级,级别较高的堪比诸侯国规模,级别较低的只有一个村落大小。采邑主除了掌握采邑的土地、政事、民事,甚至还可以拥有私人武装。像芮国和毕公的封国就属于采邑中最高一级,其享有的权力也几乎等同于畿外诸侯,所以史书也称之为畿内诸侯。

根据专家的研究,韩城梁带村极有可能是西周晚期至春秋早期畿内贵族的采邑,多个贵族家族在此都拥有田宅,世代居住,死后就葬入梁带村墓地。这种情况在西周畿内并不罕见,像周原、宝鸡市区等就都发现有类似的情况。

三

文献所见,芮国最早是出现在商末时期。《史记·周本纪》记载,商纣暴虐淫荡、滥杀无辜，天下恨之入骨，而周文王的威望却愈来愈高，甚至就连诸侯之间出现一些纠纷都会跑到周国找文王来评判说理。其中最著名的一件事是，当时居地距离周国不远的芮、虞两国人因争夺田地起了纠纷，《大雅·緜》称之"相与争田，久而不平"。双方争执不下，便去找周文王评理。结果进入周国后，发现周人种田时都把田界让着对方，还有谦让长者的优良风气。芮、虞两国人看到这种情景，都有些惭愧，就说："我们所争，正是人家所让。还去找文王干什么，只会自取其辱啊！"于是双方互相让步，携手而归。"诸侯闻之，曰'西伯盖受命之君'。"

《大雅·緜》为此吟道："虞芮质厥成，文王蹶厥生。"意思是，虞芮两国不再相争，他们被文王感化而改变了本性。当然，这话说得有点儿大了，不可尽信之。

商末的芮国，《说文》说是姜姓，乃神农氏后裔："神农居姜水，以为姓。"其后裔有齐、甫、申、吕、纪、许、向、芮等国。但商末的姜姓芮国在进入西周以后再也没有出现，代之而起的是姬姓芮国。

据清代黄本骥《痴学·读经笔得》上卷记载，周成王时，将卿士芮伯良封于芮邑，建立了畿内芮国。因为周王朝"封建亲戚以藩屏周"，有相当一部分诸侯都是沿袭了原来被灭国的土地、国名，如齐、鲁、唐等，所以芮伯良所建芮国也极有可能是袭用了原来芮国的国名和土地。

商末周初的芮国一般认为是在晋南的芮城县，后来迁徙至陕东的大荔县。所谓"芮"，古代是指河湾内的大片土地。黄河流经山西西南部时，因渭河从西向东注入，黄河也由此折东，形成一个大弯，芮城就正好处在这样一个地方。《管子校注·地数》又云："芮，短也。"

从芮国以地理状态命名的含义上看，它最初的地理位置应该是在陕东、晋西南的河水短凹处的盆地内。如《史记·秦本纪·正义》就说"(陕)州芮城县界有芮国城，盖是殷末虞芮争田之芮国是也。"而"虞在河东大阳县"。陕州就是今河南三门峡陕州区，大阳是今晋南平陆，二者皆与今晋南芮城县相邻。

但已故著名历史学家齐思和先生认为[141]，山西平陆之虞是春秋时期的虞国，而非西周初期的虞国。周初之虞、芮二国都在今陕西陇县岐山西北，两国毗邻。陇县在汉代为汧县，《汉书·地理志》记载："吴山在西。古虞、吴通"，又云"芮水出西北，东入泾"。有学者进一步考证，"芮水出西北，东入泾"之芮就是芮国之芮，地点在与陇县相邻的今甘肃华亭[142]，或在华亭与陇县之间。

齐思和等观点得到了大多数学者的认同，因为这一观点不但有文献根据，而且考古学也提供了一定的佐证。韩城梁带村芮桓公墓曾出土1件青铜提梁卣，其形制、纹饰均是西周早期青铜卣的风格，完全不同于该墓中以鼎、簋等为主体的春秋早期青铜器，尤其是其腹部的长冠大凤鸟纹，在其他地区的青铜器上似乎从来没有发现过。但是它与1998年在陇县出土的1件青铜方座簋腹部纹饰却完全一样。而且芮桓公墓提梁卣提梁两端上兽首双角呈现的手掌形也与陇县方座簋耳上兽首的角雷同。这种手掌形也不见于其他青铜器。

一般来说，器物上的特定纹饰代表着一个族群或一个家族的精神信仰，两处遗址相隔近千里之遥，却出土了两件在纹饰上完全一样的青铜器，说明二者有传承关系。换句话说，韩城梁带村芮国芮桓公一族的祖先极有可能来自陕西宝鸡陇县一带。

有学者深入研究后得出结论说，陇县正是周成王最初封给芮伯良的芮邑所在地。芮国在此发展一段时间后，在西周末年或春秋早期迁徙到了晋南芮城，随后迁徙到陕东大荔，再后迁徙到了韩城梁带村一带，到最后几十年又迁徙到咫尺之遥的澄城县刘家洼一带。

《左传·昭公九年》记载"我自夏以后稷、魏、骀、芮、岐、毕，吾西土也"。骀即邰，在今宝鸡扶风周原姜原村一带；岐，即今宝鸡岐山；毕，在今宝鸡市周原凤凰山一带。由此看来，将周初的芮国定位到宝鸡陇县也比较合乎情理。

但随之而来，就产生了另一个问题：为什么在晋南芮城和陕东大荔没有发掘出相关遗址遗迹呢？一般认为同这两处地理位置有关。

黄河由禹门口涌出晋陕大峡谷，由不足百米宽猛地一下扩展到数公里，两岸随着水流的冲刷，不断垮塌。据黄河水文部门记录数据，仅清光绪以来100多年，黄河河床就向韩城方向扩充了有100多米。一个明显的例子是，梁带村南侧的冲沟中也发现了一些古墓葬，但已被河水冲毁，墓葬文物大多不见了踪影。

四

薛铭博在《中原文物》2021年第3期刊发《芮国铜器与芮国世系探微》一文中指出，通过考古与文献记载对证，姬姓芮国从西周初年封建到灭亡为止，目前只发现了13代国君，历时近400年，芮国在周王朝中的地位前后经历了较大的起伏——西周初期是显赫尊贵的公国；西周中期衰落，默默无闻；西周晚期地位回升，芮公重回权力中心；春秋初期至中期沦为二流小国，中期后段更沦为秦国附庸，最后为秦国吞灭。

从出土铜器铭文来看，西周早期与中期偏早的两位芮伯地位可能最高，留下的事迹也最多。第一代芮伯身经武王、成王和康王三朝，在康王早期已位居太保之后，地位十分重要，同时与晋南地区的非姬姓霸国有来往。

《尚书·周书》记载，有一次，南方巢国国君远道前来朝拜周天子，芮伯接见，还特意写了《旅巢命》一文，就是关于远道而来的巢的启示。

周成王生病后，自觉不久于人世，就在甲子那天梳头洗脸，戴上王冠，披上朝服，然后靠着玉几，召见了太保奭、芮伯、彤伯、毕公、卫侯、毛公、师氏、虎臣、百官的首长以及办事官员，留下了顾命之言。

在后来的康王即位大典上，太保召公率领西方的诸侯进入应门左侧，毕公率领东方的诸侯进入应门的右侧。在赞礼的官员传呼进献命圭和贡物后，诸侯集体上前参拜。之后就是太保召公和芮伯同时走向前，先是互相作揖，然后同向康王再拜叩头："恭敬地禀告天子，伟大的天帝更改了大国殷的命运，我们周国的文王、武王大受福祥，能够安定西方。刚归天的成王赏罚完全合宜，能够成就文、武的功业，因此把幸福留给了我们后人。现在王要敬慎啊！要加强王朝的六军，不要败坏我们高祖的大命。"

这些记载显示了芮伯在朝政中位居卿位，仅排在太保召公奭之后，可见其地位之高。这个芮伯应该就是芮国的始封君芮伯良。从武王克商到成王逝世、康王即位大约20年的时间，应该说是芮国最为辉煌的时期。

之后，芮伯及其后人就从古籍中莫名其妙地消失了，直到周厉王时期，芮伯才重新出现在文献中。不过在这期间，一些青铜器铭文得以出土，从而为芮国早期世系的判定提供了依据。

芮伯良在周王朝中举足轻重的地位可能直接影响了第二代芮伯。根据芮公叔盘的记载，第二代芮伯为其父建有祈宫，周王也亲临祈宫，赏赐芮伯。山西绛县横水西周中期偏早阶段"倗国"墓地中，出土了几件带有"芮伯"字样的青铜器，如："内（芮）白（伯）作倗姬宝䐒簋四"，大意是说芮伯为其夫人倗姬做了4件青铜簋。这说明第二代芮伯受其父的影响，在朝中同样拥有较为重要权势和地位。

西周中后期还发现有几件芮国铜器，但铭文字数很少，没有完整的叙事记载，都是"芮伯启作釐公尊彝"一类，考古人员只能根据这些青铜器所铸造的时间，大致确定，在第二代芮伯之后至周厉王时期还有四代芮伯。

这段时期，芮伯的铜器很少见，仅有的几例铭文也是语焉不详，说明这几代芮伯在周王朝中失去了原有的地位，芮国处在衰落期。

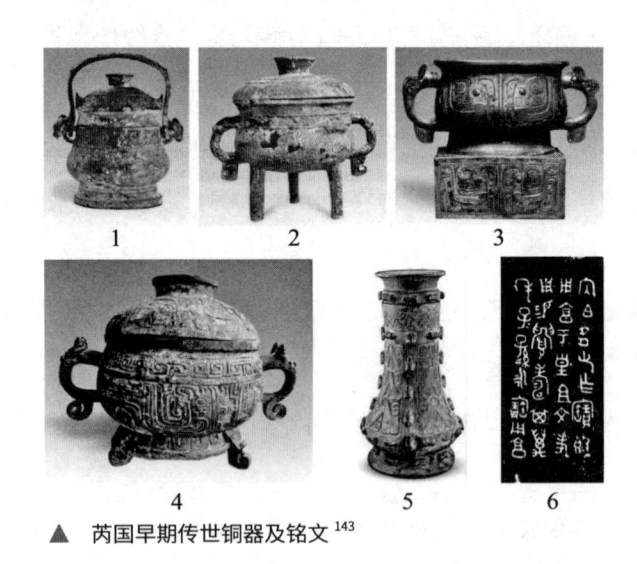

▲ 芮国早期传世铜器及铭文[143]

1. 芮伯卣 2. 霸簋 3. 芮公簋 4. 芮公作子㜏宝簋 5. 芮伯启壶 6. 芮伯多父簋铭文拓片

周厉王时，文献上出现的芮伯叫芮良夫。周厉王由于重用荣夷公实行"专利"政策，剥夺、取消了宗法贵族占有山林川泽的特权，把山林川泽之利统统收归西周王室所专有，因此严重伤害了大贵族的利益，引起了他们强烈地反对。《国语·周语》记载，大贵族的代表人物大夫芮良夫面见周厉王，愤怒地说："王室将要衰微了吗？荣夷公教唆您独占利益而不知大难将至。利这东西，是百物生成，为天地所共同拥有。一旦有人想独占，那是后患无穷啊！天地万物是每个人都可以拥有的，怎么可以独占呢？他这样做，会触怒很多人，而他又不知如何预防可能降临的大难。"

厉王无动于衷，芮良夫就更激动了："荣夷公把这些教导给王您，能够长久吗？做人君的应该倡导生产，公平地分配给全国上下，使人人都得以享受到最大的利益。即便如此，还得天天担心，唯恐百姓有怨怒呢，所以《周颂》才说'后稷德行与天地相配，使我民众安居乐业，无不达到极点'，《大雅》也说'文王广施恩泽，才成就周的天下'，这不是普施财力而警惕灾难吗？正因为如此，先祖们才能够成就周朝天下而到今天。"

芮良夫苦口婆心地良言相劝："王啊，您现在要独占利益，这怎么可以呢？匹夫独占利益尚且称为强盗，王要是也这样做，归附的人就少了。荣夷公若被任用，周国必然要衰败。"

周厉王油盐不进，一副孤注一掷、不管不顾的样子，芮良夫见此，只能无奈地摇摇头，然后回去写诗聊发愤懑之情。

《毛诗传笺·桑柔》说："芮伯，畿内诸侯，王卿士也，字良夫。"该诗为"芮伯刺厉王也"：

……

　　大风有隧，贪人败类。听言则对，诵言如醉。匪用其良，复俾我悖。

　　嗟尔朋友，予岂不知而作。如彼飞虫，时亦弋获。既之阴女，反予来赫。

　　民之罔极，职凉善背。为民不利，如云不克。民之回遹，职竞用力。

　　民之未戾，职盗为寇。凉曰不可，覆背善詈。虽曰匪予，既作尔歌。

参照姜亮夫、王秀梅等先生注释，翻译成现代文，大意如下：
大风疾吹呼呼响，贪利败类有一帮。
好听的话你回答，听到诤言装醉样。
贤良之士不肯用，反而视我为悖狂。
朋友你啊可嗟伤，岂不知你装模样。
好比那些高飞鸟，有时被射也落网。
我已熟悉你底细，反来威吓真愚妄。

没有准则民扰攘，因你背理善欺罔。
尽做不利人民事，好像还嫌不理想。
百姓要走邪僻路，因你施暴太横强。

百姓不安很恐慌，执政为盗掠夺忙。
诚恳劝告不听从，背后反骂我荒唐。

虽然遭受你诽谤，终究我要作歌唱。

就史籍而言，芮良夫是西周所见最后一位芮伯，此后又没有了芮国的任何消息。

西周从武王到厉王，共经历了十王九代大约200年的时间，但目前发现的芮国国君在这期间只有7代，大概率上说，应该还有遗漏现象。

在周宣王至公元前640年芮国灭亡这200年时间里，迄今为止，已找出6代芮国国君青铜器及墓葬，总体来说基本合理，但也存在缺环的可能性。

前两代是根据青铜器铭文所确定，大致处在周宣王至周幽王时期。后面四代分别就是前述梁带村和刘家洼芮国墓地的各两代。

还有一说认为，梁带村只有一代芮桓公，芮伯万被秦国送回时，芮国已迁徙到刘家洼一带。

晋侯墓地：早期晋国与太原无关

一

晋国创始人唐叔虞，姬姓，字子于。唐是他的封地，叔是对老大、老二之后兄弟的尊称，虞是名字。《史记·周本纪》说他是周武王的嫡子、周成王的弟弟。据说，周武王驾崩，周成王即位后，唐国发生暴乱——另有史籍解释说是因为唐国参与了意图推翻周王朝的"武庚之乱"，周公因而诛灭了唐国。

周灭唐后，周成王诵有一次和弟弟虞玩耍，将一枚桐树叶削成玉圭的形状交给虞说："我以此封你。"站在旁边观看的史佚见此，就请成王择日封立虞。

成王说："我是在和弟弟玩游戏呢。"

史佚说："天子无戏言。既然说出来了，史官就要将它记下来，成为践行礼制的一项内容，再歌而颂之。"

史佚这里说的礼制，其实不仅仅指"天子无戏言"，更是因为圭是一种礼器，长条，尖端。圭首尖锐，就像大地上的小草一样，只要到了春天就会破土而出，从不失信于大地，玉圭因而就成为古代"封国版图""管理属地"或用于官僚委任的凭信物。《尚书》记载，大禹治水成功以后，舜帝就赐予大禹一件玄圭，"以告功成于天下"。这应该是玉圭作为古代"封国版图""管理属地"或用于官僚委任的凭信物的肇始。

总而言之，周成王听从了史佚进谏，将虞封到了唐国，虞因而称唐叔虞。

《史记》这个记载千百年来受到很多学者的质疑，毕竟是一件封土建国的大事，怎么就能这么随便呢？事实上，仔细考量，也未必就显得有多么荒诞。史佚在这里强调的是"天子无戏言"，是一种礼制，而礼制是不可以随便更改的，否则就可能会引起天下大乱。这就好像周礼中关于"嫡长子继承制"的规定一样，不可以任何理由废长立幼或废嫡立庶，哪怕这个嫡长子智商低下，道德品质有问题，也同样要立他继位。

还有一个关于叔虞封唐的传说更为荒诞，说是周武王娶了姜子牙的女儿邑姜，生了周成王姬诵后不久，有一天，邑姜梦见上天对周武王说："我让你生个儿子，名叫虞，把唐地赐给他。"等到邑姜生下这个孩子后一看，他的手掌心上果然写着个"虞"字，于是就给儿子取名为虞。虞长大后就被封到了唐国。这个说法更难以令人信服，因为其目的无非是要说明叔虞封唐是天命神授而已。

唐叔虞封唐以前的人生经历，仅有《国语·晋语八》一个零星的记载。说是春秋时期，晋平公射杀鹌鹑，却没能射死，就派竖襄去抓，还是没抓住。晋平公大怒，就将竖襄抓起来准备杀掉。叔向听说之后就去见晋平公，对他说，祖上唐叔一箭就射死了犀牛，用它的皮甲制成了一副大铠甲,所以被封于晋国。你继承了唐叔的君位,结果没有射死鹌鹑,派人还没能抓住,这是晋国国君之耻。你赶快将竖襄杀掉,不要让这件事传播出去。

叔向乃晋国公族,也是唐叔虞的后人,他这是在暗中劝谏晋平公。晋平公感觉羞愧,就释放了竖襄。

周成王将叔虞分封至唐国,为他举行了隆重的册封大典。《左传·定公四年》说:"分唐叔以大路、密须之鼓、阙巩、沽洗,怀性九宗、职官五正。命以《唐诰》,而封于夏虚。启以夏政,疆以戎索。"

"大路"即金路、玉辂,是以金玉装饰的华美车子。

"密须",国名,位居今甘肃灵台县一带,制鼓较为有名。

"阙巩",国名,具体所在不详,所出皮甲最为著名。

"沽洗",也作姑洗,钟名。姑洗原是十二律之一。

"怀性九宗",是姓怀的九个宗族,出自戎狄隗国。

"五正",乃金木水火土五行之长官。

"启以夏政,疆以戎索"是成王要求唐叔虞在唐国推行的政策。这是针对唐国的特殊情况而言的。唐国最初是唐尧部族活动所在地,也是夏人活动的根据地。另外,唐国周围还杂居有大量的戎狄团伙,所以成王要求唐叔虞根据不同的人群实行不同的治国策略,就是说,按照夏人以前的政治制度去治理夏人,按照戎狄的习俗去统治戎狄。

分封叔虞到唐与分封周公嫡长子伯禽代父到鲁、分封武王七弟康叔到卫,是周初的三次分封大典。周公、康叔、唐叔或为武王之弟,或为成王之弟。左丘明由此在《左传》中感叹:都是天子之弟,皆具美好德行,所以赏赐重物以作宣扬。

唐叔虞统治下的唐国由三部分人组成,第一部分是以唐叔虞为首的周人部族，这是高居上层的统治阶级；第二部分是周王朝分给唐叔虞管理的"怀性九宗"，这是原来依附于殷商的战败国贵族阶层，他们被完整保留了整族的建制，周王朝给予相应的爵号，如考古发现的"倗国""霸国"等。他们在新建唐国中处于中层，也属于统治阶级。第三部分是当地百姓，主要是指夏人，居于最底层。按照周朝的国野制的划定，前两部分人群是统治阶级，住在城内和城郊，是所谓国人，而广大的土著居民则住在城郊以外的农村，是为野人。

至于原来的唐国族人，由于担心他们聚集起来搞事，周王朝就将他们像殷商遗民一样，分散遣送到了宗周和一些新封建的诸侯国内。其中一部分迁徙至今西安市东南一带，这就是后来的"杜唐氏"一族。

南宋时期成书的《通志》记载，成康之际，周天子又将晋侯燮父的子弟分封至今随州西北40公里左右的唐县镇，建立了姬姓唐国，成为西周早期分封于江汉之间的"汉阳诸姬"之一。所以，应该还有一部分唐国遗民也随之迁移到了随州这个地方。

二

唐叔虞到唐国做了国君之后，坚持"启以夏政，疆以戎索"的治国方略，大力发展农耕，有效地调动了唐国百姓的积极性，收获了二茎共生一穗的"嘉禾"。

唐叔虞把"嘉禾"献给周成王，意思是唐国的夏民和戎狄和衷共济，其乐融融，这是上天对唐国，也是对大周降下的祥瑞。周成王看到"嘉禾"，欣喜异常，就命唐叔虞亲自到东方去送给当时正在指挥平叛战争的周公，还作了《馈禾》一诗，遗憾没有流传下来。周公在东土收到周成王赐予的"命禾"后，也恭恭敬敬地作了一篇《嘉禾》，可惜也没有流传下来。

▲ 唐叔虞献嘉禾复原场景 [144]

《史记·鲁周公世家》对此记载是："天降祉福，唐叔得禾，异母同颖，献之成王，成王命唐叔以馈周公于东土，作馈禾。周公既受命禾，嘉天子命，作嘉禾。"

唐叔虞死后，他的儿子燮父继位，按照成王的指示改唐为晋，成了晋国的国君。有学者认为，成王之所以旨令燮父改唐为晋，是因为唐叔虞晋献嘉禾给周成王，所以改称晋侯以志之。今本《竹书纪年》记载，燮父迁都以后，因在新地方建造的宫殿过于奢华，周康王还派人责备了他。

但《汉书·地理志》记载："唐有晋水，叔虞子燮为晋侯，是燮以晋水改为晋侯。"也就是说，晋国是因地而得名。这符合古代国号来源传统，因为商周汉唐宋以来的国号都是从地名而来。

这一记载还明确了一点，唐国和晋国共同拥有晋水，所以两国应该是在同一片土地上，或者说是比邻而居。但关于晋水到底是哪条河流，自古以来学者们聚讼不已，没有个明确的说法。

《史记·周本纪》说："唐在河、汾之东，方百里。"这里的河是指黄河，汾是汾河。从字面看，司马迁犯了语法的错误，因为汾河本身就在黄河以东，再这么强调不是多此一举嘛。但尽管如此，他老人家还是给后人留下了一笔糊涂账。"河、汾之东"是什么概念？汾河从忻州宁武发源到在运城万荣汇入黄河，流程达1400余里，哪儿都可以说"方百里"。

班固在《汉书·地理志》太原郡晋阳条下注释说："故《诗》唐国，周成王灭唐，封弟叔虞。龙山在西北……晋水所出，东入汾。"龙山就是太原晋祠西北面的天龙山，晋水是从西悬瓮山流向今太原市晋祠西的一条河流。班固的意思很明确，唐国就在太原晋祠这一带。

班固《汉书·地理志》这一说法影响很大，几乎成为后世关于晋国初期具体方位的定论。西晋杜预为《左传》作注时，也认定是太原。现在位于太原西南悬瓮山麓始建于北魏前的晋祠，就是这一认知的产物。晋祠原名为唐叔虞祠，后世多次修缮、扩建，现在是全国重点文物保护单位，太原标志性的旅游胜地。

隋末，太原留守李渊被封为唐国公，炫耀自己是唐国的继承者，宣扬晋阳（即今太原）为尧之唐国、叔虞之封地，还将他推翻隋朝后建立的新朝定名为唐。

▲ 晋祠供奉的唐叔虞塑像

李渊的儿子、后为唐太宗的李世民还特意撰写了一篇《晋祠之铭并序碑》，即著名的《晋祠铭》，主题思想是通过宗周政治总结所谓唐叔虞在晋阳建国的史迹，表明灭隋建唐的合法性，强调以德治国的理念，以达到宣扬唐王朝文治武功和巩固政权的目的。

宋代朱熹朱老夫子在为《诗经·唐风》作注时，也认定太原就是唐叔虞当年封立唐国的唐都所在地。

虽然班固在《汉书·地理志》做出这一结论后，后世也有一些学者质疑，譬如明末清初著名思想家顾炎武在晚年旅居今临汾曲沃时，就曾在对当地人文遗迹和风土人情考察后，撰写了《日知录·晋书》，认定唐国和初期晋国在"今平阳一府之境"。平阳就是今临汾的古称。在《日知录·唐》中又进一步说："窃疑唐叔之封以至侯缗之灭，并在于翼。"翼在今临汾翼城、曲沃一带。但是这一观点只是为学界极个别人所接受，对大多数人而言，仍在心中认定唐国和初期晋国在太原。

三

事情的变化来自20世纪八九十年代曲沃和翼城交界处天马—曲村遗址晋侯墓地的发掘。天马—曲村遗址发现于1962年，不过，由于种种原因，当时并没有发掘。

天马—曲村遗址西南距离侯马晋都新田遗址约25公里，北靠崇山，南望绛山，西临汾河，南边还有浍河蜿蜒流过。遗址东西长约3800米，南北宽约2800米，总面积近11平方公里。

1963年和1979年，北京大学考古专业师生联合山西省文管会对天马—曲村遗址进行了两次试掘，认识到这是一处以晋文化为主要内涵的西周遗址。1980—1994年，两个协作单位在这里先后进行了十多次正式发掘，揭露面积2万平方米，发掘出西周早期至春秋初期中小型墓葬500多座，另外还发掘出了大面积的周代居址。特别需要提及的是，1992年在天马—曲村遗址内北部北赵村南发现的晋侯墓地，使得之前模糊不清的晋国早期都邑问题得以解决。[145]

说起来可气又可笑，晋侯墓地竟是因遭到盗窃而被发现的。这是一处独立存在的西周墓地，墓葬多座且带有长墓道。整个墓地东西长约170米，南北宽约130米，面积近3万平方米，与晋国普通贵族和平民墓地——曲村墓地不在一个地方。两处墓地距离大约有800米。

迄今为止，西周王室墓地还没有找到，不过西周诸侯的墓地已发掘了不少，诸如卫国、燕国、虢国、芮国、曾国等。在这些墓地中，诸侯墓葬和平民墓葬并没有完全隔离开，有的虽然在二者之间设置了一条界沟，如虢国，但总体来说，还处在一块土地当中。像晋侯墓地这样远离普通贵族和平民墓区，是唯一的一个例外。

《周礼·冢人》记载，冢人的职责是掌管王公贵族所葬墓地，辨清墓地的沟兆界域，并绘出墓区地形和丘垅的示意图。最先葬在墓地的国君居中，依照宗庙的次序，始祖居中，左为昭，右为穆。王的子孙为王畿内诸侯的人，埋葬在先祖的左右及前面；卿大夫和士在后面，各自按照宗族关系排列。凡在战争中因怯懦不勇而战死的，不得入葬于坟兆界域之内；凡为国建有大功勋的，不分爵秩尊卑，均葬在王坟的正前方。坟的高低大小和种植树木的数量，以爵秩而定……墓大夫的主要职责是掌管国中普通民众的墓地和界域的划分，使国中百姓按亲族关系而葬，并严格执行墓地的禁令。除此之外，规正墓位，掌握坟茔高低、大小的标准；使民众在公墓区域都有聚族而葬的私家墓地；听断因墓地区域引起的诉讼；在墓地区域中设置办事处所，守护墓地安危等，也都属于墓大夫的职责范围。

从这一记载看，周王朝有公墓和邦墓之分。公墓是王族墓地，邦墓是普通贵族和平民墓地，但公墓和邦墓都设置在一个区域。尽管这里说的是周王室及其畿内墓葬制度，但应该是适用于诸侯国的。就这一点而言，北赵晋侯墓地远离曲村平民墓地而单独设置这一情况，与文献记载不太一致。

晋侯墓地共发现有9组19座大墓，距今3000～2800年。这19座大墓均为南北方向，每组墓葬的东面还陪葬有一座长方形的车马坑。另有数十座中小型陪葬墓和祭祀坑环伺在周围。墓中出土了上万件文物。特别令考古人员激动的是，在这些随葬的青铜器上竟发现有晋侯燮马、晋侯喜父、晋侯对、晋侯斯、晋侯苏、晋侯邦父六位晋侯的姓名，另外还有晋侯夫人晋姜、杨姞及晋叔家父、叔钊父和其他晋国贵族的姓名。

考古人员根据9组男女墓主人墓位的排序、墓坑形制、随葬品组合以及器型纹饰的变化等，排定了其早晚先后次序。其中114号、113号组最早，时间大约是在西周早期。93号、102号组最晚，时间大约是在西周晚期。但令考古人员困惑不解的是，上述6位晋侯姓名，除了排位在第7组的晋侯苏和文献中的晋献侯苏是同一人外，其他名字都对应不上。

后来，发掘者通过对墓葬规律、出土器物特征进行比较研究，又对青铜器铭文中所见晋侯名字进一步考释，认定青铜器铭文里显示的那6位晋侯名字与文献上的晋侯名字可能是名、字和号的关系，并因此确定，9组墓主人分别是晋侯燮父及其以下9代晋侯与夫人。

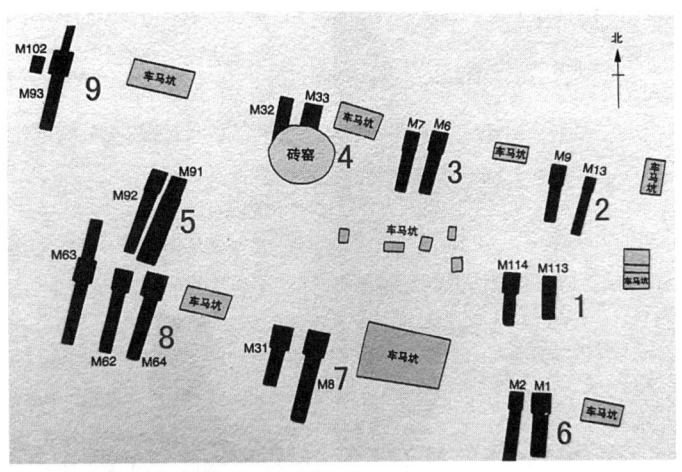

▲ 晋侯墓地9组墓葬分布示意图[146]

M114和M113是晋侯燮父及其夫人墓；

M9和M13是晋武侯及其夫人墓；

M6和M7是晋成侯及其夫人墓；

M33和M32是晋厉侯及其夫人墓；

M91和M92是晋靖侯及其夫人墓；

M1和M2是晋釐侯及其夫人墓；

M8和M31是晋献侯及其夫人墓；

M64和M62、M63是晋穆侯及其夫人、次夫人墓；

M93和M102是晋文侯及其夫人墓。

但发掘者还遇到了另外一个问题，那就是居于墓地中心的M112和M138两座墓不带墓道，随葬品数量也不多，可是有车马坑陪葬。专家普遍认为是西周中期某位太子夫妇。但为什么没有即位的太子会埋在墓地中央呢？目前还是一个未知之谜。

晋国在西周时期，不算始祖唐叔虞的话，共经历了10位国君，但晋侯墓地只有 9 组王侯大墓，在穆侯和文侯之间缺了殇侯。为什么会出现这种情况呢？一般解释是，殇侯是被文侯杀死的。按照周代礼制，死于非命，尤其像殇侯被杀这种情况，是严禁埋入墓地兆域的。

　　这种解释当然不错，但恐怕还不仅于此。周代宗法制的核心内容是"嫡长子继承制"，而晋穆侯死后，殇侯作为弟弟却破坏礼法，趁机篡得大位，穆侯的长子仇为保命，不得不逃亡国外。四年后，仇带着一帮兄弟，潜回晋国，杀死殇侯，夺回了本该属于自己的君位，这就是晋文侯。从这点看来，殇侯不但是晋国王室的不肖子孙，而且还是晋文侯的生死仇敌，所以晋文侯将殇侯踢出代表尊荣和礼制的晋侯墓地，显得理所当然。

▲ 燮父墓出土的鸟尊及其铭文

114号是燮父墓，2000年秋曾被盗窃，所幸还留下了不少文物，其中有一件青铜鸟首象身尊，就是现在山西省博物馆的镇馆之宝——著名的鸟尊。但这件鸟尊当初出土时，由于遭遇爆破性盗墓，就成了一堆破碎的铜块，后来经过修复师修复以后才成了我们现在看到的这个样子：整体看是一站立的高冠凤鸟形，造型生动，栩栩如生。凤鸟通体饰有鳞毛状纹样，两翅和两足装饰的是卷云纹。鸟背上有盖，盖上有一鸟形钮，盖的内侧铸有铭文"晋侯乍向太室宝尊彝"。因其出土位置接近盗洞，鸟的尾部和尖喙都已残缺不全。残长30.5厘米，宽17.5厘米，通高39厘米。[147]

铭文中的太室，是王室宗庙最重要的组成部分，位于整个宗庙建筑群的北部。彝是彝器，一种祭器。尊，今作樽，是商周时一种酒器。专家们经过考证得出结论，晋侯鸟尊铭文中的"晋侯"就是第一代晋侯燮父。换言之，此晋侯鸟尊乃第一代晋侯燮父祭祀祖先用的祭器。

为什么晋侯燮父要将祭祀祖先用的祭器打造成鸟的形状呢？这是因为，"周之兴也，鸑鷟鸣于岐山"（《国语·周语》），周人认为这是天降祥瑞，是彰显周文王、周武王文才武德的吉兆。鸑鷟是金凤的别称。之后，周武王翦商成功，建立周朝，周人由此更加崇拜金凤。晋侯鸟尊实际上是一种金凤的形象，系周人精神信仰的一种体现。《周礼》记周代宗庙祭器有所谓"六尊六彝"，其中就有"鸟彝"和"象尊"。

四

燮父及其以下晋国9代王的都邑翼确定了，那么唐叔虞又在哪里呢？北赵晋侯墓地燮父墓中曾出土一件方鼎，鼎内壁铸刻一篇铭文，其中有"叔夨"二字，很多学者都认为"夨"就是虞，"叔夨"就是叔虞，这件鼎因此被称为叔虞方鼎。但仅此而已，迄今为止，别说唐叔虞墓葬，就是唐叔虞治下的唐国具体位置也没有确定下来，至少还没有一处考古学遗址可以与其对应起来。不过，唐国就在晋都以北，而且很可能在今临汾、襄汾一带，这几乎就是史学界和考古学界的共识。

《世本》中有唐叔虞"居鄂"这一说法，春秋时期晋国也还有"鄂"地。《史记·晋世家》记载，公元前718年，晋国小宗曲沃武公在周王的支持下，联合郑、邢两国讨伐晋国国都翼，晋侯郄逃到"随"，就是今山西介休一带，周王就立了郄的儿子光。由于光已践晋国君位，晋国贵族嘉父就从"随"把晋侯郄迎到了"鄂"邑，晋侯郄因此就被称为晋鄂侯。

夏商时期的鄂国在今临汾市东部姑射山乡宁一带，这里有鄂山、鄂水、鄂邑、鄂侯故垒等人文遗迹。至于周代晋国境内的鄂地，考古学家普遍认为不在乡宁，因为直到目前为止，在乡宁界内，并未发现任何周代遗址。

鄂国地域可能不只局限于乡宁界内。《太平县志》记载，太平县城，也就是今汾城镇，其西北15里处的尉村是唐初名将尉迟恭的封邑鄂公堡，尉迟恭在此"食实封千三百户"。尉村至今还保存着鄂公堡城门。这一片土地就在乡宁所在的姑射山下，与乡宁交界。为什么尉迟恭的封邑叫鄂公堡？这就给了我们联想的空间，或许包括姑射山下今襄汾县汾城镇一部分也属于鄂地。

《左传》说，唐在"夏墟"和"大夏"之地，刘起釪先生曾对车载斗量的历史文献做了认真检索，结果发现，记载"夏虚"的三处地址和记载"大夏"的五处地址都在晋南。其中，《左传·定公四年》提到的晋国始祖唐叔虞始封之地和《括地志》所提到的"大夏之墟"，都在

▲ 襄汾尉村鄂公堡城门

今临汾、襄汾、曲沃、翼城等沿崇山（俗称塔尔山）一线。我在《元中国时代》一书中考证过，崇山就是"崇伯鲧"之崇地，所以这个地区极有可能就是以崇伯鲧为首领的夏人原始居地。[148]

《左传》记载，晋国晚期的范宣子在追述其祖先世系时曾说，虞舜以前为陶唐氏，夏时为御龙氏，商时为豕韦氏，周时是唐、杜氏。襄汾县城北7公里、崇山西麓发掘出了举世闻名的陶寺遗址，学界基本确认是尧舜时代的都邑。尧在典籍中又被称为唐尧、陶唐氏，尧舜时代与夏商两朝并称为"唐虞夏商"，所以夏商时期的唐国应该就是尧的后裔所建。由此可以进一步明确一点，那就是夏商时期的唐国，以及后来沿袭了其国号、土地的唐叔虞治下的唐国，就在襄汾陶寺遗址周围，即便因种种原因有所迁徙，也不会迁到太遥远的地方。

《左传·昭公元年》记载，高辛氏帝喾的两个儿子阏伯和实沈不能和平相处，"日寻干戈，以相征讨"，为此，高辛氏"迁阏伯于商丘……迁实沈于大夏，主参，唐人是因，以服事夏商……及成王灭唐，而封大叔焉。故参为晋星"。

至少从文献记载和陶寺遗址所在的地理位置可以推导出一个显而易见的结论，那就是，尧都、夏商唐国、唐叔虞之唐国相继存在于同一片土地上或附近。

晋国为什么叫晋国？如前所述，尽管流传有种种说法，最靠谱的应该还是因为先有了"晋"这个地名或河流，才有了晋国这一国名。不仅仅是《汉书·地理志》说"唐有晋水，叔虞子燮为晋侯，是燮以晋水改为晋侯"，更由于西周早期青铜器疏公簋铭文中也有"王令唐伯侯于晋"这样的记载。这里的唐伯侯指的是燮父。

▲ 疏公簋及其铭文[149]

东汉郑玄在《毛诗谱》中对唐和晋的方位有了更为具体的交代："燮父以尧墟南有晋水，改曰晋侯。"郑玄当然不知道今天的陶寺遗址就是尧墟，但他的意思再明确不过，尧墟就是唐国所在地。

那么晋水又是哪条河流呢？有不少学者认为晋水就是汾河，但这是说不通的，因为汾河是南北流向，不可能在"尧墟南"，也有认为晋水是曲沃境内的浍河、滏河，等等，但都没有足够的说服力。

流经翼城苇沟—北寿城遗址的金河被认为最有可能是晋水，有两个理由，一是"金"同"晋"音，同声调不同，"晋"极有可能是"金"的讹传导致的结果；二是苇沟—北寿城遗址被认为是晋国早期都城邑，距离晋侯墓地遗址10多公里。

就目前所知，在商周时期，陶寺遗址周围东有先国（浮山境内），北有杨国（洪洞境内），南有贾国（襄汾）、晋国、耿国、虞国、芮国等，因此，唐国的具体位置大概率就在翼城以北以陶寺遗址为中心的襄汾、临汾这一带。这无论是从文献还是从考古学上看，都是最合理的解释。

出土金文显示：周厉王是一代枭雄

在中国历史上，周厉王一直被认为是一个独断专行、横征暴敛的昏君，如《墨子》就把他同夏桀、商纣和周幽王并列，说他"兼恶天下之百姓，率以诟天侮鬼，其贼人多，故天祸之，使遂失其国家，身死为僇于天下，后世子孙毁之，至今不息"。

《史记·周本纪》说他"即位三十年，好利……暴虐侈傲……其谤鲜矣，诸侯不朝……国人莫敢言，道路以目"。

王逸《正部》更是斥责他"礼乐崩坏，诸侯力政，转相吞灭，德不能怀，威不能制"。

按《逸周书·谥法解》所说"杀戮无辜曰厉"，厉王在后人心目中就是一个杀戮无辜、作恶多端的暴君。

然而，随着金文的不断出土，人们发现，周厉王不仅不像诸多文献所说的那样不堪，而且可能还是一个具有雄才大略的枭雄，这在其在位前期表现得尤为突出。

一

周厉王名胡，金文作"𠫑"，是西周第十任君主，也是西周倒数第三位君王。西周王朝在周厉王的父亲周夷王时，就已经处在江河日下的崩溃边缘，周夷王在内忧外患的连番打击下，一蹶不振，上位仅仅8年，便两腿一蹬，找阎王报到去了。周厉王本身是个性格刚毅、雷厉风行的人，又加上他即位时大概只有二十来岁，正是血气方刚的年龄，自然不甘人后，就跃跃欲试地想干一番事业。但怎奈周王室已非昔日可比，尤其在军事上，实力下降太多。在他即位后不久，东南一带的淮夷看他生瓜蛋子上位，是个机会，就大举侵犯内地。

周厉王初生牛犊不怕虎，可能也没做什么准备，就命令应国国君应侯视工和虢国国君虢仲率军前往讨伐，厉王对应侯视工说："我命令你讨伐南淮夷！他们竟敢攻击我们的军队，敢不断骚扰我们的边境，敢攻击我们的南部疆土！"

应国是周武王四子姬达的封国，在今河南省宝丰以东、鲁山东南及平顶山市区、叶县、郏县、襄城一带[150]；虢国（西虢国）是周文王三弟虢叔的封国，原来在今陕西宝鸡市区陈仓一带，后来分出大部分，迁徙到今河南三门峡地区，建立了南虢国。过去人们普遍认为，南虢国是西周灭亡以后，才由西面迁移过去的。

20世纪90年代，考古工作者在三门峡上岭村虢国墓地中，发现了两座西周后期诸侯级大墓，出土了很多带有"虢仲""虢季"铭文的青铜器，证明这两座大墓分别是南虢国国君虢仲（虢仲在传世文献中称作虢公长父）和虢季的墓葬，从而纠正了传统史学的错误，证明早在周厉王时期，虢国的主体就已经从宝鸡地区迁徙到了三门峡一带，是西周王朝部署在东南方向的一道防御屏障。[151]

厉王的口气很大，但征伐结果却令人大跌眼镜。据山西翼城大河口西周墓地6096号墓出土的西周中晚期之交的青铜器霸盆铭文记载，应侯这一路还有贵族"霸"随同出征。"霸"率领他的族人在为山大战，但结果却是"有所斩获，没有犯错"。要知道，西周青铜器铭文一向是以歌功颂德为主要内容的，霸盆铭文以这样的口气述说战争的结果，显然是在打肿脸充胖子。

▲ 虢季子白盘及其铭文

▲ 霸盆及其铭文[152]

虢仲这一路遇到的情况更糟糕，《古本竹书纪年》记载："三年，淮夷侵洛，王命虢公长父伐之不克。"

《史记·秦本纪》记载，西北方的犬戎看淮夷在东南方作乱，搅得周王朝鸡犬不宁，遂趁机起兵，向东进攻西犬丘，一举灭掉了在此镇守的大骆家族，占领了这个地区。这样一来，由申国、秦丘和大骆家族从东北到西南组成的这道西周战略屏障，就被犬戎轻而易举地捅了个大窟窿。

按传统史学的剧情发展，周厉王就是这样一个外战无能，两次被人家摁着打的昏君，这成了他对国内受苦受难的劳动人民群众实施苛政酷刑的序曲，所以后来"国人暴动"，推翻他的统治，就成为历史发展的必然逻辑。但20世纪50年代以来不断出土的青铜器铭文记载告诉我们，关于周厉王的传统脚本很可能就是，一帮被周厉王改革伤害了切身利益的贵族统治者哄骗一帮御用文人写出的一部故意隐瞒真相的历史闹剧。

事实是，周厉王十三年，南方以"㝬"国为首的淮夷再次侵犯周国南疆，周厉王忍无可忍，亲自统率周军南征。周厉王吸取了上次单兵作战失败的教训，下令鄂侯驭方等南方诸侯率军从后方夹击。

周厉王这次打得很顺手，步步为营，节节胜利，从淮河中游一直打到淮河上游，直至"㝬"国都城之下。"㝬"国国君做梦也没想到周厉王如此生猛，吓得赶紧派使者前往周厉王麾下讨饶求和。周厉王这才止住讨伐的脚步，放了他一马。

那些不安分的南方诸侯和部分东方夷国被这一战吓破了胆，先后有26国国君和使者，战战兢兢、跌跌撞撞地跑到周厉王帐下跪拜，表示臣服。[153]

青铜器伯㺇父簋铭文对这次战争经过做了简单的记录：九月庚午，厉王由成周出发，向南征伐，讨伐淮夷多个小国，伯㺇父跟随厉王出征，亲自擒获10名俘虏，获得20个首级，还俘获了50钧铜料。

二

厉王凯旋，途中经过鄂国（在今随州居安镇一带）时，鄂侯驭方特意前往迎驾，给厉王献上了味美可口的醴酒等贵重礼品。

鄂国不同于其他荆蛮诸侯，鄂虽是姞姓，但同周王室有姻亲关系，周王朝最初主要就是通过鄂国和姬姓曾、唐两国的力量来镇守和管控南方地区的。周昭王南征死于地震后（另有船解溺亡说、桥梁倒塌说），曾、唐两国随之迁走，这一带就剩下了鄂国还是周可以依赖的心腹力量。更重要的是，鄂国还是周厉王母亲的母国，鄂侯驭方是周厉王的舅舅或者表兄弟。何况，在这次南征大捷中，鄂侯驭方也算是立有大功之人。

正因为如此，周厉王就对鄂侯驭方特别优待。不但设宴招待鄂侯驭方，还为鄂侯驭方举行了射礼，一同射箭取乐。告辞前，厉王又赏赐了鄂侯驭方五双玉、四匹马和五束箭，把个鄂侯驭方宠得都没了边。[154]

周厉王班师回朝后，很为这次大胜感到自豪。也是，一个想有所作为的年轻天子，前两次都因初出茅庐栽倒在了茅坑，惹天下人嗤笑，这次不但打出了威风，找回了丢掉的面子，而且安靖了一直骚乱不休的东南诸国，那还不是大功一箭？就是相比那些建有大功劳的列祖列宗，也差不了多少啊！为此，周厉王特意命人铸造了一件青铜钟，把这次战争的经过刻了上去，因他的名字叫㝬，人们就将这个青铜钟称为㝬钟；又因该青铜钟铸刻于周厉王所在宗周之地，并且后人也是发现该器于此地，该钟遂又被称为宗周钟。

周厉王在宗周钟铭文中这样炫耀自己的功绩：我遵循文王、武王的道路前进，勤劳于国事。南国的敌人竟敢侵略我们的土地，我亲率大军讨伐，将他们的都城夷为平地。敌人于是派遣使者来迎接我，南夷、东夷26国都前来拜见。这是伟大的昊天上帝、各位天神在保佑我这个年轻人，让我获得了功勋，没有犯错……[156]

▲ 宗周钟[155]

只是厉王洋洋自得了没几天，南方快马就报来噩耗，鄂侯驭方反了，而且骚乱阵势越来越大，那些原来臣服的淮夷、东夷又都乘势而起。叛乱大军浩浩荡荡向成周所在的洛阳地区杀去，一直打到洛邑附近。还有一部分溯洛水而上，抵达今陕西省东南洛南县洛水上游一带，逼近丰、镐二京。

叛乱大军的嚣张气焰让周人一度十分紧张，连参与这场战争的将领禹都在事后制作的禹鼎铭文中哀叹："呜呼哀哉，天降大灾于下国！"

就是在这种骚乱几乎席卷半个王朝的凶险情势下，周厉王展现了他作为一个军事天才的一面。他首先祭出了周王朝全部的正规军，不管是驻扎在宗周的西六师，还是驻守在成周的东八师，全部出战。

周厉王被愤怒和痛恨的情绪烧昏了头脑，彻底摈弃了鄂国是他姥姥家这层关系，禹鼎铭文记载，厉王悍然下令："裂伐噩（鄂）侯驭方，勿遗寿幼！"就是说，讨伐噩（鄂）侯驭方，不管男女老少，格杀勿论！

▲ 禹鼎及其铭文[157]

  但这些正规军自进入西周晚期以来，作战能力已大不如前，迟迟不能取胜，于是厉王又征调朝中世家大臣蓄养的私家军和各诸侯之正规军种，命他们一同参战。

  禹鼎制作者禹是执政大臣武公的家臣。禹率领战车 100 辆、车兵 200 人、步兵 1000 人，加入了这场战斗中。

  周师三路密切配合，协同作战，最后经过一番残酷的肉搏厮杀，把叛乱的东夷、淮夷全部赶回老家，还直接打到鄂国，活捉了叛乱首恶鄂侯驭方。不过，颇具讽刺意味的是，抓住鄂侯驭方的并不是周王朝的西六师和东八师，那 14 个"师"的正规军，而是禹统帅的贵族私家军——执政大臣武公的家兵。

  这里要说明的是，周厉王虽然下达了对鄂国"勿遗寿幼"的血腥屠族令，最终还是没有完全实施。2012 年，考古工作者在河南南阳夏饷铺发现了周厉王时期及其以后的鄂国贵族墓地。[158] 或许是由于厉王母后王姞出面干涉，厉王才停止了屠杀灭族行为，将鄂国贵族集体迁徙到了南阳地区，并派姬姓人做了鄂国国君。

周厉王这一战，把他的"狠人"形象淋漓尽致地打了出去，那个曾经在夷王时代不可一世的楚国国君熊渠一看周厉王这亲娘老子都不认的阵势，吓得赶紧取消了自己和三个儿子的番号，并撤出原来占领的鄂国那部分地盘，匍匐在厉王脚下。

为了稳定南方地区，周厉王又在迁走鄂国贵族遗老后，将穆王初年从这一带迁走的曾国给迁了回来。考古发现，西周中期消失的曾国遗址、遗迹在西周晚期又出现了，包括大量的曾国墓地、住址和青铜器。[159]

三

周厉王虽然在东南和西北两个方向都平定了叛乱，但根据夷人和犬戎反复无常的本性，他知道夷人和犬戎可能会暂时消停一会儿，而不可能彻底从内心里归服于周，他们迟早还会再次发动叛乱。但他也没有更好的办法，因为彼时的周王朝已经衰败不堪，朝廷的财力根本支撑不起长期战争的损耗。他能做的或许就是将西周早期所建的不设防城市——东都洛邑，变成一座四面环有城墙的堡垒，以防淮夷再次入侵，也好有个抵挡。

果然不出所料，洛邑的外郭城刚修建起来不久，东夷中的凤夷（亦称宿夷），又在山东东平一带造反了，时间是周厉王三十三年正月初。西周晚期青铜器晋侯苏编钟铭文记载，厉王这次又是御驾亲征，随从厉王出征的还有晋国国君晋靖侯的孙子苏。厉王在接近凤夷防线的时候，同苏兵分成两路行动。苏这一路从左侧向北进击，厉王一路从右侧向东南冲杀。苏这一路打得很顺利，先后杀敌120人，俘虏23

人。厉王一路在攻击𣄈城时，遭到夷军的顽强抵抗。𣄈城即今山东郓城。厉王一时无法得手。

▲ 晋侯苏编钟[160]

苏得胜后，迅速南下，与厉王大军会合。厉王到苏部视察，刚下车就命令苏从西北角攻击𣄈城。苏不辱使命，果然从西北角攻进了城里，并斩首敌军110人，俘敌11人。其他将领还斩首敌军150人，俘敌60人。厉王再次获得东征胜利。

但厉王还没有来得及仔细品味这场胜利给他带来的喜悦，南方的昏邑又发动了叛乱。或许是由于叛乱规模不是很大，厉王这次没有亲征，而是让大臣虢仲下令柞（胙）伯带领蔡侯率兵南征。柞国具体方位不清，只知道其始封君是周公之子柞幽叔。虢仲也驾临昏邑指挥战斗。柞伯作战勇敢，亲自上阵参加了攻城战斗，并俘虏敌军两人，斩首10人。

战后，柞伯特意铸造了柞伯鼎，将自己的战功镂刻上去，向烈祖幽叔汇报。[161]

柞伯立功当然是高兴了，但作为周王朝最高统帅的厉王却高兴不起来。为什么呢？因为西北那个打不死的猃狁部族又趁这个时候开始捣乱了。

▲ 柞伯鼎及其铭文拓本 [162]

青铜器多友鼎铭文记载，厉王某年十月，猃狁侵入周境，一直打到周人最早的京师所在地——彬县界内泾河北岸的高原上，这里原来是先周族人生活的地区。厉王接报后，下令武公着手处理这个问题。武公派大将多友率兵前往泾河上游反击猃狁。

但多友部还在行军途中的时候，猃狁又在癸未这一天劫掠了周的另一个聚落——筍，就是今天的陕西旬邑，而且还俘获了那里的居民百姓。第二天早晨，两军在漆地狭路相逢，随即展开战斗，结果，周军取得大胜，斩首猃狁200多人，俘敌23人，缴获战车117辆，还解救出了大批被俘虏的筍人。

猃狁见阵势不妙，开始撤退，周军马不停蹄地追击，并在龚和世这两个地方同猃狁进行了小规模的战斗。周军最终将猃狁赶到一个叫杨冢的地方，双方展开决战。周军在这三个地方一共斩得敌首150颗，

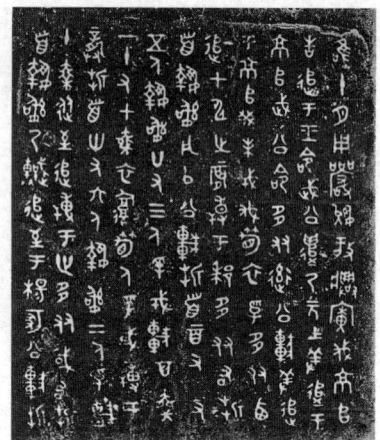

▲ 多友鼎及其部分铭文拓本

俘敌多人，缴获战车10辆，夺得最后的胜利。因为缴获战车太多，而且大都在战争中损坏，所以，多友就命人把这些战车全部烧毁，只将几百匹驾车的战马留下赶了回去。

多友在后面铭文特意写到，因为这次战争获得重大胜利，周厉王重赏了执政大臣武公，不但赏赐给他大片的土地，还有很多贵重物品。不过，武公也没亏待在前线拼杀的多友，转赏给多友玉礼器一件、编钟一套，另外还有不少的青铜原料。

"共和行政"并非周召共同执政

周厉王接手周王朝的时候,西周已处在崩溃的边缘,周王室捉襟见肘,入不敷出。

厉王之前,西周社会实行的是贵族世代受禄制度,耕种土地要向国家交税,但关、市、泽、梁不征税,山麓川泽属于公有,老百姓进入山麓川泽采伐渔猎,在规定的时间里完成就不会加以干涉。然而到西周中后期时,贵族不但占有了大量的土地,而且还不断把留作公共使用的山林川泽占为私有。西周王室实际控制的土地面积越来越少,而贵族占有的土地面积却越来越大,周王朝由此进入一种恶性循环状态。[163]

周厉王为了扭转这种困局,就任命了以荣夷公为代表的一批新人实施专利政策,剥夺宗法贵族占有山林川泽的特权,收归周王室专有,《国语·周语》称之为"厉始革典"。

按《史记·周本纪》等传统的说法,周厉王"革典"不但严重伤害了大贵族的利益,引起他们强烈的不满,还遭到了下层贵族和平民的反对。这些人享受不到王室的俸禄,反而要遭受贵族和王室的盘剥，如今周厉王的新典又断绝了他们的生路，招致了国人满腹怨言。

厉王不做反思，反倒从卫国找来几个善于做特务工作的巫人，估计是成立了一个什么情报局一类的机构，派他们去监视那些议政的人，凡是报上来诽谤厉王新政的人，格杀勿论！

在这样残酷专制的高压下，国人的怨谤少了，但各地诸侯也再不去朝拜了。到周厉王三十四年，统治更加严酷，国人甚至都不敢交谈，在道路上相遇只是以眼神示意——"道路以目"这个成语就来源于此。

这样过了三年，国人实在不堪忍受厉王的暴政，就集中在一起，突然发动暴动，冲进王宫要杀掉厉王。厉王做梦也想不到祸从天降，慌乱之中，向东逃向晋国汾河流域的彘地（今山西霍州一带），才侥幸捡得一命。

长期以来，人们都把厉王时期发生的这起"国人暴动"事件当作平民或奴隶暴动，是平民或奴隶与奴隶主阶级矛盾集中爆发的反映。

其实，在西周时，国是指城圈以内和城郊，其中主要居民是贵族统治阶层和中小工商营业者阶层，此所谓"国人"；野是指城郊以外，主要居民是广大平民百姓，此所谓"野人"。所以，这次暴动的主体并不是广大平民百姓，而是国人。正是由于厉王实行专利政策，剥夺了他们原先强占的川泽山林，厉王又举任新人执政，抢走了他们本来该有的职位，他们才蓄谋暴动，推翻了厉王的统治。

《史记·周本纪》言称，当国人暴动时，天子卫队无法阻挡暴乱人群的冲击，以至于让这些暴乱分子冲进了宫内。

这种说法大可值得怀疑。首先，全副武装的天子卫队怎么就挡不住一帮愤怒的乌合之众？其次，驻扎在天子身边的正规部队西六师常备军哪去了？

《史记·十二诸侯年表》透露出一点玄机："及至厉王，以恶闻其过，公卿惧诛而祸作，厉王遂奔于彘，乱自京师始，而共和行政焉。""公卿惧诛而祸作"，直接指明了这次暴动的主体人群是"公卿"，而非平民百姓。

还不仅于此。发生如此惊天暴动，一定有一个总策划者，而这个总策划者又应该是在厉王改制中受伤最深、厉王逃走后受益最大，且在厉王朝中具有广泛影响的元老重臣。

那么，这个元老重臣会是谁呢？且先看看厉王逃走后，西周政权是一个什么样的状况。

《史记·周本纪》记载说，召公和周公这时候站出来，共同主持朝政，治理国家，即"召公、周公二相行政"，是为"共和行政"。

这里需要解释一下，周公是指周定公，周公旦的后人；召公是指召穆公，召公奭的后人。

这一年是公元前841年，乃中国历史有确切纪年的开始。

从《史记》记述的"共和行政"来看，"共和"是指"协同合作，彼此相应"的意思。但问题是，彼时周定公的身份只是一个鲁国国君，此前从未在周王廷露过面，也就是说，他从没有在厉王统治的34年中担任过任何重要职务，怎么突然之间就成了"共和行政"中的两个摄政人之一呢？

《史记》这一记载，自古以来就受到了人们的种种质疑。学者们更多采信的是《古本竹书纪年》"共伯和干王位"的说法。

清华大学收藏的先秦简书《系年》也有类似的记载，说是那些卿

"共和行政"并非周召共同执政　　　　　　　　　　　　215

士、诸正和万民把周厉王赶到彘地以后,共伯和被推上了大位。所谓"共和行政",实乃"共伯和行政"的简称。

如此一来,我们忍不住要问:共伯和又何许人也?他又怎么有如此大的能耐?

西晋史学家司马彪作注《庄子》时解释,共伯和,姓共名和,伯乃爵位,是共国当时的国君。其为人注重修为,礼贤下士,所以周厉王逃走后,诸侯就一致举荐他做天子。但因为厉王还没死去,他做天子名不正,言不顺,所以就代行王事,临时摄政。

共国在今河南辉县一带,是共工族群的传统活动基地,这里有共山、共水,还有共城遗址。共伯和应该是共工族群的后裔。但问题是,共国只是一个不起眼的小诸侯国,作为共国国君,共伯和根本就没有摄政天下的资格。

于是又有学者提出,共伯和或许是当时的卫国国君卫武公,因为卫武公的名字就是"和",卫国的国君似乎也能称为"共伯",毕竟卫武公的哥哥死了以后的谥号就是"共伯"。

听起来似乎合情合理,然而一查卫武公的履历,就露了马脚。"共和"元年是公元前841年,而卫武公却死在公元前758年。一个当时都还没出生的人,怎么还能主持"共和行政"?

这件疑案学者们吵吵闹闹争论了2000多年,但一直是悬而不决,直到20世纪古文字学家们在一个西周晚期青铜器师毁簋铭文中发现了一个叫"伯龢父"的人,才让人们逐渐看清了这个事情的真相。

▲ 师毁簋铭文拓本 [164]

师毁簋铭文写道：

　　佳（唯）王元年正月初吉丁亥，白（伯）龢父若曰：师毁，乃且（祖）考又（有）勋于我家，女（汝）有佳（雖）小子，余令（命）女（汝）死（尸）我家，司我西扁（偏）、东扁（偏），仆驭百工、牧臣妾，东（董）裁内外，毋敢否（不）善（善），易（锡）女（汝）戈琱戜、[歆緱]必（柲）、彤纱（沙、绥）、干五锡、钟一肆、五金，敬乃凤夜，用事。再拜頴（稽）首，敢对扬皇君休，用乍（作）朕文考乙中（仲）肆簋，毁其万年，子（子子）孙（孙孙），永宝用言（享）。

"共和行政"并非周召共同执政　　　　　　　　　　217

大意是说，元年正月初吉丁亥那天，白（伯）龢父命"师毁"主持家中事务，管理"西扁东扁"之"仆驭百工牧臣妾"。要"师毁"谨敬勤勉工作，并赏赐给"师毁"不少物品。

有点邪乎的是，进行册命的人并不是周天子，而是伯龢父。以郭沫若为代表的历史学家认为[165]，这个"伯龢父"极有可能就是共伯和。为什么呢？因为铭文用的是"伯龢父若曰"这样特殊的字眼。

这个特殊的字眼给我们提供了两个重要的讯息，首先，在西周册命文中，册命者一般是周王，或是像周公那样的摄政者。主持册命的人可以换，但册命者代表的是周天子的权威，不能换。除非是更低一级的册命。但更低一级的册命，那就不叫册命，而是任命了。册命是同周天子的身份关联在一起的；其次，"若曰"在传世文献和金文中，是天子或代天子摄政者的专用术语，如"王若曰""周公若曰"等。

还有更为重要的一点是，师毁在表示对"伯龢父"感谢时用的是"皇君"这样一类对天子才拥有的专称。"皇君"，就是伟大君王的意思。按周礼规制，诸侯和朝臣是绝对杜绝使用这一类称呼的，否则就是僭越，人人得而诛之。

另外，该铭文中还出现了"王元年"这样的字眼，由此坐实了"伯龢父"只能是代天子摄政的一个假王这个事实。巧合的是，这个名字中的"龢"，在古代又同"和"通用，所以，学者们普遍认定，"伯龢父"就是共伯和。而"王元年"就是共和元年。[166]

但这个"伯龢父"又是什么人呢？他怎么就能一步登天，成为大家推荐的摄政王呢？学者们皓首穷经，孜孜以求，终于通过西周中晚期青铜器，诸如元年师兑簋、三年师兑簋等青铜器铭文，找到了蛛丝马迹，并从中推断出，"伯龢父"在周厉王初年就担任了司马一职，掌

218　　　　返璞归真：考古纠错的中国史

控着军政军赋大权。

元年师兑簋和三年师兑簋是一个叫作"师兑"的大臣在某周王"元年"和"三年"接受周王册命后所做的两件青铜器。

▲ 元年师兑簋及其部分铭文拓本[167]

元年师兑簋铭文记载：元年五月初吉甲寅那一天，王在成周，到康庙，大家就位，同仲引导师兑进入庙门立于中庭，周王呼内史尹册命师兑说：命你辅佐师龢父，任左右走马、五邑走马之职，赏赐你祖先任官时的服饰巾、五黄、赤舄等。

三年师兑簋铭文记载：周王在二月初吉丁亥这天接见师兑，命师兑继续辅佐师龢父，并在师兑以往的"左右走马"官职基础上，再命其"摄（摠）司走马"——就是兼任"走马"这一官职的意思，然后赏赐给师兑更多东西。

一般认为，元年师兑簋和三年师兑簋都是周厉王初年青铜器物，"元年"和"三年"分别是周厉王元年和周厉王三年。铭文中的"王"就是周厉王。

▲ 三年师兑簋

也有学者认为，这两件器物铸造于"共和行政"时期，"元年"和"三年"分别是共和元年（前841年）和共和三年（前839年）。铭文中的"王"是准"宣王"，即还是太子身份的"静"。准"宣王"册命"师兑"是召定公势力所为，其目的是给"伯龢父"的"共和"领导班子掺沙子，为"静"将来即位周王做准备。

但不管怎么说，学界都认为，师毁簋就是"伯龢父"在共和元年（前841年）以摄政王的身份册命师毁后，师毁为感恩"伯龢父"而做的纪念器物。事实上，也只有像"伯龢父"这样执掌军权，且在厉王朝中具有深厚根基的元老重臣，才能够发动下属搞出如此惊天暴动，并让天子直属卫队和西六师的统领参与。

由于在文献和西周青铜器铭文中都没有见到周厉王在南征北战及其实施新政时有"伯龢父"身影的出现，专家们由此推断，"伯龢父"极有可能是在周厉王后期没有得到重用，还被他的新政伤害到了切身利益，这是导致他发动暴动，更确切说是一次政变的主要原因。

西周金文中没有"厉王"

周厉王在汾河谷地落落寡合14年,一代枭雄最后落了个鸡飞蛋打、郁闷而死的下场。按夏商周断代工程,周厉王在位37年,再加上这14年,就是51年。

由于史料缺失和正统君子们的一面之词,周厉王在身后2000多年的时间里,一直遭受着不白之冤,不管是《史记》还是《墨子》,都把他当作十恶不赦的暴君予以批判。按《逸周书·谥法解》所说"杀戮无辜曰厉",厉王在后人心目中就是一个杀戮无辜、作恶多端的暴君。

然而,"厉王"很可能不是这位具有雄才大略君主的谥号。从厉王所作所为也可以看出,他对晚期西周的复兴是有一定功劳的,某种意义上说,他更像是一个因改革进行得太急、太猛而导致失败的悲剧英雄。

最早引起人们注意的是宣王时代金文记录里一个叫作"周康刺宫"的地方。此乃天子颁布命令的一个重要场所。如克钟铭文就记载,在周宣王十六年九月庚寅这一天,宣王驾临周康刺宫,命令士曶召来克,要克沿着泾水东岸巡视至京师。

一般而言，"周某宫"是祭祀某个先王的宗庙，如周康宫等。那么，周康剌宫是祭祀哪一个周王的宗庙呢？

2003年，出土于陕西省眉县杨家村青铜器逨盘，引起了人们的注意。逨盘的铸造者是一位名叫"逨"的周王朝贵族，盘内铸有铭文373字，记录了逨多代祖先服侍周王室的历史，历数了西周历代先王，包括文王在内，总共12位，只是少了后面的幽王，另外，排在周夷王之后的并非"厉王"而是"剌王"。考虑到册命逨的周王正是厉王之子宣王，这个"剌王"显然就是厉王。这样的排列同《史记·周本纪》的记载完全一致。

▲ 克钟

▲ 逨盘

再观察西周晚期的青铜器铭文，只有"剌王"，而从来没有"厉王"这一说。

"剌"是什么意思？在西周金文中，"剌"常被用来赞颂自己的先祖。如师㝬钟铭文"师㝬肇作朕剌祖虢季、究公、幽叔、朕皇考德叔大林钟"；如秦公钟铭文"我先祖受天命，商宅受域，剌剌召文公"；如大鼎铭文"用作朕剌考己伯盂鼎"；等等。

222　　返璞归真：考古纠错的中国史

显然，"剌"实际上就是"烈"的意思，为光明、显赫之意，所以"剌王"就等于"烈王"。这是一个很高的赞誉。《谥法》云："有功安民曰烈，秉德遵业曰烈。"说明周厉王在时人的认识中，还是一个功绩卓著的君王。

至于"剌"，《逸周书·谥法解》解释："不思忘爱曰剌。愎佷遂过曰剌。""愎佷"就是固执、乖戾，违背常理的意思。这里似乎也有周厉王的影子，但同西周金文中"剌"的含义已有云泥之别。

▲ 秦公钟

前已述及，《逸周书》是中国古代历史文献汇编，又名《周书》，隋唐以后亦称为《汲冢周书》。内容主要记载周代从文王、武王、周公、成王、康王、穆王、厉王到景王年间的时事。一般认为，《逸周书》是孔子删定《尚书》后所剩"伪书"，系"周书"逸篇，故有此名。而今人多以为此书主要篇章出自战国人之手，可能还经汉代人改易或增附。就这个意义而言，《逸周书》成书时间要晚于这些西周金文上百年乃至数百年，"剌"字的含义发生变异也属正常。或许，"剌"字的含义因周"剌"王而产生变异也未可知。

有学者认为，"厉王"这一谥号不排除是在西周灭亡以后，那些站在贵族立场上的刀笔吏因痛恨他的"专利"政策和酷刑，而利用"剌""厉"两字音近的情况故意将剌王写成了厉王。[168]

"剌王"被成功改造成"厉王"，剌王不听旧臣规劝，重用新人、大刀阔斧进行"革典"并严惩贵族既得利益者的行为，自然而然就成了他独断专行、祸害天下百姓的罪证。到春秋战国时期，关于周厉王正面的材料，很有可能就已经被彻底毁掉了，所以不管《墨子》说他"兼恶天下之百姓，率以诟天侮鬼，其贼人多，故天祸之"，还是《史记·周本纪》说他"好利……暴虐侈傲"等，都应该是这种观念的产物，因为它们都是来自以正统自居的胜利者的一面字词，都对周厉王的功绩和"革典"本质避而不谈。

美者益美，恶者益恶，可以说是传统古史写作的一个特色。这在夏桀、商纣、秦始皇等所谓暴君的文本历史写作中也可略窥一斑。有人说历史是胜利者的清单，大多情况下，可以看作是一条真理。

周厉王在汾河谷地落落寡欢的14年，正是"共和行政"运行的14年，期间经历了什么大事，史无记载。或许因为共伯和上位是诸侯和王朝贵族之间妥协平衡的产物，共伯和作为摄政王也吸取了厉王暴政的教训，照顾到了各方利益，所以，这个临时政府才平安地过渡下来。

因为周厉王虽然被赶下了台，但他名义上还是周王，按周礼，谁也没有剥夺他王号的权力，所以以共伯和为首的贵族们也只有等到周厉王死后，才能把太子静扶上王位。

只是，谁也没有想到，周厉王的生命力竟然如此顽强，尽管已是风烛残年，还遭受了被推翻王位逃亡的重大打击，但他居然还又活过14个年头。

"烽火戏诸侯"名不副实

西周灭亡最流行的说法是司马迁在《史记》里所谓"烽火戏诸侯",大意是说,在周幽王三年时,幽王偶尔到后宫见到褒姒,惊为天人,遂对褒姒开始了百般宠爱,并且生子伯服,还因此废掉了申后和太子,立了褒姒为王后,伯服为太子。

褒姒是个高冷美人,不太爱笑,幽王就千方百计要她笑出来。据说西周那个时候已经设置有报警的烽火台和大鼓,倘若有盗寇来犯就点燃烽火,这样诸侯看见狼烟就可以赶来救驾。幽王为了博得美人一笑,就毫无顾忌地点燃了烽火,诸侯看见后,真的赶来了,却没有敌寇。褒姒见到诸侯受骗的情景,果然大笑起来。幽王很是兴奋,就又为美人多次点燃烽火,到最后,诸侯看幽王这般不讲信用,也就不来了。

申后是申国国君申侯的女儿,申侯看到幽王废掉申后和太子,就联合鄫国、犬戎攻打幽王,幽王仓促之下点燃烽火召集军队,诸侯军队却没有来救驾的,犬戎就在骊山脚下杀了幽王,俘虏了褒姒,抢光了周王室的财物,扬长而去。

司马迁这个故事改编得有模有样，把周幽王和褒姒这对活宝模样刻画得入木三分，2000多年来，不知让多少人恨得牙根痒痒。但是，随着《清华简》的发现，这一记载遭到了人们的广泛质疑。

《清华简》是清华大学于2008年收藏的一批新发现的战国竹简，是第一手的原始资料。其写作年代比司马迁撰写《史记》早了至少三四百年。《清华简》"系年"篇对西周的灭亡有如下记载：

> 幽王取妻于西申，生平王，王或（又）取褒人之女，是褒姒，生伯盘。褒姒嬖于王，王与伯盘逐平王，平王走西申。幽王起师，回（围）平王于西申，申人弗畀，曾人乃降西戎，以攻幽王，幽王及伯盘乃灭，周乃亡。邦君、诸正乃立幽王之弟余臣于虢，是携惠王。

▲ 《清华简》"系年"篇局部风貌

显然，在西周灭亡整个过程中，并不存在"烽火戏诸侯"事件。为什么说这个故事是司马迁改编的呢？因为这个故事原型来自《吕氏春秋》的"大鼓戏诸侯"：

> 周宅酆镐近戎人，与诸侯约为高葆，置鼓其上，远近相闻。即戎寇至，传鼓相告，诸侯之兵皆至救天子。戎寇尝至，幽王击鼓，诸侯之兵皆至，褒姒大说喜之。幽王欲褒姒之笑也，因数击鼓，诸侯之兵数之而无寇。至于后，戎寇真至，幽王击鼓，诸侯兵不至，幽王之身乃死于骊山之下，为天下笑。

地点一样，人物一样，故事一样，所表达的中心思想也一样，唯一不一样的是司马迁在其中重点加上了点燃烽火报警这一说。但事实上，根据文献记载和近百年的考古成果来看，西周时期并不存在烽火台一类遗址。在西周都城及宫城之中或附近，至今还没有发现过"烽火台"设施。[169]考古发现的"烽火台"遗址，大多在秦汉以后，且多处于西北边疆地带。

司马迁为什么要做这样的改编呢？有学者认为是由于他对女人的偏见所造成的。他在骨子里认定褒姒才是西周灭亡的元凶，但故事里的击鼓报警又不太靠谱，于是就把秦汉时期才流行起来的烽火报警给移植了上去。这种观点显然是一种推测，没有实证根据，不过也不完全是臆想，因为君王昏庸，美人背锅，这是中国历史文化的一项特质，就好像向来都是只反贪官，不反皇帝一样。

司马迁对褒姒的记述，如果仅止于此，那也就罢了，但实际上他是颇费了一番工夫的，他甚至把神话当作了历史来写。

褒姒在《史记·周本纪》里一出场就是以妖孽的形式出现的。司马迁借周太史伯阳的口说，在夏朝衰微的时候，有两条龙突然出现在了夏帝的庭院中，自称是褒国的两个先君。夏帝占卜，看是杀掉他们，还是赶跑他们，或者是留下他们，结果都是不吉利。夏帝再次占卜说，请求两龙留下唾液，他要收藏起来。这次结果显得很吉利。夏帝于是令人陈列祭祀物品，并用简册之书告诉两龙。两龙留下一摊唾液后就不见了。宫人用匣子把这摊唾液收藏起来，并擦干了痕迹。这个盒子从夏朝传到商朝，又从商朝传到西周，连续三代，没人打开。

到了周厉王末年，厉王打开这个盒子，想看看到底是怎么回事。谁知，盒子刚一打开，龙的唾液就从盒子里溢出来，流到了大庭之中。人们想尽各种办法清除，就是清除不掉。厉王于是就命妇女脱光衣服叫骂它，这摊唾液随即变成一只蜥蜴，窜入了厉王的后宫。后宫有个六七岁的宫女，迎面走来，刚好就碰上这只蜥蜴。小宫女当时也没什么异样的感觉，然而成年后竟在没有丈夫的情况下怀了孕，而且还生下了一个女婴。宫女很害怕，就偷偷把女婴扔到了宫外。

周厉王死后，到周宣王时，有童谣唱道："檿弧箕服，实亡周国。"意思是，桑木做的弓和箕木做的箭囊，会使周国完蛋。这首童谣传到周宣王耳中，宣王很生气，正好有一对夫妇在叫卖这两件东西，宣王就派人去抓捕，想杀掉他们。这对夫妇吓得撒腿就跑，结果在逃跑途中，发现路边有个弃婴在大声啼哭。这个弃婴正是之前被小宫女所抛弃的那个女婴。老两口捡得女婴很高兴，就继续往前逃，最后逃到了褒国，才安定下来。后来，周宣王死，周幽王继位，褒国人不知道因为什么事情得罪了幽王，怕被周人所灭，就给幽王献上了一个绝色的妙龄少女，用以赎罪。这个绝色美女就是当初被小宫女扔掉的那个女婴，因是褒国献出，褒是夏人的后代，姒姓，所以人们叫她褒姒。

司马迁信奉儒家，他说了这么多，无非就是想把褒姒树立成一个标准的红颜祸水，以资后世帝王借鉴。当然，这个故事的原创权也不是司马迁的，而是属于《国语·郑语》。司马迁几乎是原封不动地照搬了这个传说：

宣王之时有童谣曰："檿弧箕服，实亡周国。"于是宣王闻之，有夫妇鬻是器者，王使执而戮之。府之小妾生女而非王子也，惧而弃之。此人也，收以奔褒。天之命此久矣，其又何可为乎？《训语》有之曰："夏之衰也，褒人之神化为二龙，以同于王庭，而言曰：'余，褒之二君也。'夏后卜杀之与去之与止之，莫吉。卜请其漦而藏之，吉。乃布币焉而策告之，龙亡而漦在，椟而藏之，传郊之。"及殷、周，莫之发也。及厉王之末，发而观之，漦流于庭，不可除也。王使妇人不帏而噪之，化为玄鼋，以入于王府。府之童妾未既龀而遭之，既笄而孕，当宣王时而生。不夫而育，故惧而弃之。为弧服者方戮在路，夫妇哀其夜号也，而取之以逸，逃于褒。褒人褒姁有狱，而以为入于王，王遂置之，而嬖是女也，使至于为后而生伯服。

褒姒尽管被后人骂得体无完肤，但大部分都是泛泛而骂，真正能说出她具体罪证的就两件，一是怂恿周幽王立她为王后，立她儿子伯服为太子；二就是上面那个子虚乌有的"烽火戏诸侯"。

其实，褒姒想晋身王后，想把儿子立为太子，那也是人之常情，并非什么大逆不道之罪。人往高处走，水往低处流，乃自然本性。问题显然不是出在她的身上，而是出在那个昏庸的周幽王身上。想不想，是褒姒的事儿；但做不做，才是周幽王的事儿。

  君王昏庸，美人背锅。司马迁先生一出手，就把个活脱脱的美人一下打进地狱 2000 多年。

战国早期就有了二十八星宿图

二十八星宿是古人在赤道附近发现的二十八颗星，东南西北各七颗。为了方便研究和记忆，古人将四个区域的各七颗星分别连接，由此形成了四大星象图。其中，东方七颗星连起来像是一条巨龙，颜色主青，所以被命名为青龙；西方七颗星连起来像是一只张着血盆大口的老虎，颜色主白，所以被命名为白虎；南方七颗星连起来像一只展翅飞翔的孔雀，颜色朱红，所以被称作朱雀；北方的七星距离较近，连起来像一只身上披满麟甲的乌龟，颜色主黑，所以被称作玄武。

青龙、白虎、朱雀、玄武合起来称作四象、四兽、四维或四方神。因为四象所代表的这二十八颗星环列在日、月及水、金、火、木、土五星周围，很像日、月、五星栖宿的场所，所以就被称作二十八星宿，目的在于说明太阳、月亮、五星运行所到位置。

二十八星宿文化是中国传统文化中的重要组成部分之一，在古代被广泛应用于天文、宗教、文学及星占、星命、风水等领域。

由于中国二十八星宿最早的文献记载来自成书于战国时代的《周礼》，而且书中也没有列出二十八宿的具体名称，只是笼统地说："十有二岁、十有二月、十有二辰、十日、二十有八星之位"，一直到秦末，《吕氏春秋》才完整记录了二十八宿的所有名称，因此后人就认为，二十八星宿的完整理论和图像形成于秦汉之际。这一认知直到2200年之后的1978年，由于湖北随州曾侯乙墓出土了一幅完整的二十八星宿图，人们才意识到，早在战国早期，古人就已经形成了一套关于二十八星宿的完整理论体系。

曾侯乙墓位于湖北随州城西两公里处的擂鼓墩东团坡，墓主人是曾国国君，亦即文献上记载的随国晚期一代国君。该墓十分豪华奢侈，建有四个椁室，殉葬21个13～25岁的青少年女郎，还出土了包括青铜器、玉器等在内的大量精美文物。

▲ 曾侯乙墓二十八宿图衣箱[170]

其中有一只漆箱，置放在东椁室主棺西南隅。箱身与箱盖分别用整木剜凿而成，箱盖略微拱起，考古人员推测是用于盛放衣物的箱子。箱盖面上是以黑漆为底，再绘以红彩，中心部位写有一个大大的篆文"斗"字。环绕"斗"字一圈，按顺时针方向排列，还依次写着二十八星宿各自的名称。圈外左、右两侧分别绘有白虎和青龙图像。[171]

仔细观察这幅图，一个细节引起了专家们的注意，那就是这幅图中虽然绘有青龙和白虎，但不见朱雀和玄武。是当时还没形成四象理论体系吗？又不像，因为图案中的青龙和白虎完全是按照四象各自所在位置绘制而成的，不应该是绘画者欠缺这方面的知识所致。后来，考古人员经过仔细研究才发现，造成这种情况出现的原因极可能是衣盖箱上的面积有限，留不出足够的空余，不得已省略，而用一种隐喻的办法将朱雀和玄武"画"了进去。具体表现就是，在这只漆箱的侧面画了一只呈现为鸟状的怪兽来代表朱雀，而把对应的

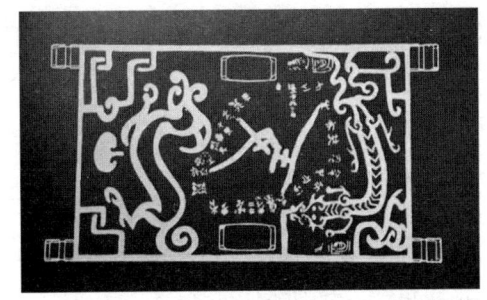

▲ 曾侯乙墓衣箱盖顶上绘制的二十八宿图案[172]

另一面用漆涂成了黑色，象征玄武——如上所言，在古人的四象理论中，玄武主黑。

显然，这是一幅完整的二十八星宿图案，是迄今为止所见我国二十八星宿全部名称最早的记载。

更令人惊喜的是，考古学家和天文学家们联合攻关，竟然通过这幅图确定了墓主人曾侯乙具体的死亡日期是公元前433年五月初三。这又是怎么回事呢？

原来，发掘者发现在这幅图所列二十八宿之一的"亢宿"星位下，清晰地写有"甲寅三日"四个字。众所周知，古代二十八宿理论不仅仅是天文学理论，其中还包含有预测国家和个人前途命运的占星学理论，也就是被现代人斥为迷信一类的算卦知识。道教文献《云笈七签》就有"北斗九星"职位总主二十八星辰的记载。"北斗九星"在后世之所以变成"北斗七星"，是因为北斗星斗柄三颗星附近的两颗辅佐星——洞明星和隐元星，本是暗星，早期或许尚能看到，后世隐去，所以后人就逐渐以"北斗七星"取而代之。《史记·天官书》也有"二十八宿主十二州"的记载。

按照这一理论推演，图案中的"亢宿"代表的就是墓主人曾侯乙，

战国早期就有了二十八星宿图　　　　　　　　　　　　　　　233

而"甲寅三日"就是他死亡的具体日期。受此启发，专家们查阅日本汉学家新城新藏所撰《战国秦汉长历图》发现，公元前433年五月初三正是所谓甲寅三日。

为了验证这一结果的正确性，发掘者又同天文学家们进行进一步的推演，结果不但验证了上述结论完全正确，而且还发现，这一天，北斗星的斗柄所指也正好是"亢宿"方向。更离奇的是，专家们推算出，那一天的黄昏，北斗七星整体隐没在地平线以下。曾侯乙漆箱二十八星宿所描绘的就是那天黄昏的情景。[173]

曾侯乙漆箱是一个盛放墓主衣物的箱子，而将二十八星宿绘在上面，说明二十八宿天文理论已成为当时的普遍认知。如果考虑到一个理论的形成到普遍为大众接受还需要一个相当长的时间过程，那么二十八星宿天文理论体系的形成可能还要早得多。

也就在曾侯乙墓二十八星宿图发现9年之后，1987年，考古人员在河南濮阳西水坡也发现了一座与二十八星宿密切相关的遗址，含有仰韶、龙山和东周三个时期的文化遗存。其中，仰韶时代文化层中发掘出了三组用蚌壳精心摆放的龙虎鹿等动物图案，三组图案在同一平面上自南向北一字排开，时间也完全相同，距今6450年左右。[174]

第一组是龙虎图案，发现于45号大墓中。墓主是一位壮年男性，身长1.84米，仰面朝天，头南脚北，居墓室正中。墓室东、西、北三面小龛内分别葬有3个人殉。其中1人骨架由于保存较差而难以做性别和年龄鉴定，其余两个是1男1女，分别为12岁和16岁。墓主人左右两侧是用蚌壳精心摆塑的龙虎图形。龙图形，头朝北，背朝西，身长1.78米。昂首，曲颈，弓身，长尾，前爪扒，后爪蹬，状似腾飞。虎图案，头朝北，背朝东，身长1.39米。头微低，圜目圆睁，张口露齿，虎尾下垂，四肢交替，做行走状，形似下山猛虎。

在虎图案的西部和北部，分别放有两堆蚌壳。西面的那堆杂乱无章，北面那堆为一三角形状。这堆蚌壳的东面，距墓主人 0.35 米处，还发现有两根人的胫骨。

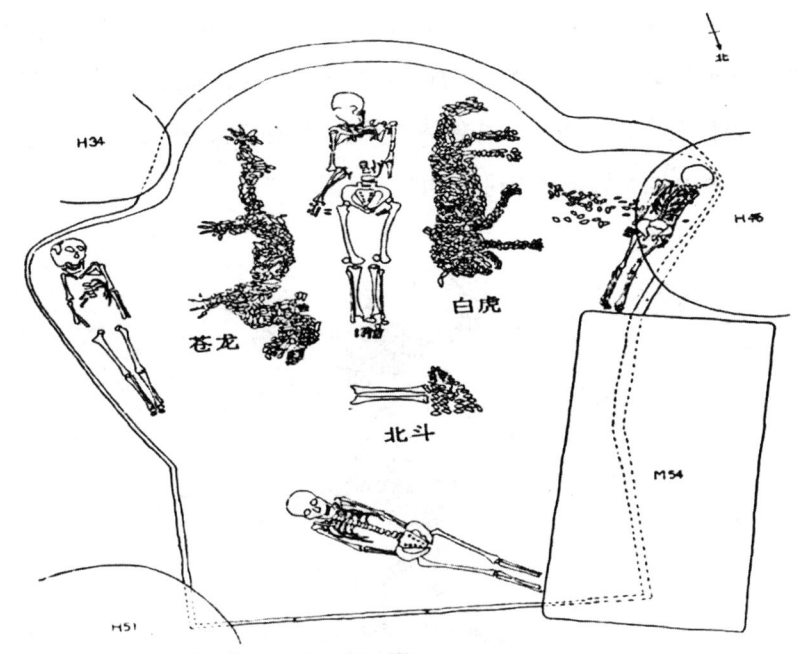

▲ 西水坡遗址第一组蚌塑龙虎图案示意图[175]

第二组是龙虎鹿图案，发现于那座大墓南面约 20 米处的同一层位上，图案中有龙、虎、鹿、蜘蛛等。龙头朝南，背北；虎头朝北，背东。龙虎蝉联为一个整体。虎背上还卧着一只高足长颈鹿；蜘蛛摆塑于龙头的东面，头向南，身子向北。在蜘蛛和鹿之间，还摆放有一件制作精致的石斧。

第三组也是龙虎图案，发现于第二组动物图案南面的一条灰沟中，两者相距 25 米左右。灰沟为东北—西南走向。图案造型有人骑龙和虎两种。人骑龙摆塑于灰沟中部偏南处，龙头朝东，背北，昂首，长颈，舒身，高足。背上骑有一人，两脚跨在龙背上，一手在前，一手在后。面部微侧，似在回首观望。虎摆塑在龙的北面，头西，背南，仰首翘尾，四足微曲，鬃毛高竖，呈现出一副奔腾欲飞的姿态。

这个图案周围还摆放有三堆大小不一的蚌壳和一只好像在舒身展翅的飞禽蚌塑图案。另外，还有许多似乎并非随意放置的零星蚌壳。

整体观察，这条灰沟犹如浩渺天空中的银河，灰沟里那些零星的蚌壳，就好像是闪烁在银河系中的点点繁星。

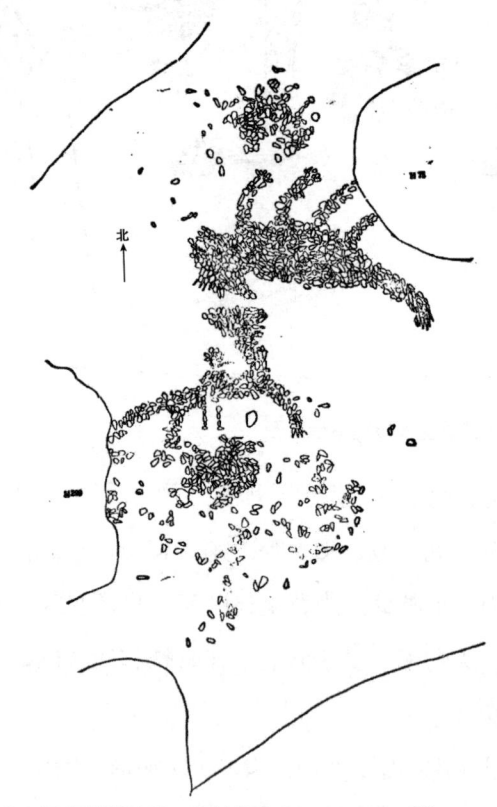

▲ 西水坡遗址第三组蚌塑龙虎图案示意图[176]

考虑到这三组图案在时间、位置和文化内涵上都具有较强的同一性，表达的都是祭祀王者一类内容，发掘者认为第二、第三组蚌图应该是埋葬45号墓主人举行大型祭祀活动时遗留下来的东西。

以李学勤、冯时两位先生为代表的众多学者都认为，这三组图案，尤其是45号大墓用蚌壳精心摆塑的龙虎图案很可能是古代最初二十八宿理论体系中的左青龙、右白虎东西二宫星象的雏形。这表现在：[177]

一、墓穴南部边缘呈圆形，北部边缘呈方形，符合第一次盖天说天圆地方的宇宙模式。墓穴形制是古老的盖天宇宙学说的完整体现。

二、墓室主人左右两侧摆塑的白虎和青龙图像，构成了二十八宿体系中的东、西二宫星象，白虎腹部下方散乱的蚌壳应该是表示心宿星象——古人以大火星授时纪历。

三、墓穴南部圆弧部分经过复原并按实际尺寸计算，是一张最原始的盖图，这比根据《周髀算经》所复原的盖图更契合实际天象。

四、墓主人脚下的蚌塑三角形和人的两根胫骨构成了北斗星象：三角形指代斗魁，两根胫骨指代斗柄，而后者又是立杆测影的象征——"周髀"之"髀"乃人的腿骨，又是测量日影的表，古人正是受人体投影的启示才发明了立杆测影这一天文观测方法，所以用胫骨和蚌壳组成的北斗星象应该同测影计时有关。

五、墓室主人脚下和两侧的人殉象征着春分神、秋分神和冬至神"三子"，反映的是"分至"四季神相代而以为岁的思想。

概而言之，西水坡45号大墓内龙虎图案及其他物件摆放，体现的是测影与北斗授时的统一关系，反映了两大天文观测系统的丰富内涵：一是立杆测影制定太阳历，二是观测北斗、四陆星象制定参、火历法。

由于古代印度、埃及的天文学中也都有将黄道附近星座分为二十八宿的相关理论流传，二十八宿理论究竟源于哪个国家、源于何时，便成为世界范围内较为瞩目的一个重要学术问题。曾侯乙墓二十八星宿图和濮阳西水坡大墓龙虎鹿图案的发现，事实上是为这一疑难问题的解决画上了一个句号。

秦始祖非子的发达和雍都废丘的错记

一

废丘历史由来已久，原名叫犬丘，乃西周晚期周懿王所迁之都。《汉书·地理志》云："周名犬丘，懿王都之，秦改名废丘，高祖三年名槐里。"

周懿王（约前937—前892年），姬姓，名囏，周共王之子，西周第七位君主。懿王生性懦弱。他的出场，无论对他本人还是对整个周王朝而言，都是一场灾难。

《竹书纪年》记载，懿王即位那一年，天降异象："天再旦于郑"，就是说，郑地一天之内出现了两次日出现象。按照天文学家的判断，就是日出之际发生了一次日全食的情况。这种现象在特定地点发生的概率为千年一遇。但西周时期的人们并不懂科学，只能用迷信的态度去看待，由此导致了两个恶果，一是天降妖异，意味着懿王的出场是在逆天命而行，会很快陨落，他的天子威信因而大打折扣；二是两次日出，意味着还应该有个新天子像旭日一样，冉冉升起。

"天再旦"扰乱了周人的心智，壮大了敌人的胆量，于是，先前那些慑于周王朝强大实力而不得不臣服的"四夷"，趁机开始出手，《汉书·匈奴传》叙述当时的景象是："王室遂衰，戎狄交侵，暴虐中国。中国被其苦，诗人始作，疾而歌之曰：'靡室靡家，猃狁之故……'"

　　其中，尤以西戎"暴虐"为甚，曾一度打到周人的都城镐京。尽管懿王也曾派虢公率军反击西戎，但虢公也不争气，被对手打得满地找牙，被迫仓皇逃回。懿王无奈，只好把都城迁徙到犬丘，避其锋芒。

　　有趣的是，懿王元年"天再旦"这一特殊的日全食天象却在近3000年之后又成了另一场"革命"的标志——天文学家根据理论计算、模拟观察，推算出懿王元年"天再旦"时间发生在公元前899年4月21日，这成为夏商周断代工程推定西周王年7个支点中那个最重要的支点。

　　西戎一般指西边的犬戎，金文和《诗经》称之为玁狁或猃狁。懿王的爷爷周穆王当年西征的对象就是他们。所谓此一时也，彼一时也，当年，穆王率军把他们打得找不着北，而几十年后，被打得找不着北的却成了他的孙子。

　　戎人族群作为一个整体，在西周中期始终居于王畿西部最外缘的陇东地区，尽管穆王曾迁犬戎于今宁夏地区，但戎人主体仍活动在陇东一带。20世纪末至今，泾河上游在考古时，曾发现有许多西周墓地，如姚家河、洞山西、灵台西岭、百里沟、王家沟、崖湾等。这些墓葬的年代主要集中在西周前、中期，至于晚期的墓葬及随葬铜器，发现很少，其中有铭器者更是罕见。[178]这一现象表明，在西周早期，周人势力广泛分布于泾河上游流域，但至西周中期后段，周文化开始退却，至西周晚期周人基本就退出了这个地区，这同文献记载完全一致。

懿王死后，他的叔叔辟方抢班夺权成功，是为周孝王。《史记·秦本纪》记载，孝王面对内忧外患的困顿局面，进行了大力改革：一方面在中央政府内部进行人事整顿，另一方面，又对王朝西北疆进行了重点防御部署。其中他干的一件具有历史意义的事件，就是任用了秦人的始祖嬴非子。

说到嬴非子不能不提到他的祖先飞廉。当年商纣王兵败自焚，纣王手下大将飞廉战死在东海边，周王朝对殷商遗民实施分化瓦解政策，将飞廉嬴姓一族强制迁徙到今甘肃省甘谷县南边的"邾圉"这个地方。飞廉有两个儿子，大的叫恶来，小的叫季胜。季胜这一支出了个比较有名的人就是造父。造父因其御马驾车技术精湛而得到周穆王的青睐，从此青云直上，后来被封到今山西洪洞赵城。这一支也就因地为氏，成为赵氏的滥觞。

老大恶来这一支呢，就一直居住在邾圉及其南面的西犬丘，即今甘肃礼县一带——礼县大堡子山秦公墓的发现证明了这一史实。[179] 其具体世系为"戎胥轩——中潏——飞廉——恶来——女妨——旁皋——太几——大骆——非子"。到大骆这一代时，这一支系也兴旺起来，西犬丘成了大骆的封邑。大骆还娶了申侯的女儿，生下儿子成。因为申侯女儿乃大骆正妻，所以成就是嫡长子，而小儿子非子是大骆侧室所生，所以就是所谓的庶子。

或许是受家传影响所致，当然也同西北一带养马风尚密切相关，非子学成了一身养马、御马的精湛技术，远近闻名。

周孝王要在西北疆加强防御，那首先就得改革马政。因为战马是当时最为先进的杀敌手段和武器，其地位不亚于今天的装甲车和坦克。孝王改革马政的消息传开以后，就有人把非子举荐给了孝王。

秦始祖非子的发达和雍都废丘的错记

孝王具体考察非子的过程，史料无载，总之是孝王十分满意，直接就任命非子管理汧水和渭水交汇处的朝廷牧场。非子时来运转，一下子就从一个平民百姓，升成了中央政府直属单位的一把手。或许就是在这个时候，非子将他的府邸安顿在了犬丘城内——《史记正义》载："非子居犬丘，好马及畜，善养息之。犬丘人言之，周孝王召使主马于汧渭之间，马大蕃息。"犬丘因此被后人视作秦人的圣地。

非子知道机会来之不易，也明白这个岗位的重要性。他兢兢业业，认认真真，真就把朝廷的马养得膘肥体壮，马群也迅速繁衍壮大了很多。

战马有了充足的来源，质量也有了保证，周孝王的马政改革自然有了坚实的基础。孝王看在眼里，喜在心头，就打算立非子做他们那个家族的继承人。但非子做继承人必然要损害"成"作为嫡长子继承人的利益，进而引起家族不睦。非子的父母当然不干，但他们身份卑微，也不敢阻拦。

《史记·秦本纪》记载，这时候，成的外公申国国君申侯站了出来。申侯可不是一般人，搁到现在那至少也是个中央政治局委员。西周的申国和齐国、吕国、许国都是姜姓，而姜姓是同周人有着上千年婚姻关系的"异姓"姻亲国，譬如周人始祖后稷的母亲姜嫄、古公亶父之妻太姜、武王之妻邑姜等，都是姜姓之女，姜姓因此成为西周王朝"封建亲戚以藩屏周"的重要封建对象。可以说，姜姓国是周王朝所有异姓国中最重要的同盟国。终西周一朝，前后11世12代君王中，从武王开始，每隔一代君王，就有一位王后是来自姜姓族人。有学者研究后得出结论说，这种情况应该是已经形成了西周王室一个特有的联姻制度，姜姓国在西周王朝中地位之重要由此可见一斑。

申侯面见周孝王，开门见山就说："当年我的先祖骊山君将女儿嫁给戎胥轩为妻，生了中潏。因为有了这层关系，中潏才归顺了周朝，为朝廷保卫西疆。现在我又把女儿嫁给中潏的后代大骆，生下嫡长子成。我申国与大骆联姻，威逼西戎归服了大周，大王您才能安坐王位，所以，希望您能再考虑考虑让非子替代成做继承人的事情吧。"

孝王这样做事本身就不合乎周礼，理亏在先，申侯又不软不硬地给了他这么一个钉子，孝王自然不能不慎重了。于是他先安慰了一下申侯，要他顾全大局，维持好朝廷目前与西戎平安无事的局面，接着话锋一转，说："当年伯益为舜帝主管畜牧，牲畜繁衍昌盛，又多又好，所以舜帝就封给伯益土地，并赐其嬴姓。现在伯益的后人非子为我养马，也是又多又好，我自然不能没有表示。我就按照舜帝赐封伯益土地的前例，也封一块地给非子吧，让非子作我周朝的附庸好了。"

"附庸"就是达不到诸侯的标准，又有天子赐予的封地，算是一个准诸侯国。

孝王的这个想法，既给了申侯面子，又维护了天子的尊严，还由此扩大了嬴姓的土地和势力范围，三方各得其所，自然都是欢天喜地。

二

孝王把西犬丘东边不远一块地方，也就是今甘肃清水县李家崖遗址一带，赐给了非子，这个地方后来就被称作秦丘。非子从大骆家族分出来另立小宗，由此成为秦人的始祖。

申国在今甘肃平凉一带，西犬丘在今甘肃礼县一带，这样一来，申国、秦丘和大骆家族所在的西犬丘，就从东北到西南连成一线，共同组成了一道战略屏障，周王朝的西疆战略防御由此得以更加稳固。

孝王一石三鸟，最得利的还是他自己。只是他没有想到，他这一招看似所谓的妙棋，实际是给周王朝挖了一个大大的墓坑——660年以后，正是非子的子孙嬴政掀翻了他姬姓的王朝，并取而代之，建立了中国有史以来的第一个帝国——秦朝。

但在当时，周孝王这一招还是有效解决了来自西戎的威胁，辅都犬丘因此成为西周王朝对西戎具有强大威慑力的战略指挥中心。后来，申侯同周幽王交恶，申国联合犬戎、鄫国同西周开战，犬戎在骊山脚下杀死周幽王，西周灭亡，周平王即位。迫于当时内交外困的局势，秦襄公同晋文侯、卫武公、郑武公等诸侯一起护送周平王迁都洛邑，是为东周。

晋国、卫国和郑国彼时都在中原地区，晋文侯、卫武公和郑武公护送周平王东迁洛邑，也等于回国，虽然辛苦，也就那么回事。但对秦襄公就不一样了，秦邑坐落在陇山以西的天水地区，秦襄公能够冒着风险千里迢迢地护送周平王东迁，不啻是一个令人感佩的壮举。平王为此感动得稀里哗啦的，一下就将秦襄公提封为诸侯，还把岐山以西的大片土地全部赐给了秦襄公。《史记·秦本纪》记载：

> 平王封襄公为诸侯，赐之岐以西之地。曰："戎无道，侵夺我岐、丰之地，秦能攻逐戎，即有其地。"与誓，封爵之。

平王这话说出来，估计秦襄公都傻了，为什么呢？因为秦襄公不过就是尽了一次护主报恩的义务，却不但一下白白得到了岐山以西的大片土地，还潜在得到了整个丰水流域。丰水就是今天的沣河，乃渭河支流，位于今西安西南部，正源沣峪河源出西安市长安区，流经咸阳市境。全河长78公里，流域面积1386平方公里。西周的丰、镐二京就建在沣河东西两岸。岐山丰水地区不但是周族发祥、发展和壮大的家园故土，还是西周王朝的王畿之地。

创业百年，败家一天。周王室从此不再是一个威风八面、光耀天下的天子所在，而沦落为一个被诸侯日渐凌辱、不能自主的傀儡。相反的是，秦人由此脱胎换骨，一跃而成为同晋、齐、鲁等可以平起平坐的诸侯国。他们奋发努力，不敢有稍许的懈怠。8年后，继秦襄公之位的秦文公就东进击败犬戎，占领了汧水和渭水交汇之地。20年后将秦国地域扩展到了周人故地岐邑，从而确立了他们对渭河平原西部的控制权。30多年后，秦武公"伐彭戏氏，至于华山下，居平阳封宫"，成功收复周平王所云"岐、丰之地"，秦国由此得到原西周王朝宗周地区的几乎所有土地和霸权。

这期间，犬丘应该一直就是秦国发展、壮大的一个战略基地，虽然史书无载，但根据它曾为周懿王之都，并且是秦人的"龙兴之地"，也可以想象出来。根据《汉书·地理志》和《括地志》等文献记载，大概就是在这期间，秦国将犬丘改名为废丘。

数百年以后，在秦朝末年的时候，项羽自立为西楚霸王。为牵制刘邦，项羽无视与诸将"先入定关中者王之"（《史记·汉高祖本纪》）的约定，将关中和陕北地区一分为三：封秦降将章邯为雍王，都废丘；封司马欣为塞王，都栎阳；封董翳为翟王，都高奴。"三秦"由此诞生。

项羽"分封诸侯"仅7个月之后，汉王刘邦就用韩信之计，意图从陈仓（今宝鸡）古道偷偷返回长安，袭击雍王章邯。章邯闻讯，率军在陈仓同刘邦展开激战，结果不敌，被迫后退。退到好畤这个地方时，章邯整兵再战，又被打败，无奈之下，只好仓皇逃回废丘城内。刘邦很快平定了章邯管辖地界，接着派兵包围了废丘。章邯负隅顽抗。

刘邦久战不下，遂引水灌城。废丘陷落，章邯自杀。刘邦后来做了皇帝，在高祖三年（前204年）时，下令将废丘改名为槐里。之后，在十六国前赵时期，槐里改称雍丘；后秦皇初元年，亦即394年，姚兴于此称帝，又改名为长安。

三

对于犬丘古城的具体位置，《括地志》云："犬丘故城，一名槐里，亦曰废丘，在雍州始平县东南十里。"始平就是今兴平市，《兴平县志》言此地为犬丘故地，亦名废丘，是兴平市重点文物保护单位。

对这一记载，人们长期以来坚信不疑，前些年考古部门还在兴平市阜寨乡南佐村东发现了属于西周、秦汉文化遗存的兴平南佐村遗址。遗址面积约200万平方米，采集有西周泥质灰陶绳纹盆、罐残片，以及秦汉时期绳纹板瓦、筒瓦。

▲ 兴平市人民政府曾将南佐村一带定性为犬邱（丘）遗址

然而，很多所谓的常识往往是靠不住的，一个偶然的发现就可能将这种长期建立起来的认知彻底摧毁。2018年，陕西省西咸新区的秦皇大道项目要进行施工，按照规定，考古部门要在施工前对该地段进行文物调查和勘探。考古人员首先选择了秦皇大道东马坊村段，结果在勘探中发现了一处战国至秦汉时期的遗址。[180] 其内周长约2920米，面积约57万平方米，是迄今为止在渭河以南发现的最大规模的秦人城址。之前渭河以南很少发现有秦人城址，大多在渭河以北，如咸阳、栎阳、平阳、雍城等。

2018年7月至11月，中国社会科学院考古研究所与西安市文物保护考古研究院联合组成的阿房宫与上林苑考古队对东马坊村段遗存进行了抢救性发掘，共清理并确定了3处夯土建筑基址、22口水井、15座灶台、70处灰坑和1座墓葬。在这22口水井中，属于战国秦汉时期的有15口，属于唐宋时期的有7口。更重要的是，考古人员在出土的瓦当等建筑材料上，发现有"左宫""右宫""大匠"等字样的陶文。

"左宫""右宫"分别是"左宫司空""右宫司空"的简称，"宫司空"和"大匠"都是秦汉时期负责大型宫殿建筑营建的主要职官名称。过去只在西安东北郊的徐家湾遗址和阿房宫遗址发现过这三类陶文同出的现象。

从建筑时代看，该遗址始建晚于秦献公二年（前383年）修筑的栎阳城，早于秦孝公（前381年—前338年）时代修建的咸阳宫。

从建筑规模看，完全可与后世赫赫有名的阿房宫相当，显示出该遗址建筑在始建时就具有相当高的建筑等级，是目前所知秦人在渭河以南所修建的最早的高等级建筑群。

最关键的是，考古人员在出土的一件陶罐上发现了"瀍丘公"三个字。"灋"和"废"在古代是通假字,"灋丘"就是"废丘"。发掘者因此断定,这处遗址——后命名为东马坊村遗址——就是秦汉时期雍王章邯所在的都城废丘。

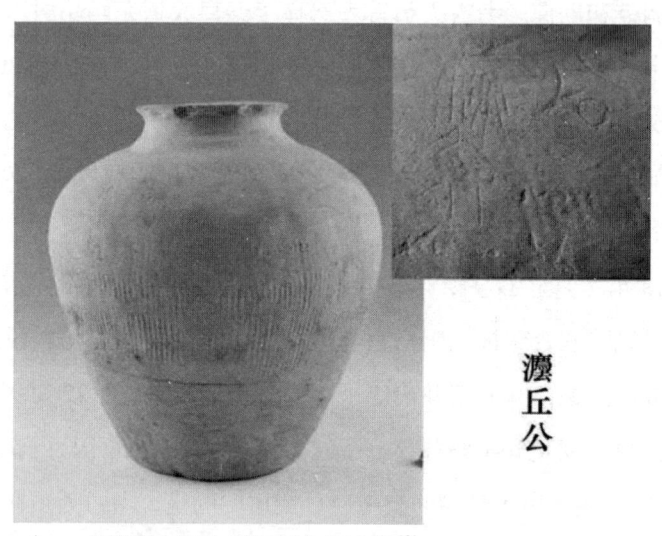

▲ 一件陶罐上发现"灋丘公"三个字[181]

说东马坊村遗址就是曾经的废丘,还有一个证据是,发掘者发现了上述刘邦引水灌城的痕迹。考古人员在清理完发掘区的遗迹后,对以现存夯土建筑为中心的周边区域,进行了大范围的勘探和调查,发现在1号建筑西面320米处,有一条南北向填满淤泥的壕沟,还在北面347米和东面497米处发现有大面积的淤泥。

放大视野观察,东马坊遗址四周都围绕着宽阔的水面,遗址中心仅比周围高不足1米,整体地势是南高北低,南北上下有2米左右的高度差。而遗址南面约930米处就是古沣河河道,从沣河引水很容易灌水进城。

刘邦当年与章邯废丘之战的最大特点就是"灌"。文献记载与考古发现在此得以互相印证。

▲ 东马坊（雍都废丘）遗址 [182]

相比之下，位于兴平市的南佐遗址所处地形，基本不存在引水倒灌遗址的可能。该遗址海拔大体在 404 米左右，地势高且敞阔，四周也没有紧邻的河流。距离最近的河流是遗址向南约 3.3 公里的渭河河道，然而河道海拔只有 396 米左右，比南佐遗址海拔还略低一些。另外，从文献记载看，渭河在历史上是不断向北移动的，估计秦末汉初时期渭河河道距离南佐遗址所在地比现在更远。

不过，本次考古发掘只发现了战国至秦汉时期的遗存，并没有发现西周至春秋时期的遗迹遗物，就考古角度而言，虽然可以确证马坊村遗址就是曾经的废丘，但还无法证明这里就是曾经的犬丘。

也许，这只是时间问题，随着该遗址后续考古工作的展开，或许会有更多的惊喜出现。

秦朝的法律没有那么严苛

1975年底，湖北省云梦县睡虎地11号墓中出土了大量记录秦国法律条文的竹简，学界称为睡虎地秦墓竹简或云梦竹简。这批竹简是由一个叫"喜"的墓主人平生抄写而成。"喜"生于战国后期秦昭王四十五年，死于秦始皇三十年，比秦始皇大三岁，但比秦始皇早死7年，享年46岁。"喜"生前曾多年担任地方主管法律文书和司法刑狱的官员，死后其家人将他平素抄录的法律文书和法治案例等随葬在墓中。[183]

云梦睡虎地11号秦墓出土的秦国法规多达30余种，内容涉及刑法以及行政、经济、民事等方面，其中包括关于维护乡间社会秩序、农事管理、田赋征收和土地分配的《田律》，关于粮草、甲兵、财帛等物品管理的《仓律》，关于管理畜牧业生产的《厩苑律》，关于府藏管理的《藏律》，关于官营手工业的《工律》，关于调度手工业劳动者的《均工》，关于官营手工业生产定额的《工人程》，关于财物管理的《赍律》，关于财政制度的《金布律》，关于管理关卡和市场税收等事务的《关市律》，关于牛羊畜养考核的《牛羊课》，关于户籍管理的《傅律》

《游士律》，关于徭役管理的《徭律》，关于处罚偷盗行为的《捕盗律》，如此等等。它是我国到目前为止所发现最早、最完备的成系列的秦国和秦代法典，填补了这一领域的空白，在法律史上具有划时代意义。

西汉著名政论家贾谊曾在《过秦论》中斥责秦始皇："秦王怀贪鄙之心，行自奋之智，不信功臣，不亲士民，废王道，立私权，禁文书而酷刑法，先诈力而后仁义，以暴虐为天下始。"

稍后的司马迁不但在《史记·秦始皇本纪》中引用了这句话，认同贾谊的观点，而且在《史记·郦生列传》中说："秦法至重也，不可以妄言，妄言者无类。""无类"意为"无遗类"，即族刑。

东汉史学家班固在《汉书·刑法志》中也说秦始皇专任刑罚，以致造成"赭衣塞路，囹圄成市"的惨烈局面。意思是穿囚服的人挤满了道路，监牢里就像是市场一样。

到了唐代，柳宗元更是指斥秦始皇"暴其威刑，竭其货贿"，认为这是秦朝"不数载而天下大坏"的根本原因之一。

古人以讹传讹，将谎言重复了无数次，谎言于是就变成了国人坚信不疑的真理。但云梦睡虎地秦墓竹简的出土让人们看到了秦始皇治下秦国法律条文的本来面目，原来并不是他们说的那么严苛，其中的某些条款甚至放到我们今天的社会里也不会显得过时。我们就以云梦睡虎地秦墓所出秦律《法律答问》部分条款为例做个简要说明。[184]（下文引文，除非特别注明，都是来自《法律答问》。）

首先，秦朝法律制度相对完善，基本上做到了"治道运行，诸产得宜，皆有法式"（《史记·秦始皇本纪》），再具体点说就是明法"壹刑"，事皆决于法。所谓"壹刑"，《商君书·赏刑》给出的答案是："刑无等级，自卿相、将军以至大夫、庶人，有不从王令、犯国禁、乱上

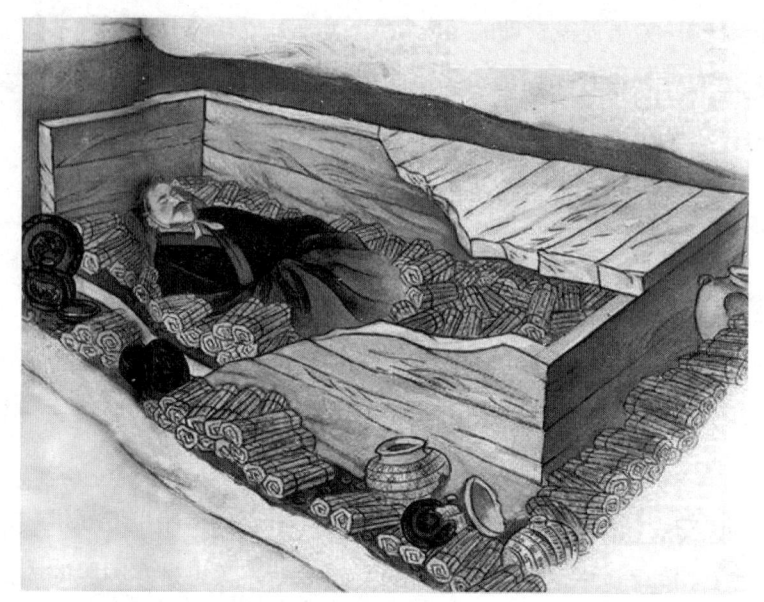

▲ 云梦睡虎地 11 号墓墓主人随葬竹简复原场景

制者,罪死不赦。"这种"壹刑"体现了法律的公平原则,是法制的精髓。既然上至王公贵族,下至平民百姓,都遵守的是同一种法律,所谓严苛也就失去了存在的基础,否则,秦始皇不要说是统一六国,就连秦国本身能否存在下去都会是一个问题。

其次,秦律制定的重心在于提倡道德礼仪,淳化社会风气,安定社会秩序。秦法重视保护并提倡孝道,如"免老告人以为不孝,谒杀,当三环之不?不当环,亟执勿失"。意思是,老人控告儿女不孝,要求判以死刑,应否经过三次原宥(谅解,宽大处理)的手续?不应原宥。要立即拘捕,勿令逃走。如"殴大父母,黥为城旦舂",意思是说,殴打祖父母的人,都要在脸上刺字,男的罚他去修筑城墙,女的罚她为公家舂米,其实就是今天说的劳动改造。同样的条款还适用于"殴高大父母"者。"高大父母",一般认为是高祖、高祖母和曾祖、曾祖母。

秦法提倡并保护一夫一妻制和妇女合法权益。《史记·秦始皇本纪》引会稽石刻云："有子而嫁，倍死不贞。防隔内外，禁止淫泆，男女洁诚。夫为寄豭，杀之无罪，男秉义程。妻为逃嫁，子不得母，咸化廉清。"意思是，有子而嫁、背弃亡夫者，是为不贞。要分别内外，禁止淫荡，男女都要洁身自好，以此为戒。丈夫如果有外遇，杀之无罪。丈夫如果健在，而妻子外嫁，子女不必认其为母，要通过感化，使之归于清正。

《法律答问》也有保护妻子合法权益的相关案例，如"妻悍，夫殴治之，夬（决）其耳，

▲ 会稽石刻

若折支（肢）指、胅膿（体），问夫可（何）论？当耐"。意思是说，妻凶悍，其夫加以责打，撕裂了她的耳朵，或打断了她的四肢、手指，或造成脱臼，问其夫应如何论处？应处以耐刑。耐刑是强制犯罪分子剃除鬓毛胡须而保留头发的一种刑罚。

再如："甲、乙交与女子丙奸，甲、乙以其故相刺伤，丙弗智（知），丙论可（何）殴（也）？毋论。"意思是，甲、乙都和女子丙通奸，甲、乙因此互相刺伤，丙不知情，丙应如何论处？不予论处。

秦朝的法律没有那么严苛

另一个案例是这样："女子甲为人妻，去亡，得及自出，小未盈六尺，当论不当？已官，当论；未官，不当论。"女子甲为人妻，私逃，被捕获或自首，年纪尚小，身高不满六尺，应否论处？婚姻曾经官府认可，应论处；未经认可，不应论处。

考虑到这几条法规都是制定于2000多年前的封建社会当中，男尊女卑等父权制思想极为严重，即便以我们今天的眼光看，其中散发的保护妇女合法权益和男女平等的思想光芒，也足以让我们啧啧称赞了。

秦法注重保护未成年人。《法律答问》中有这么一个案例："甲小未盈六尺，有马一匹自牧之。今马为人败，食人稼一石，问当论不当？不当论及赏（偿）稼。"意思是说，甲年小，身高不满六尺，有马一匹，自己放牧，现马被人惊吓，吃了别人的禾稼，问应否论处？回答是，不应论处，也不应赔偿禾稼。

还有另一个保护未成年人的案例："甲谋遣乙盗杀人，受分十钱，问乙高未盈六尺，甲可（何）论？当磔。"意思是，甲教唆乙偷盗杀人，得了十钱，但乙身高不够六尺，该如何处罚甲？回答是，应该施以磔刑，就是割肉离骨，断肢体，然后割断咽喉。

为什么秦朝刑法在这上面如此严厉？因为这是成年人教唆未成年人杀人犯罪，属于极为恶劣的犯罪行为，应承担全部刑事责任，所以要严加惩办。但是对于身高不足六尺的未成年人，因为没有承担刑事责任的能力，所以就免除刑事责任，不予惩罚。足见秦法的实施并非一味严厉，而是根据实际情况，因情酌定，当宽则宽，当严则严，宽严结合，宽严相济。

秦法鼓励见义勇为行为，对明知犯罪而不施以援手的怯懦行为予以制裁。如："贼入甲室，贼伤甲，甲号寇，其四邻、典、老皆出不存，不闻号寇，问当论不当？审不存，不当论；典老虽不存，当论。"

"典"就是里典，也叫里正。秦代以乡、里为地方基层组织，设里正掌管一里之事。秦始皇执政时期，因避讳改称里典。"老"即伍老，也叫伍正。古代户籍以五家为伍，每伍有一人为长，即称伍正。因这一职务多由德高望重的年老之人担任，所以也称伍老。

这段话翻译成现代文，大意是说，有贼进入甲家，将甲杀伤，甲呼喊有贼，其四邻、里典、伍老都外出不在家，没有听到甲呼喊有贼，问应否论处？回答是，四邻确不在家，不应论处；里典、伍老虽不在家，仍应论罪。为什么里典、伍老虽不在家，仍应论罪呢？道理很简单，这是他们管理辖区所发生的案件，是在管理上出了问题，所以需要追责。

秦法还对"四邻"这个概念作了进一步的外延扩充，即"四邻"不仅仅是指上述四方邻居、里典、伍老等，还包括"伍人"即同伍之人。

再如："有贼杀伤人冲术，偕旁人不援，百步中比壄（野），当赀二甲。"意思是说，有人在大道上杀伤人，在旁边的人不加以援救，其距离在百步以内，与在郊外同样论处，罚缴两副甲胄。

再次，秦法的制定和实施富有人情味，不是不分青红皂白，一犯法就一棒子打死。这表现在以下几个方面：

一是维护现有的社会伦理道德秩序，不支持子女告父母、奴婢告主子的不伦行为，如："'子告父母，臣妾告主，非公室告，勿听。'可（何）谓'非公室告'？主擅杀、刑、髡其子、臣妾，是谓'非公室告'，勿听。而行告，告者罪。告者罪已行，它人有（又）袭其告之，亦不当听。"就是说,"子控告父母,奴婢控告主人,非公室告,不予受理。"什么叫"非公室告"?家主擅自杀死、刑伤、髡剃其子或奴婢,这叫非公室告,不予受理。如仍行控告,控告者有罪。控告者已经处罪,又有别人接替控告,也不受理。当然,这款条文有纵容家主对奴婢施暴之嫌,但如果考虑到当时奴婢完全归家主私有这个特殊背景,也可以理解。

二是对自首采取减刑原则。如:"把其叚(假)以亡,得及自出,当为盗不当?自出,以亡论,其得,坐臧(赃)为盗。"意思是,携带借用的官物逃亡,如果是自首的,以逃亡论罪;被捕的,则要计赃按盗窃论罪。

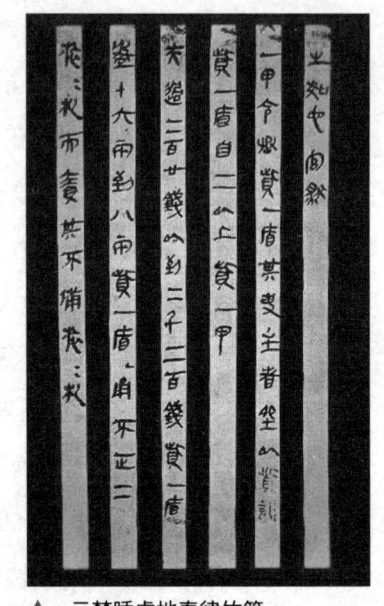

▲ 云梦睡虎地秦律竹简

三是对犯罪规定细量化,根据犯罪情节轻重不同,处以不同的刑罚。如睡虎地秦墓竹简《法律答问》:"盗一钱至二百二十钱,处以迁刑;二百二十钱以上至六百六十钱,黥为城旦;六百六十钱以上黥劓以为城旦。"至于五人以上的群盗,则"赃一钱以上,斩左趾,又黥劓以为城旦"。意思是,偷盗1钱至220钱者,不按法律处刑,流放就可以了。而偷盗220钱以上至660钱者,在脸上刺字,并处罚罪犯去做修筑长城的苦役;偷盗660钱以上者,在脸上刺字,再割掉鼻子,还要处罚罪犯去做修筑长城的苦役;对于五人以上的群盗,赃款只要在1钱以上,由于是群体犯罪,性质恶劣,所以还要斩去罪犯的左脚趾头。

再如睡虎地秦墓竹简《秦律十八种·徭律》："御中发征，乏弗行，赀二甲。失期三日到五日，谇；六日到旬，赀一盾；过旬，赀一甲。其得殴（也），及诣。水雨，除兴。"大意是说，为朝廷征发徭役，如耽搁不加征发，罚缴两副甲胄。迟到3天到5天，斥责一顿罢了；迟到6天到10天，罚缴一副盾牌；超过10天，罚缴一副甲胄。所征发人数已足，应尽速送抵服役处所。降雨不能动工，可免除本次征发。

从上述法律条款中可以看出，秦国立法的原则、精神体现的是合情入理的宽刑主义，目的是维护家常伦理，弘扬社会正气，保证社会秩序稳定，虽严厉但不严苛。

陈胜、吴广起义"失期当斩"是托词

一

读者对司马迁《史记·陈涉世家》中这一段描述应该是耳熟能详：

二世元年七月，发闾左適戍渔阳，九百人屯大泽乡。陈胜、吴广皆次当行，为屯长。会天大雨，道不通，度已失期。失期，法皆斩。陈胜、吴广乃谋曰："今亡亦死，举大计亦死；等死，死国可乎？"

"失期，法皆斩"是这段话中的关键词，意思是说，不能按期到达目的地，按照秦朝的法律，都要处以斩刑。

2000多年以来，我们对司马迁这一记述坚信不疑，由此对秦始皇、秦二世父子实施苛法恨得咬牙切齿，恨不能抽其筋、扒其皮、啖其肉。问题是，秦朝法律中真有"失期，法皆斩"这一条款吗？

我们在《秦朝的法律没有那么严苛》一文中已经述及，云梦睡虎地秦墓竹简《秦律十八种·徭律》对"失期"有明确的规定：为朝廷征发徭役，如因耽搁不能征发，罚缴两副甲胄。迟到3天至5天，斥责一顿也就罢了；迟到6天到10天，罚缴一副盾牌；超过10天，罚缴一副甲胄。所征发人数已足，应尽快送到服役处所。至于降雨不能动工者，本次征发可以免除。

有学者称，此处"失期"是针对徭役失期而规定的处罚，不适于陈胜、吴广的"谪戍"之行。于敬民、丛鲁江两位先生在《管子学刊》1997年第3期发表《陈胜与秦代的官爵秩》一文指出，"戍卒"系秦代兵种之一。临时征发者，谓之"谪戍"。陈胜所在这支队伍在起义前就属谪戍部队。陈胜、吴广的"失期"是内地戍卒应征戍边却未能按时抵达戍所的行为，因此，应当使用军法而非徭役法。

中国社会科学院历史研究所的庄小霞先生刊文《"失期当斩"再探——兼论秦律与三代以来法律传统的渊源》[185]指出，"失期当斩"这一军法并非秦朝独有，从战国开始，各国就有类似的军法。在军队中令行禁止是基本的要求，部队未能按照指挥按时到达规定地点，延误战机，按律"皆斩"。直到汉朝，这一军法依然还在使用。不过，根据银雀山竹简《兵令》及《尉缭子·兵令下》等秦汉军法条款，"失期当斩"仅是对带队指挥官或重要首领而言，一般士卒不存在这个问题。另外，"失期当斩"也仅仅是用在特殊时刻和特殊场合，并不是不分青红皂白，"失期"即斩。

我们可以就此举出战国和汉朝一前一后两个例子来说明。

《史记·司马穰苴列传》记载，齐景公任命司马穰苴为大将，派他率兵去抵抗燕、晋两国军队。司马穰苴说："我的地位一向卑微，君王把我从平民中提拔起来，置于大夫之上，恐怕士兵们不会服从，百姓也不会信任。人的资望轻微，权威就树立不起来，希望能派一位君王凭信的大臣来做我的监军。"于是齐景公就派了庄贾去做监军。

司马穰苴与庄贾约定好第二天正午在营门会齐。第二天，司马穰苴率先赶到军门，立起了计时的木表和漏壶，等待庄贾。但庄贾一向骄盈自大，认为司马穰苴率领的是自己的军队，自己还是监军，就满不在乎，听任亲戚朋友为他饯行，挽留他喝酒。司马穰苴等到了正午，庄贾还没来，就怒气冲冲地打倒木表，摔破漏壶，然后进入军营，巡视营地，整饬军队，宣布各种规章号令。等他部署完毕，已是日暮时分，庄贾才姗姗而来。司马穰苴问："为什么约定了时刻还要迟到？"

庄贾自觉理亏，就表示歉意，解释说："朋友亲戚们给我送行，所以耽搁了。"

司马穰苴丝毫没给他面子，板着脸说："身为将领，从接受命令的那一刻起，就应当忘掉自己的家庭；来到军队宣布规定号令后，就应忘掉私人的交情；擂鼓进军，战况进入紧急的时刻，就应当忘掉自己的生命。如今敌人已经深入国境，国内骚乱不安，战士们暴露在前线战场，无所隐蔽，国君睡不安稳，吃不香甜，全国百姓的生命都维系在你的身上，还谈什么送行呢！"

司马穰苴派人把军法官叫来，问道："军法对约定时刻迟到的人是怎么规定的？"

军法官回答说："应当斩首。"

庄贾很害怕，赶紧派人飞马报告齐景公，请他搭救。报信的人去后不久，还没来得及返回，司马穰苴就将庄贾的头颅砍下，并举之向三军巡行示众，全军将士为此吓得瑟瑟发抖。

这个故事中，司马穰苴之所以将庄贾斩首，是因为庄贾身为监军还敢迟到，他要以此杀一儆百，给自己立威。

另一个例子发生在汉初汉高祖时期。1983年12月至1984年1月，湖北荆州地区博物馆在江陵张家山清理了三座西汉初年的古墓，其中247号汉墓出土了大量竹简，内容为汉代典籍，有《二年律令》《奏谳书》《脉书》《算数书》《盖庐》《引书》和历谱、遣策共八种，涉及汉代法律、军事、历法、医药、科技诸多方面，具有较高的学术价值。这就是在学界享有盛名的张家山汉墓竹简。

▲ 《张家山汉墓竹简·奏谳书》里的毋忧案[186]

其中，有一篇《奏谳书》记载，公元前196年，即汉高祖十一年六月四日，一个名叫九的专管射弩的士兵将已是成年男子的毋忧送到"夷道"官处治罪，原因是毋忧此前已经接受征召文书，被征召为屯戍守卒，但他并未按照指令到达屯所，而是中途逃掉了。毋忧不服，辩称自己是蛮夷，每年缴纳 56 钱以当徭赋，不应当被征调去戍屯。但审理官却认为，《蛮夷律》并没有规定蛮夷成年男子不可以被征调去戍屯。退一步讲，即使不应当征调蛮夷成年男子去戍屯，但官府已经下了命令，那毋忧就是屯戍守卒了，所以中途逃跑就有了罪。当年八月六日，此案由"夷道"官以疑案奏谳，最终被朝廷裁定为"腰斩"。

对此，首都师范大学历史系蔡万进教授深入考证研究后认为[187]，汉初统治者在执行法律过程中存在疑罪从重倾向，虽然廷尉对毋忧的最终裁决是"腰斩"，但就当时的法律来说，对不服兵役的戍卒的惩罚不会是"斩"。

此案例中，毋忧被征召为屯戍守卒，同陈胜、吴广"適戍"性质相同。但毋忧是中途逃跑，故意躲避征召，才因特殊情况加重处以"斩刑"，而陈胜、吴广等人则是"会天大雨，道不通"以至"失期"，二者的"犯罪"情节之轻重有云泥之别。即便退一步讲，官府要对"失期"者处以斩刑，受刑之人也只能是押送戍卒的那两个将尉，而不可能对陈胜、吴广等全部"失期"者处以斩刑。尽管汉律不同于秦律，但在汉初高祖时期，汉律来源于秦律则是不争的事实。而且因为汉初统治者没有更多的时间和精力去完善法律条款，临时沿用前朝一些法律制度也在常理之中，这也是中国历朝历代通行的一个基本常识。

其实，仔细研究上述出土文献和相关典籍，我们会发现，《史记·陈涉世家》中所谓"失期，法皆斩"，就是陈胜、吴广为逼迫与其同行者一起造反随口胡诌的一个托词，也是司马迁为秦朝灭亡而臆造的一个所谓理论根据。因为不论从哪方面看，陈胜、吴广起义都是他们策划的一场惊天大"阴谋"。

二

要揭开这场惊天大"阴谋"背后的真相，我们得首先搞清楚陈胜、吴广的真实身份。司马迁在《史记·陈涉世家》中说他们二人都是"屯长"。

屯长，《汉书·陈胜传》颜师古注曰："人所聚曰屯，为其长帅也"；《辞源》解释为戍边军中的小吏；《秦律杂抄》解释为队长；《秦集史》认为屯长乃秦朝军队中的下级军官。

在《秦律杂抄》中，屯长地位高于"仆射"，低于"同车食"。《商君书·境内》称"五人一屯长，百人一将"。但曹操注《孙子·作战》"仆射"则说："陈车之法，五车为队，仆射一人"，意思是仆射一人管理五辆战车。按战国以至秦汉一车配备二至四名士卒的惯例，仆射手下至少有10人。屯长位列仆射之上，那么其统率人数应该比仆射还要多很多。

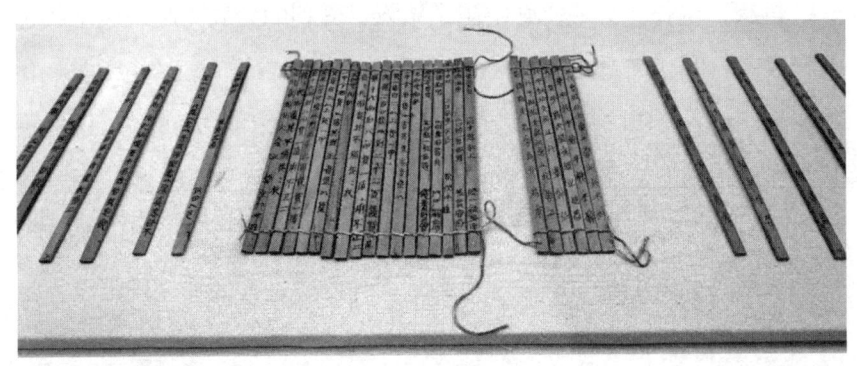

▲ 睡虎地秦墓竹简

于敬民、丛鲁江在《陈胜与秦代的官爵秩》一文中，经过对众多文献检索、考证、研究后指出，屯长系秦汉时期的官职称谓，爵位为大夫，秩禄二百石（粮食）。秩禄，即俸禄，就是今天说的年薪。石是古代市制容量单位，十斗为一石。

秦代屯长，根据现有记载，享有一般下层贫苦农民无法相比的待遇和权力：

首先，打仗时，屯长不必也不允许亲自上阵杀敌。《商君书·境内》云："其战，百将、屯长不得斩首。"为什么"百将、屯长不得斩首"？朱师辙在《商君书解诂定本》中的解释是："百将、屯长责在指挥，故不得斩首。"屯长虽不亲临杀敌，但却能够按所率部队斩敌人首级情况而被授予更高的爵位，即"得三十三首以上，盈论，百将、屯长赐爵一级"。

其次，秦朝被罚戍边者，一般是非官吏之人和低级军官，但是屯长犯罪受到的惩处，比起非官吏之人和低级军官要轻很多。《秦律杂抄》记载，被罚戍边的人，非官吏之人和一般军人是两年，而屯长只需一年。

再次，屯长在宿卫值勤中犯了错误，受到的处罚比起一般士兵也要轻很多。《秦律杂抄》记载："徒卒不上宿，署君子、敦（屯）长、仆射不告，赀各一盾。宿者已上守除擅下，人赀二甲。"就是说，一般士兵没有值宿警卫，作为军官的屯长等不报告，罚缴一副盾牌。而一般徒卒即使值宿警卫了，只要值勤期间擅自下岗，就要罚缴两副甲胄。

最后，如果屯长与一般士兵犯了同样的弄虚作假罪，且都没有报告，屯长只是罚缴一副甲胄，而同伍之人罚款却是屯长的二倍，这就是《秦律杂抄》所谓："敦（屯）长、什伍智弗告赀一甲，伍二甲。"

屯长虽然只是秦代军队中的下级军官，但也绝非一般下层百姓可以担任。根据《秦律杂抄》记载，在秦未统一以前，当官，即便是担任小吏职务，也有相当苛刻的条件，那就是必须有爵位。政府任用官佐，不用刚入户籍而没有爵位的士兵。

秦统一后，这种情况虽然有所改变，但仍然遵循着不任用一般百姓为官吏的规则。《史记·淮阴侯列传》记载：韩信"始为布衣时，贫无行，不得推择为吏"。这里明确说明了韩信"不得推择为吏"是因为"贫"且"无行"。这也意味着，在秦统一以后，一般贫穷百姓要想做官，几乎没有可能，除非有"行"，即有人人能看见的善行或其他功绩。

按上述标准来看，陈胜和吴广两人在起义前若是贫苦农民，那么决不会被官府指定为屯长。司马迁在《史记·陈涉世家》中说"陈涉少时，尝与人佣耕"，只是说他出身贫穷，而非靠贫穷上位屯长。陈胜和吴广能够成为屯长，说明二人有非凡的见识和能力："（陈胜）辍耕之垄上，怅恨久之，曰：'苟富贵，无相忘。'佣者笑而应曰：'若为佣耕，何富贵也？'陈涉太息曰：'嗟乎！燕雀安知鸿鹄之志哉！'"可能正是这种见识和能力使其在成长为青壮年后有了一定的"行"，才被任命为屯长。

如果套用马克思主义的阶级观点来看，陈胜和吴广两人在大泽乡起义之前，都应该是中小地主，或者至少是"富农"，绝不会是处于最底层的贫雇农。

搞清楚了陈胜、吴广的真实身份以后，我们再来看看二人在《史记·陈涉世家》中是如何表演的：

陈胜、吴广乃谋曰："今亡亦死，举大计亦死；等死，死国可乎？"陈胜曰："天下苦秦久矣。吾闻二世少子也，不当立，当立者乃公子扶苏。扶苏以数谏故，上使外将兵。今或闻无罪，二世杀之。百姓多闻其贤，未知其死也。项燕为楚将，数有功，爱士卒，楚人怜之。或以为死，或以为亡。今诚以吾众诈自称公子扶苏、项燕，为天下唱，宜多应者。"吴广以为然。乃行卜。卜者知其指意，曰："足下事皆成，有功。然足下卜之鬼乎！"陈胜、吴广喜，念鬼，曰："此教我先威众耳。"乃丹书帛曰"陈胜王"，置人所罾鱼腹中。卒买鱼烹食，得鱼腹中书，固以怪之矣。又间令吴广之次所旁丛祠中，夜篝火，狐鸣呼曰："大楚兴，陈胜王。"卒皆夜惊恐。旦日，卒中往往语，皆指目陈胜。

因为陈胜、吴广并非一般平民百姓，所以他们在那个通信极不发达的年代，才能清楚地知道秦宫廷里发生的那场政变阴谋，也才敢或者说是才能诈称是公子扶苏和楚将项燕，用其名号号召天下起义。

▲ 姚有多绘制的《大泽乡起义》

充分利用当时百姓普遍迷信占卜的形式，一方面"丹书帛曰'陈胜王'，置人所罾鱼腹中"，让"卒买鱼烹食，得鱼腹中书"；另一方面又暗地里派吴广到驻地旁边丛林里的神庙中，在夜间提着灯笼，模仿狐狸嗥叫凄厉的声音大喊"大楚兴，陈胜王"，诱使士兵们在惊恐不安之后，互相以目示意看着陈胜。这种充满大智慧的高智商行为，其中显示的不仅是设局者的大智大勇，更是体现了其上通天文、下晓地理、中知人心的渊博文化知识和丰富的社会经验。

如果再从陈、吴两人顺利实施他们计谋的过程看，既不像是老实巴交又大字不识几个的贫苦百姓所为，也不像是有经验的老手临时即兴发挥，而更像是一场筹划很久的预谋。

士兵们在心理上对"大楚兴，陈胜王"有朦朦胧胧的惊恐"认知"后，陈胜和吴广使出了杀手锏：

> 吴广素爱人，士卒多为用者。将尉醉，广故数言欲亡，忿恚尉，令辱之，以激怒其众。尉果笞广。尉剑挺，广起，夺而杀尉。陈胜佐之，并杀两尉。

利用士卒钟爱吴广的心理，故意激怒两个看管他们的将尉，然后愤而杀之，将自己，也将其余所有士卒逼上梁山，跟他们一起造反。因为这些士卒虽然没有杀人，但也没有阻止陈吴两人杀人，再加上"適戍""失期"，所以将来很可能会被官府认定为从犯，甚至认定为共犯，这样一来，这些士卒的身家性命也就难保了。

熊熊之火已经燃起，那就再添一桶油，让大火烧得更旺一些，于是陈胜和吴广利用这些士卒对所谓"失期当斩"的恐惧，对追随他们成为"王侯将相"的向往，召集其余所有人发表了一番慷慨陈词的演讲：

　　公等遇雨，皆已失期，失期当斩。藉第令毋斩，而戍死者固十六七。且壮士不死即已，死即举大名耳，王侯将相宁有种乎！

明知"失期当斩"的不是这些人，但陈胜、吴广充分利用他们大都是文盲不懂法律这一弱点，连蒙带骗，外加吓唬，这些士兵果然乖乖地归顺到他们的麾下：

　　徒属皆曰："敬受命。"乃诈称公子扶苏、项燕，从民欲也。袒右，称大楚。为坛而盟，祭以尉首。

于是，一切都按照陈胜、吴广两人的部署顺利进行，陈胜顺理成章地"自立为将军"，吴广也理所当然地成为"都尉"。

陈胜久藏于心中的"鸿鹄之志"至此得以闪现锋芒，一群茫然无措的"燕雀"在他和吴广的带领下，扬起历史的巨臂，掀起滔天巨浪，直接砸向了大秦帝国这艘飘摇的巨轮。

秦阿房宫根本没有建起来

一

文人看似手无缚鸡之力，却能以笔杀人，造成千古冤案。司马迁在《史记·项羽本纪》中记载："项羽引兵西屠咸阳，杀秦降王子婴，烧秦宫室，火三月不灭………"在杜牧那篇流传千古、赫赫有名的《阿房宫赋》中却变成了这样：

六王毕，四海一，蜀山兀，阿房出。覆压三百余里，隔离天日。骊山北构而西折，直走咸阳。二川溶溶，流入宫墙。五步一楼，十步一阁；廊腰缦回，檐牙高啄；各抱地势，钩心斗角。盘盘焉，囷囷焉，蜂房水涡，矗不知其几千万落。长桥卧波，未云何龙？复道行空，不霁何虹？高低冥迷，不知西东。歌台暖响，春光融融；舞殿冷袖，风雨凄凄。一日之内，一宫之间，而气候不齐。

妃嫔媵嫱，王子皇孙，辞楼下殿，辇来于秦，朝歌夜弦，为秦宫人。明星荧荧，开妆镜也；绿云扰扰，梳晓鬟也；渭流涨腻，弃脂水也；烟斜雾横，焚椒兰也。雷霆乍惊，宫车过也；辘辘远听，杳不知其所之也。一肌一容，尽态极妍，缦立远视，而望幸焉。有不见者，三十六年。

燕赵之收藏，韩魏之经营，齐楚之精英，几世几年，剽掠其人，倚叠如山。一旦不能有，输来其间。鼎铛玉石，金块珠砾，弃掷逦迤，秦人视之，亦不甚惜。

嗟乎！一人之心，千万人之心也。秦爱纷奢，人亦念其家。奈何取之尽锱铢，用之如泥沙！使负栋之柱，多于南亩之农夫；架梁之椽，多于机上之工女；钉头磷磷，多于在庾之粟粒；瓦缝参差，多于周身之帛缕；直栏横槛，多于九土之城郭；管弦呕哑，多于市人之言语。使天下之人，不敢言而敢怒。

独夫之心，日益骄固。戍卒叫，函谷举，楚人一炬，可怜焦土！

用阿房宫的辉煌壮丽衬托秦始皇的奢靡无道，杜牧做到了史上极致。因这篇千古名作，阿房宫就成了与万里长城、秦始皇陵、秦直道并列的秦始皇耗民"四大工程"，是秦始皇穷奢极欲、压榨民脂民膏的罪恶证据。

▲ 清·袁江绘制的《阿房宫图》

但滑稽的是，中国考古工作者从20世纪30年代起，直至本世纪初，经过近80年的勘察、发掘、研究，最后得出的结论是，阿房宫当初只打了地基，根本就没有建起来，所谓"楚人一炬，可怜焦土"，纯粹是杜牧无中生有的"自愤自恨"。

关于阿房宫的具体位置，《水经注》卷一九说："阿房殿在长安西南二十里"，"池水北迳镐京东，秦阿房宫西"；《史记正义》引《括地志》谓："（阿房宫）在雍州长安县西北一十四里"；《魏书·高祖纪》云："幸未央殿、阿房宫，遂幸昆明池。"

上述所谓"二十里"与"一十四里"的差别，是由于测量起点不同所致，并不意味着其观点互相排斥。《水经注》所引数据来自《关中记》，传为西晋时潘岳所著，他说的长安是汉代长安城，而《括地志》是唐代著作，当时的长安城在汉代长安城东南方向。

考古人员据此做出判断，阿房宫遗址位于今陕西省西安市以西、渭河以南未央区赵家堡一带的台地上，属于西安市西郊的城乡接合部，与秦都咸阳城隔河相望。

二

阿房宫首次进入考古人员的视野是在1933年春。当时，国立北平研究院史学研究所在陕西地区开始区域考古调查，负责人是徐炳昶、常惠两位先生，目的是探寻"周民族与秦民族初期的文化"。10月，徐炳昶、常惠发表《陕西调查古迹报告》，提到调查阿房宫故址的过程。但只是沿袭了一些旧的说法，没有什么具体成果。

1949年，中华人民共和国成立后，关于阿房宫遗址的调查和保护工作提上议程，并逐渐展开。1954年，国家和陕西省、西安市将阿宫遗址的文物保护工作纳入西安市城市发展的总体规划中。

1994年，西安市文物局对阿房宫遗址开展了大规模、大面积的勘探调查。这次勘探调查收获颇丰，为后来研究阿房宫基本布局及其对后代宫殿建筑设计规划的影响，提供了第一手的实物资料。但也出现了一些问题，主要是将根本不存在的所谓人文遗迹划在了阿房宫遗址范围内，诸如"秦始皇上天台""磁石门""烽火台"等，阿房宫遗址的面积因此被认定为10.89平方公里，这相当于15个故宫面积的总和还多，颇符合当时人们对阿房宫"雷霆乍惊，宫车过也；辘辘远听，杳不知其所之"的认知。

事情的变化来自2002年以后的多次考古发掘。

考古人员首先对阿房宫遗址的范围进行了重新划定。按文献记载，秦阿房宫前殿建于秦都咸阳上林苑之中，秦亡之后这里又成为西汉上林苑所在地。换句话说，阿房宫实际上也就是秦阿房宫前殿遗址，只是上林苑中一个组成部分。

2002年10月至2004年12月，考古工作者在秦阿房宫遗址进行了大规模的考古勘探和发掘。[188]发掘结果令众人傻了眼：阿房宫前殿夯土基址东西长约1270米，南北宽只有426米。

考古人员经过勘探调查还了解到，阿房宫前殿基址东西两边，原来筑有土墙，在土墙附近也有不少破碎瓦片堆积。由于这些地方现在已被村庄建筑所覆盖或破坏，发掘者推测，上述前殿基址东西两边的土墙遗迹有可能就是北宋宋敏求所言阿房宫西、北、东三墙之东西两墙。

▲ 前殿遗址夯土地基西端断面[189]

阿房宫亦名阿城。宋敏求在《长安志》中说："(阿城)西北(东)三面有墙，南面无墙。周五里一百四十步，崇八尺。上阔四尺五寸，下阔一丈五尺。"根据唐《夏侯阳算经》"五尺为一步，三百六十步为一里"，那么阿房宫围墙的周长应该是3062.69米，墙体上阔1.420米，下阔4.7355米，高2.525米。

▲ 前殿遗址北墙（1.5米宽）遗迹及顶部建筑倒塌堆积（南→北）[190]

考古人员在发掘中还发现，阿房宫前殿遗址的表土层之下为扰土层，就是处于耕土层和文化层之间的那层土。扰土是相对于没有人类遗迹的原生土而言的。扰土层下是汉代至宋代的文化堆积层，再往下

秦阿房宫根本没有建起来

就是前殿基址。前殿基址面上没有发现秦汉宫殿建筑遗址所应该出现的砖瓦、瓦当等遗物堆积，也没有发现与宫殿建筑基址相关的墙体、壁柱、础石、散水、地面、窖穴、给排水设施一类遗迹。这种情况意味着，阿房宫前殿，亦即阿房宫，只是打了个地基，地面上的建筑并没有建起来。换言之，阿房宫是个半拉子工程，连烂尾楼都谈不上。

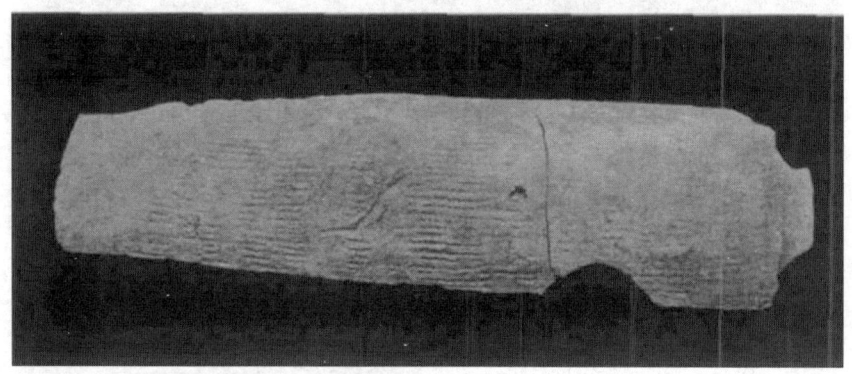

▲ 前殿遗址北墙建筑堆积中出土的秦代筒瓦[191]

为了验证杜牧所谓"楚人一炬，可怜焦土"的真实性，考古人员在阿房宫前殿遗址的考古勘探、试掘、发掘中，不放过任何与火相关的蛛丝马迹，但在汉文化层之下与前殿夯土基址之间根本找不见任何经过火烧的痕迹。

杜牧在《阿房宫赋》中声情并茂、言之凿凿地控诉秦始皇建造阿房宫劳民伤财的斑斑劣迹，千余年来激起了多少人对秦始皇的愤怒情绪，让人们对秦始皇的独断专行、荒淫奢靡恨得牙根痒痒，结果到今天，我们才发现，这是杜牧制造的一个乌龙。人们跟着恨了1000多年，却恨的是他凭空杜撰的子虚乌有。

三

考古人员在对阿房宫前殿遗址发掘后，又重点对流传久远的"秦始皇上天台""磁石门"和"烽火台"三处建筑遗址进行了发掘。[192]

"秦始皇上天台"遗址位于秦阿房宫前殿遗址以东 500 米处，遗址之上现存夯筑土台，高 15.2 米，上下分为三层，东西长有 111 米，南北宽约 74 米。在高台的东、西、北三面另有附属建筑残存遗迹，以及多处由陶制水管道铺就的排水设施。南面还有沼泽遗迹，以前可能是湖泊。遗址北 30 米处，有一与高台及其遗址时代相同的大型建筑基址，东西长约 240 米，南北宽约 118～148 米。

传说，秦始皇统一六国君临天下后，仍然不满足，希望长生不老，遂张榜招募有长生不老之术的能人异士，徐福因此脱颖而出。徐福后来打着为秦始皇采仙药的幌子，带 500 名童男童女远渡重洋，结果一去不返，让不可一世的秦始皇成为千古笑谈。今天的西安不只有"秦始皇上天台"遗址，在聚家庄一带，还有天台一路到天台九路的人为设置。

不过，考古人员从"秦始皇上天台"及其北部建筑遗址出土的遗物判定，其建筑时代应为战国中晚期，并沿用至西汉时期。[193] 换句话说，所谓"秦始皇上天台"遗址并不存在，因为该建筑遗存是建在秦统一六国以前，只是沿用至秦汉时期而已。

所谓"磁石门"遗址位于阿房宫前殿遗址东北 2000 米处。传为六朝人撰写的《三辅黄图》记载："磁石门，乃阿房北阙门也。门在阿房前，悉以磁石为之，故专其目，令四夷朝者，有隐甲怀刃，入门而胁止，以示神，亦曰却胡门。"

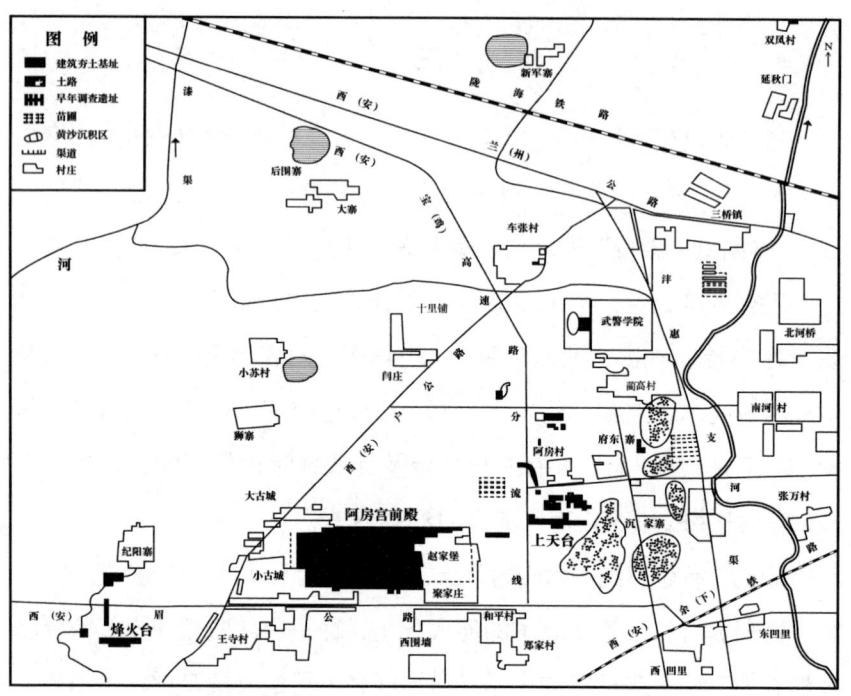

▲ 阿房宫一带文物遗址分布示意图[194]

然而，考古人员经过考古勘探、试掘发现，"磁石门"遗址是一座高台建筑遗址。从现存夯筑基址看，南北长 57.5 米，东西宽 48.3 米，夯土厚 3.7 米。在该建筑遗址中并没有发现门道及与石门相关的遗迹遗物。这表明，所谓"磁石门"遗址根本就不是一座"门址"。

遗址之内还出土了战国中晚期的板瓦、筒瓦和瓦当等建筑材料遗物，说明该遗址的始建年代要早于秦代末年的阿房宫前殿基址。显然，从遗址建筑形制及其使用时间两方面来说，《三辅黄图》所谓磁石门为阿房宫北宫门的说法都是不能成立的。

另外，虽然中国早在春秋时期就进入了铁器时代，但一直到秦代，铁兵器都是极其罕见的。譬如，秦始皇兵马俑一号坑迄今为止共出土青铜兵器，诸如剑、铍、戟、戈、矛、金钩、弩机等486件，成束的铜镞有280束，零散的铜镞有10895枚。而出土的铁兵器只有铁矛1枚、铁镞1枚、铁铤铜镞2枚。[195]从这个情况看，铁镞出土数量还不及铜镞的万分之一，而短兵器中的铁兵器也仅仅相当于青铜兵器的0.25％。众所周知，磁石只能吸铁，对于铜兵器毫无意义可言。显而易见，《三辅黄图》说修磁石门是为了"令四夷朝者，有隐甲怀刃，入门而胁止，以示神，亦曰却胡门"，纯系凭空捏造。

▲ 阿房宫前殿遗址夯土台基中出土的铜镞[195]

传说中的秦代"烽火台"遗址位于阿房宫前殿遗址西南1200米处。考古人员经考古勘探、试掘后发现，这也是一座高台建筑遗址，现存台基东西长约73.5米，南北宽约48.7米，夯土厚约3.6米。遗址之中发现有一些回廊、柱础石等遗迹，还出土了砖瓦建筑材料等遗物，经碳十四测年，属于战国至秦汉时期。考古人员据此判断，该遗址始建于战国中晚期，使用至西汉时代。[196]

"烽火台"又称"亭燧""烽燧"等，是指边防用火报警系统，敌人白天侵犯时就燃烟（燧），夜间来犯就点火（烽），以可见的烟气和光亮向各方与上级报警。烽火台有其特殊的形制结构，一般为圆形的大土墩子，目前多发现于西北地区，使用时间大多在秦代以后。阿房宫前殿遗址西南面这个所谓的"烽火台"遗址始建于战国时代，遗址的建筑性质则是流行于战国时代的高台建筑，与"烽火台"建筑形制

秦阿房宫根本没有建起来

完全不搭界。而且，根据现有的考古材料，在中国古代都城及宫城附近，至今还没有发现过"烽火台"设施。[197]

上述三处遗址均营建于战国时代中晚期，早于阿房宫前殿修建的秦代末年，不属于阿房宫的附属建筑，其性质均为战国秦汉时代流行的高台建筑。

司马迁在《史记·秦始皇本纪》中记载：秦始皇三十五年（前212年），"始皇以为咸阳人多，先王之宫廷小……乃营作朝宫（即阿房宫）渭南上林苑中"。据此，可以得出结论，"秦皇上天台""磁石门"和"烽火台"三处遗址均系修建于战国中晚期上林苑的附属建筑。而上林苑则可以看作是秦国皇家园林，类似于清代的圆明园和颐和园。

2004—2007年，考古人员在确定阿房宫前殿遗址性质和遗存保存情况后，又以前殿为中心，对周围总计135平方公里以内的现存夯土台基——西至沣河，北至渭河，东至皂河，南至汉昆明池北岸，进行了大规模的考古调查和试掘，先后发掘出了上林苑1号至6号建筑基址，并在上林苑4号和5号等建筑基址中发现了保存较好的地下排水管道等遗存，由此对上林苑有了一个更为全面的认识。

四

但接下来的一个问题，让考古人员陷入了疑惑之中。从阿房宫现在所处地势来观察，总的走向是北高南低，然而从勘探情况来看，阿房宫在营建之前，应该是西南部分的原始地势较高，再逐渐向东、向北倾斜，因为阿房宫地基之下有着厚达1~3米的淤泥堆积。这意味着该区域在建造阿房宫之前，是一处河流一类的湿地环境。

为什么秦始皇要选择水地而建阿房宫呢？要知道，这样带来的后果就是整个工程量不知道要比在平地上修建大了多少倍！因为在修筑之前先需要将河流改道，再进行河道清淤、夯筑等基础处理。显然，这个问题不能用秦始皇好大喜功、草菅人命一类说辞作为理由。

考古人员初步判断，可能和阿房宫的中轴线有关。《史记·秦始皇本纪》曾提到秦始皇欲"表南山之巅以为阙"，而《史记正义》引《三辅旧事》说："始皇表河以为秦东门，表汧以为秦西门。"有东门，又有西门，说明秦人确实存在着一条人为的东西向轴线。既然存在有东西向轴线，那么，南北向轴线的存在当然也是在情理之中的。

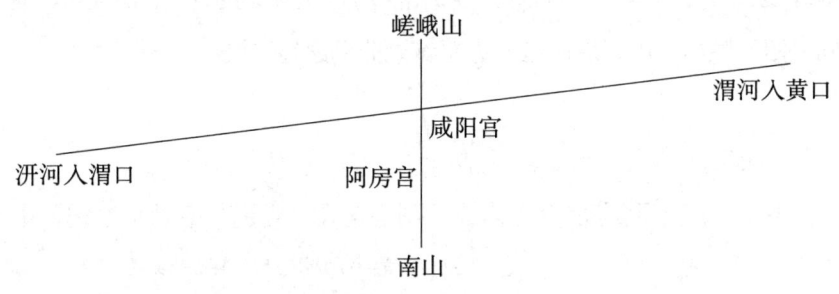

```
                    嵯峨山
                     |
                     |                     渭河入黄口
                     | 咸阳宫
汧河入渭口           阿房宫
                     |
                     |
                    南山
```

▲ 以咸阳—阿房宫为中心的轴线示意图[198]

放大视野观察，阿房宫南边设置有一个宽阔平坦的"广场"，东西宽约 2500 米，南北长约 4000 米。再向南到南山，有条宽约 1000 米的较为通畅的视觉廊道。这一视觉廊道可能正是那条南北向轴线的一部分。其从南端的南山—沣峪口向北经阿房宫北墙中心，再向北延伸，其北端正对着关中平原北缘的最高峰——海拔为 1422.7 米的嵯峨山主峰。经测量，这一南北向轴线，以南北两座山峰为起点，到阿房宫北墙中心点的距离均为 79 公里左右。另外，该中轴线向西至汧河入渭口约137公里,向东至渭河入黄口约135.6公里,两者距离几乎相等。这也就是说,阿房宫所在位置正是关中平原最宽阔之处,也是最中心的位置。

同时,还有一点不得不关注的是,这条东西向轴线与阿房宫一起将南北向轴线几乎分成了等值的三个部分。据《史记》等文献记载,秦人恰好"数以六为纪",意思是数字的成数以"六"为极点。

显然,这些数字都不是巧合,而是秦始皇居中以统御天下四方的宏大理想的实物体现,是自"三皇五帝"至夏商周时期以来统治者"择中立都""宅中图大""居中御远"思想的具体呈现。

可能正是因为如此,秦始皇才决心不惜一切代价选择河流一类水湿环境,营建朝宫。一言以蔽之曰,阿房宫是唯一的"帝国之心"。横向东西乃关中之中,纵向南北近乎黄金分割之地。[199]

五

其实,关于阿房宫没有修成,司马迁在《史记·秦始皇本纪》中也有记载:秦始皇三十五年,即公元前212年时,开始修筑道路,经由九原一直修到云阳,挖掉山峰填平河谷,笔直贯通。秦始皇认为咸阳人口多,先王宫廷窄小,听说周文王建都在丰,武王建都在镐,丰、镐两城之间,才是帝王的都城所在,于是就在渭水南上林苑内修建朝宫。规划中先要修建的是阿房宫前殿,具体规划是东西长500步,南北宽50丈,宫中可以容纳1万人,下面可以竖立5丈高的大旗。四周架有天桥可供驰走,从宫殿之下一直通到南山。在南山的顶峰修建门阙作为标志。再修造天桥,从阿房跨过渭水,与咸阳连接起来,以象征天上的北极星、阁道星跨过银河抵达营室星。原计划等竣工之后,选择一个好名字给它命名。但阿房宫并没有建成，因为是在阿房修筑此宫，所以人们就称它为阿房宫。

当初修建阿房宫时，秦始皇调拨受过宫刑、徒刑的70多万人，组成了一支庞大的队伍。由于劳役众多，于是从中又分出一部分去营建骊山秦始皇陵。他们从北山采来山石，从蜀地、荆地运来木料，打算在关中建造宫殿300座，在关外建400座。

但不久秦始皇在巡游途中病死，秦二世胡亥即位，为了加紧营建秦始皇陵，所有参与阿房宫建设的劳役都调到了骊山。等到骊山秦始皇陵营建工程结束，秦二世又想起了阿房宫。他对臣下说："先帝因为咸阳朝廷小，所以营建阿房宫，室堂还没有建成，赶上始皇去世，只得让修建的人停下来，调到骊山去修墓。骊山修墓的工作已全部完毕，现在放下阿房宫而不把它建成，不就等于向天下宣告先帝这件事做错了吗？"

左丞相李斯同右丞相冯去疾、将军冯劫旗帜鲜明地表示反对，劝二世胡亥停建阿房宫，减少徭役。胡亥见李斯他们胆敢和自己作对，十分恼怒，就下令将三人逮捕入狱。然后，继续强征劳役去修建阿房宫。

冯去疾和冯劫在被捕后为免于受辱，双双在狱中自杀。赵高借机诬陷李斯与儿子李由谋反，刑讯逼供。李斯被迫承认谋反，在秦二世二年（前208年）七月，被腰斩于东市。

阿房宫前殿工程虽然恢复了，但不到一年时间，胡亥就被赵高逼迫自杀，阿房宫前殿也就变成了一个空前绝后的"烂尾"工程。班固因此在《汉书·五行志》中说：秦二世"复起阿房，未成而亡"。

▲ 如今的阿房宫公园已不见"秦始皇上天台"等杜撰遗址

鉴于秦代横征暴敛、官逼民反而覆亡的教训，刘邦建立汉朝以后，并没有打算大肆修建宫廷。一开始他计划以洛阳为都，但是在娄敬和张良的建议下，再回关中，以在今西安市阎良区武屯街道官庄村一带的栎阳为都，随后又让萧何启动了长安城的营建工作。

萧何在长安营建未央宫前殿时，刘邦曾御驾亲往视察，发现前殿规模庞大，甚为生气。萧何解释说，前殿建设规模庞大是考虑到了"非壮丽无以重威"，刘邦听后觉得不无道理，于是转怒为喜，认可了萧何对未央宫前殿的规划和建设。

但是，如果我们将刘邦的未央宫与秦始皇未完成的阿房宫前殿略微比较一下就会发现，未央宫前殿南北长400米，东西宽200米，要远远小于阿房宫的规模，其建筑面积仅仅相当于阿房宫的14.8%。

之后的汉武帝虽然有气吞山河的雄心壮志，在兴修建章宫时，"度比未央"，但他也不敢越雷池一步，其前殿规模也远远小于阿房宫。此后，无论是汉魏隋唐，还是宋元明清，其朝宫的规模，都远远不及未完成的阿房宫。

刘邦在定都长安以后，秦上林苑包括阿房宫在内的多种建筑设施和巨大空间，部分延续着上林苑的功能，部分则被赏赐给百姓作了耕田。这种情况延续了约70年后，到汉武帝即位，社会各方面都得到巨大发展，汉王朝达到鼎盛时期。汉武帝扩修上林苑，将阿房宫作为上林苑的北界，向南扩至南山，向东扩至蓝田，向西扩到周至，建成了一个统一的、规模宏大的上林苑。

阿房宫就此成为上林苑中一个毫不起眼的土台子，在2000余年的风吹日晒中，慢慢隐身于历史的后台，偷觑着杜牧们的指鹿为马、慷慨激昂。

多件出土文物纠错秦代史

迄今为止，秦始皇陵尚未发现有竹简丝帛一类文献资料，但却发现了大量的陶文、金文，多个领域的中国史由此被改写。

一

早在1974年夏天发掘秦始皇陵兵马俑一号坑的时候，考古人员就在一个被打碎的陶俑身前，发现了一把光亮如新的铜戟，铜戟顶端还戴有一副类似皮革的护套。戟柄长2.88米，已经腐朽，但还残留着不少淡淡的漆皮与彩绘，末端安装有铜镦。戟头内部还刻有铭文："三年相邦吕不韦造寺工□。"

"三年"是指秦王政三年（前244年），"寺工"是秦朝主管铸造业的官署，主要制造兵器、车马器等。这则铭文印证了吕不韦在嬴政即位以后成为一人之下万人之上"相邦"的史实，也说明吕不韦曾任秦始皇陵营建总指挥、总监工是真实可靠的历史。

"相邦"，又称相或丞相，是战国时期文武百官职位最高者。根据史料记载，战国时期天下大乱，很多诸侯国的卿大夫因窃取最高权力而变成一国之君，他们便将亲信提拔为"邦国之相"，相邦之名由此得以诞生。秦国设置相邦大约是在秦惠文王四年，即前334年。可以证明这一点的还有包括秦始皇陵在内的许多秦地遗址和秦墓中出土的其他"相邦"兵器，如"王（秦惠文王）二年相邦义戈""（秦惠文王）十三年相邦义戈""（秦昭襄王）十四年相邦冉戈""（秦昭襄王）廿一年相邦冉戈"，以及属于秦王政时期的"三年相邦吕不韦戈""四年相邦吕不韦寺工戈""五年相邦吕不韦诏吏戈""七年相邦吕不韦寺工戈""八年相邦吕不韦诏吏戈""九年相邦吕不韦蜀守戈"，等等。

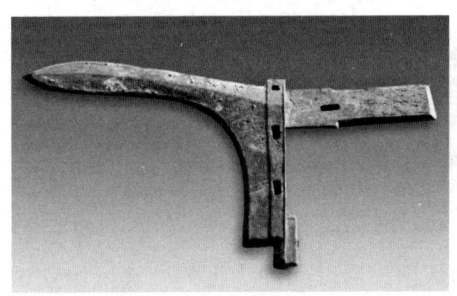

▲ "王二年相邦义戈"及其内部铭文与铭文摹本[200]

但到汉代时，没有了"相邦"而只有"相"或"相国"，如《史记·秦始皇本纪》："庄襄王死，政代立为秦王……吕不韦为相，封十万户，号曰文信侯。"《史记·赵世家》

▲ 秦昭襄王廿一年相邦冉戈（秦相邦魏冉监造）

也是这样的称谓：赵武灵王传国于少子何，"肥义为相国"。

应劭生活在东汉末期，或者是因为"相国"替代"相邦"之称日久，人们已经忘记了二者相因的关系，所以应劭直接就将相国之名诞

生时间给篡改到了战国时期:"相国之名始此,秦汉因之。"(《资治通鉴》胡三省注)

为什么流行于战国及秦代的相邦之名在汉代及其以后会被相国所取代呢?原因很简单,就是要避汉代开国皇帝刘邦之讳。[201]

二

乐府是专门管理乐舞演唱教习的一个机构,过去一般认为是成立于西汉武帝时期,职责是给文人的诗或从民间采集来的歌谣配乐,以备朝廷祭祀或宴会时演奏之用。乐府搜集整理的诗歌,后世叫"乐府诗",或简称"乐府",是继《诗经》《楚辞》之后而兴起的一种新诗体。《汉书·礼乐志》记载:"至武帝定郊祀之礼,祠太一于甘泉,就乾位也;祭后土于汾阴,泽中方丘也。乃立乐府。"颜师古为此作注曰:"始置之也,乐府之名盖起于此,哀帝时罢之。"

这一记载长久左右了人们的认识,而以颜注为据的"武帝始立乐府说"千百年来几乎成为"乐府"研究中难以推翻的"定论"。

但秦始皇陵一则铭文和其他秦地秦封泥的发现,将这一记载提前至秦朝。

20 世纪 70 年代末,考古学家袁仲一在秦始皇陵附近发现了一枚带有"乐府"字样的错金铭文钮钟,经鉴定是秦代文物,这为秦代"乐府"官署的存在提供了直接的物证。

秦"乐府钟"为什么会出现在秦始皇陵园内?袁仲一认为,这与秦始皇陵园的陵寝制度有关。秦王朝以前不实行墓祭,从秦始皇陵开始,陵园内才设立寝殿,在寝殿内按时进行祭祀。祭祀时就要奏乐助祭。此乐府钟应是祭祀时用的乐器之一。[202]

20世纪90年代，西安北郊出土了一批带有"乐府""乐府丞印""乐府钟官""左乐丞印""左雍乐钟""外乐"等字样的秦代封泥。[203]

根据《汉书·百官公卿表》可知，"乐府丞""左乐丞"都是主管乐府或乐府某方面工作的官员，而"乐府钟官"不仅仅是掌管铜类乐器的铸制、管理，还有包括铸钱在内的其他职能。"左雍乐钟"之雍，一般认为是地名。也有认为雍即饔，指熟食。从这个意义上讲，"左雍乐钟"可以解释为秦始皇陵园上食奏乐所用之乐钟。

▲ 西安北郊出土的秦代封泥"乐府丞印"拓片

▲ 西安北郊出土的秦代封泥"左雍乐钟"拓片

总而言之，这些铭文和封泥字样证明了至少在秦代，中央政府中就已经设置了乐府这样主管舞蹈音乐的机构，而汉武帝只是一个延续者和发扬光大者。

三

秦刑徒墓地[204]位于秦始皇陵西侧赵背户村一带，1979年12月发现。除了部分墓葬被破坏掉外，完整的秦刑徒墓尚有104座，大致分三行排列，西边两行为东西向，东边一排作南北向。

在先期清理的42座墓中，仅一座发现有棺，且是瓦棺——由板瓦砌成长方形盒状。其余各墓均无葬具，直接将尸体埋入；也有部分坑底是垫铺了一层灰烬。

秦刑徒墓最重要的收获是发现了18件瓦志刻文，其重要意义，一是证明了这些墓主人的刑徒身份，二是让我们看到了中国目前所见最早的平民墓志长什么样。

这18件瓦文中，有1件上刻有两人的籍贯姓名，所以实际为19人的墓志文，总计112字。字体基本是阴刻小篆。

墓志的格式可分为四类：第一类是有地名和人名，如"东武罗""东武遂""赣榆距"等；第二类是有地名、爵名和人名，如"东武不更所脊""东武口契"；第三类是有地名、刑名和人名，如"杨民居赀大教"；第四类是有地名、刑名、爵名和人名，如"东武居赀上造庆忌""杨民居赀公士富""博昌居此用里不更余"等。

▲ "东武遂""赣榆距"铭文拓片

▲ "杨民居赀大教"铭文拓片

"居赀"在云梦睡虎地秦简中有记载，是指因犯法而被处罚，本人又无法缴纳罚金，就以劳役代替，每劳作一天抵偿八钱。"上造"和"公士"是爵名，系秦二十等爵制中最低的两等。

发掘者认为，以上四类墓志文，第一、二类的内容简约，尤其是第一类，无爵名，应该是平民。这与《史记·秦始皇本纪》关于修建秦始皇陵者俱为刑徒的记载相符。第三、四类的内容较全，列姓名、籍贯、爵位，犯有何罪都比较清楚，可视为当时较为标准的刑徒墓志文格式。

▲ "博昌居此用里不更余"铭文拓片

瓦文墓志中共有地名14个，其中县名10个，乡里名4个。这些县名中隶属于今山东省的有东武（故城在今山东武城西北）、博昌（今山东博兴南）、兰陵（故地在今山东兰陵县西南兰陵镇）、邹（故城在今山东邹城东南）；隶属于今河南省的有平阴（故城在今河南孟津东）、武德（故城在今河南武陟县东）；隶属于今山西省的有平阳（今山西临汾）；隶属于今河北省的有杨民（故城在今河北宁晋附近）；隶属于今江苏省的有赣榆（故城在今江苏省连云港市赣榆区东北）。另一个县名，由于瓦文残缺，难以确定。

4个乡里名分别是用里，属于博昌县；便里，属于兰陵；东间，属于东武；北游，属于平阴。

多件出土文物纠错秦代史

从这些地名来看，当时修建秦始皇陵的人来自全国各地，既有地位低下的人，也有地位稍高的人，这与《史记·秦始皇本纪》关于征用天下刑徒70余万名修建秦始皇陵的记载大体相符。

除此以外，秦始皇陵还出土了一些文字，填补了历史研究中的空白，如考古人员在秦始皇陵饮官遗址上发现了不少"丽山饮官左""丽山饮官右"一类陶文，发掘者经研究后认为，"丽山"就是秦始皇陵最初的名称，其含义是高大无比，用来显示皇权的尊严。秦始皇陵是后来人的称谓。[205]

是赵眜而非赵胡：南越国的朦胧史

一

南越国，也称南粤国，是秦末至西汉早期位于两广地区的一个割据政权，距今2228～2135年。从开国君主赵佗至亡国君主赵建德，一共历经五任国王，享国93年。

赵佗本是汉人，乃秦始皇手下一员悍将。《淮南子·人间训》记载，秦始皇建立秦帝国两年以后，也就是公元前219年，秦始皇派大将屠睢率兵50万南征岭南地区，由于道路不畅，水土不服，对方又顽强抵抗，秦军进攻受挫，主帅屠睢还在乱军之中被杀，双方遂处于对峙之中。

这种情况迫使秦始皇调整战略方向，下令开凿灵渠，以解决秦军的粮草、装备等供给问题。公元前214年，灵渠开通以后，秦始皇任命任嚣为主将，带领赵佗等将领，继续率军进攻岭南地区，最终获得大捷，得遂所愿，整个岭南由此划入了秦帝国版图。秦始皇在这一带设置了桂林、象和南海三郡，皆受南海尉任嚣节制，而赵佗则被任命为任嚣治下的龙川县县令。

公元前210年，秦始皇驾崩，胡亥即位，是为秦二世。第二年，陈胜、吴广不堪压迫，率众造反，由此引发全国性的大起义，秦王朝四面楚歌，陷入分崩离析的局面。南海郡郡尉任嚣见此，就产生了割据而王的野心，怎奈自己身患重病，无力承担此等重任，就将赵佗召来，将心事毫无保留地告诉他，希望他依南海郡傍山靠海、有险可据的地理优势建立南越国。

赵佗应承，任嚣就假托秦王诏令，向赵佗颁布了任命文书，让他代行南海郡郡尉职务。《史记·南越列传》记载：任嚣死后，赵佗即刻向横浦、阳山、湟溪关发布檄文曰："盗兵且至，急绝道聚兵自守！"随即封锁了五岭上所有的交通要道，斩断了同岭北地区的一切联系。与此同时，赵佗又借法律的名义处死了秦王安置在南海郡各地的官吏，用他的亲信取而代之。

彼时的中原群雄并起，秦王朝岌岌可危。桂林郡、象郡的一些越人部族看穿了赵佗的野心，纷纷宣告独立，脱离了南海尉的节制。

汉高祖二年，亦即公元前205年，赵佗趁汉朝刚建立无暇南顾之际，发动了对桂林郡、象郡的讨伐战争，完成了对岭南地区的统一。第二年，赵佗趁热打铁，正式建立南越国称王。

汉高祖刘邦当然不能容忍大汉朝南方还有个割据政权存在，但汉朝建立初期，形势严峻，各方诸侯蠢蠢欲动，刘邦又不敢派兵南下，一时束手无策。后来，刘邦接受大臣建议，改变策略，于公元前196年派大夫陆贾出使南越，劝说赵佗接受汉王朝的封赏，归化中央政权。赵佗当然也不傻，知道凭着自己的那点儿力量，硬抗总不是办法，大汉朝一旦缓过劲来，南越国就距离灭亡不远了。所以，赵佗就乖乖地接受了汉高祖所赐南越王印绶，表示臣服汉朝，南越国由此变成汉朝的一个藩属国。

▲ 南越建国初期地理位置示意图

刘邦死后，汉朝政大权落于吕后手中。吕后垂帘听政第五年，也就是公元前183年，赫然诏令禁止南越在边境市场上购买铁器。赵佗觉得这是吕后对他和南越国的侮辱，愤愤不平地对手下说："高帝立我，通使物，今高后听谗臣，别异蛮夷，隔绝器物，此必长沙王计也，欲倚中国，击灭南越而并王之，自为功也。"赵佗于是自尊号为南越武帝，并在两年后发兵攻打长沙边界几个县域，"败数县而去焉"。

吕后得报，便派将军隆虑侯周灶率军南下讨伐赵佗，但由于天气潮湿酷热，士兵大都患病，汉军根本没办法翻过阳山岭这道关。不久之后，吕后呜呼，汉军算是瞌睡给了个枕头，赶紧停止了讨伐南越的军事行动。

赵佗不战而胜，一下子就有了嘚瑟的资本。他利用这个机会，采取恐吓和拉拢的办法向周边割据政权施压：一方面让他的军队在南越边境线上纵马奔驰，耀武扬威；另一方面又用财物贿赂闽越、西瓯和骆越等国，迫使他们对南越俯首称臣，南越的领地因此扩大了很多，从东到西直线距离竟长达1万余里，基本上囊括了原秦王朝在岭南所置三郡范围。

赵佗索性坐上皇帝才能享用的黄屋左纛之车，以皇帝身份发号施令，直接叫板汉皇，要与其平起平坐。

前179年，刘恒即位，是为汉文帝。汉文帝意识到，赵佗是天高皇帝远，一味地高压不是个办法，遂改变策略，派人修葺赵佗先人墓冢，安置守墓人员并下令按时祭祀，还给赵佗的堂兄堂弟们赏赐了官职和财物。这一系列请和信号发出去以后，汉文帝派高祖时就已经出使过南越的陆贾，再次出使南越，说服赵佗归汉。

赵佗也算是一世枭雄，怎愿意与大汉为敌，那不是拿鸡蛋往石头上碰吗？所谓此一时也，彼一时也，见好就收吧。于是高高兴兴地再次接受了陆贾的劝说，除却帝号，复归汉朝。《史记·南越列传》记载，赵佗为对汉王朝显示归附诚意，还特意给南越国内百姓下了一道命令："吾闻两雄不俱立，两贤不并世。皇帝，贤天子也。自今以后，去帝制黄屋左纛。"

从表面上看，一直到汉景帝时代，赵佗都遵守了臣子的礼节，对汉皇以臣相称，每逢春秋两季还派人到长安朝见天子。但在南越国内，赵佗却一直使用着皇帝的名号。

赵佗命大福大，他先后熬死了秦始皇、秦二世、汉高祖、吕后、汉文帝、汉景帝，还熬死了他的儿子，直至汉武帝建元四年，即前137年，在他103岁的时候，才驾鹤西去，由其孙赵胡继位。

二

赵佗生前就派人建好了自己的陵墓，而且为了免于盗墓贼和怀有恶意的人盗扰，还修建了疑冢多处。赵佗死后，继位的南越王赵胡按照赵佗的遗嘱，安排多辆灵车从都邑四门驰出，然后又将都邑方圆百十里的崇山峻岭圈围起来，派重兵重重把守。

《南海百咏》引《番禺杂记》云："佗死，营墓者数处，及葬，丧车从四门出，故后不知墓之所在。惟菖蒲涧侧石马舌上有云：'山掩何年墓，川流几代人。远同金骡髀，近似石麒麟。'时莫解之，但疑其墓不远。蔡如松云：'旧说即悟性寺是也'。今蒲涧之南平原中，枯冢累累数千，人犹谓越王疑冢。"

清人屈大均在《广东新语》中也说："南越王赵佗，相传葬广州禺山，自鸡笼岗北至天井，连山接岭，皆称佗墓。"

番禺，传为南越国都邑所在。后来三国时吴国交州刺史步骘又在原址上新建了番禺城，大致方位在今广州越华路以南、文明路以北、仓边路以西、吉祥路以东这一带。由于赵佗墓建有多处疑冢，下葬时又是丧车四出，后人一直无法确定他的墓葬具体所在。有传说是在古番禺城西南的，有说是在城西的，有说是在城西北的，还有说是在城北、城东北的，如此等等。众说纷纭，莫衷一是。

由于赵佗是南越国第一任君主，在位时间又较长，人们传说他死后随葬有大量的金银珠宝，因而他的墓就成了历朝历代盗墓者的觊觎目标。2000多年以来，这些盗墓者几乎踏遍了南越国古都番禺城外的越秀山、白云山以及方圆数百里以内的大小山脉。然而无不是乘兴而来，败兴而归，没有一个能找到赵佗墓的。其中，最有名的就是三国时吴国国君孙权动用国家力量盗取南越王墓的事件。

据《汉书》《番禺杂记》等相关文献记载,三国时期,连年混战,兵荒马乱,地处江南的东吴国库吃紧,孙权听说盗墓来钱快,就下令官兵在都城建业(今南京)附近刨冢掘墓,盗取古墓宝贝。成千上万的奇珍异宝源源不断地送到孙权手中,让孙权喜不自禁。孙权索性组织了一个专业盗墓团伙,把盗墓的范围扩大到了东吴势力所及范围。当他听说南越王赵佗墓的传奇故事后,就毫不犹豫派将军吕瑜率领5000名精兵强将前往岭南地区南越国故地,翻山越岭去寻找赵佗墓。

但这些家伙踏遍传说中赵佗墓可能存在的每一处地方、每一个犄角旮旯,甚至伐林毁木,凿山破石,费尽周折,也没有找到赵佗墓的一根毛。当然,折腾半年,也不能说全无所获,毕竟还找到了南越国第三代国君、赵佗曾孙赵婴齐的墓葬。他们从中盗取了皇帝信玺、皇帝行玺以及若干金印、钮铜镜,还有其他大批珍宝。

由于赵佗墓一直没有找到,关于它的传说也就越来越离奇,赵佗墓愈发成为千百年来盗墓贼觊觎和着力寻找的目标。还因为赵佗墓是一个时代的标记,其中可能隐藏着无数完整的文物和文献,是研究南越国和西汉早期的第一手资料,其价值之大之重要无可取代,所以中国考古学诞生后,赵佗墓也自然成为无数考古人寻访发掘的理想目标之一。

就是在这种背景下,1983年6月,在广州市区一座被称为象岗的小石山包上所发现的一座古墓引起了考古人员的注意。由于它特殊的墓葬形制和大量的高等级随葬品,一开始就把发掘者引入到可能是赵佗墓的遐思之中。

从外表看,这座墓并没有特别出奇之处,墓室建筑坑位总面积只有100多平方米，仅相当于中山靖王刘胜墓的1/5，然而它的内涵之丰富却远远超过了前者。

首先这是一座石室墓，墓室分前后两部分，共设七室。前面部分分为前室和东、西耳室；后面部分分为主棺室、后藏室和东西侧室。这种带有七室的墓葬在秦汉及其以前的考古中是罕见的。

▲ 这是一座带有七室的墓葬[206]

其次是墓中的随葬品在质量、数量等方面，都属于顶级配置。前室顶部及四壁均绘有彩色云纹图案，装饰富丽堂皇，室内还置有帷帐、车具一类，象征着墓主人生前宴乐的厅堂。

东耳室主要用于收藏礼器、乐器、宴饮用器，包括编钟、编磬和大型酒器等。特别让考古人员激动的是那些铜乐器和铜容器，虽然历经2000多年岁月的侵蚀，但保存很好，仍然是熠熠生辉，光彩照人。铜乐器主要是两套大型组合编钟，分为钮钟和甬钟两种。钮钟一套有形制相同的14件，从小到大陈立在北墙的下方，上面和四周还留有腐朽的木片和漆皮。据此推测，最初下葬时，这14件编钟是悬挂于木质横梁上的。甬钟是5件1套，同样是形制相同，从小到大依次排列在室内东侧的地面上。未见横梁痕迹。两套编钟出土以后，考古人员曾轻轻叩击，钟声浑厚、典雅、庄重，风采似乎不减当年。

▲ 东耳室发掘现场照片

在青铜编钟旁边，从前往后由小到大依次还排列着两套共计18件石磬。石磬和编钟之间发现一具腐朽的遗骨，发掘者推测是殉葬的乐师。另外，在该室后壁下陈列着一套8件组成的铜句鑃。

西耳室也是一所收藏室，收藏种类相对较多，有各种青铜礼器、各种铜陶生活用具，还有兵器、甲胄、铁工具、车马帷帐、金银珠宝、象牙、漆木器、丝织品、五色药石、砚石丸墨，等等。整室收藏物品达四五百件，是收藏器物最多的一间储藏室。

再次，主棺椁放在后室正中部位，墓主人身穿丝缕玉衣。虽然尸骨已经腐朽，玉石片撒落一地，仍旧可以清晰地辨别出墓主人的头颅、手和脚。此前，在河北满城刘胜夫妇墓中曾出土过两件金缕玉衣。刘胜是汉景帝刘启之子，受封中山靖王。玉衣殓服在江南还是第一次出土，这也表明墓主人在生前具有极高的政治和社会地位，至少也应该是诸侯王一级的人物。

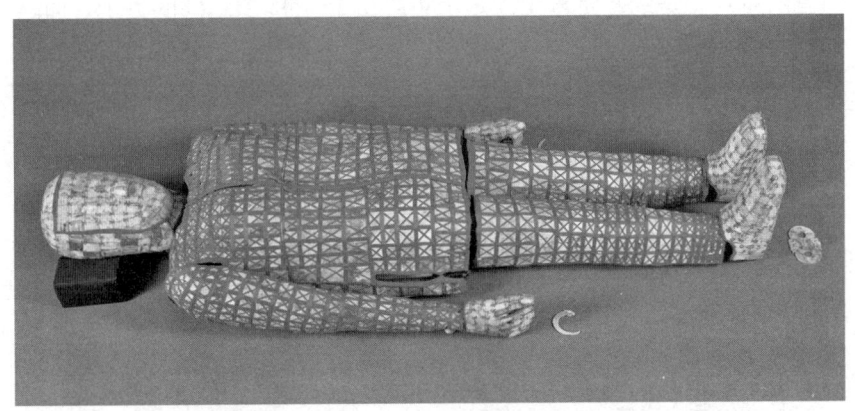

▲ 墓主人身穿丝缕玉衣[207]

后藏室主要放的是供死者进用的珍馐和进食用具。东侧室是殉葬的姬妾"住所"，西侧室是陪葬的庖丁展现厨艺之所在。

最后，从墓葬工程观察，墓葬面积虽然不大，但修建的艰难复杂程度却绝非一般贵族墓葬可以相提并论。这首先在于整座墓是修筑在一个整体的小石山腹内，从墓底所在的石英岩地基往上到山顶，足足有20米之高。换句话说，动工建墓时，先要打透岩石，往下凿一个20米深、面积又略大于墓室的石头坑。可以试想一下，在2100年前尚没有机械化的年代，其难度何其巨大！

考古人员测算，整个墓室一共使用了 750 多块石头，都是经过了严格的打磨程序。将石料的开采、运送、加工、运输、建筑都算上，如果投入 100 个工人的话，需要连续工作半年以上时间，才能全部完工。[208] 显然，如此艰难巨大的工程，也绝非一般贵族所能承担。

三

那么，这座墓是考古人梦寐以求的赵佗墓吗？答案是否定的。原因有两点：一是经鉴定墓主人是个年龄在 35~45 岁之间的男子，而赵佗死亡时，已经是 103 岁的老人了；二是考古人员在清理上述那一套铜句鑃时发现，在器体的一面有"文帝九年乐府工造"几个阴刻篆文。如前所述，赵佗自加的封号是"武帝"，"文帝"显然不是说他。

那么这个"文帝"又是何许人？按照司马迁在《史记·南越列传》的说法，此人乃赵佗之孙赵胡，是继赵佗之后的第二代南越王。

《史记·南越列传》记载，赵佗死后，由于其子早亡，就由孙子赵胡即位了。但赵胡刚即位，东边的闽越王郢就兴兵攻打南越边邑，赵胡大概是想，南越已经归附了汉王朝，就没必要大动干戈与闽越王一较长短，可以借用中央政府的力量收拾他，自己还能渔翁得利，里外都落个好，于是就派使者上书汉廷说："两越都是藩臣，不能兴兵互相攻打。现在闽越发兵侵略南越，臣却不敢派兵去攻打他们，请天子下诏指示。"赵胡的行为果然博得汉天子的赞许，说他恪守职责，遵守盟约等，随后就派兵遣将南下征讨闽越国。闽越王郢也是个"二货"，自家院里都还没扫干净，就想欺负别人，结果汉军还未及过五岭，他的弟弟余善就发动政变杀了他。双方就此罢兵。

汉天子也不是个好糊弄的主儿，我既然为你出兵，替你南越清除了祸患，那你就得对我服服帖帖，不能再像以前那样阳奉阴违，两面三刀，于是他就派使臣到南越慰问并宣诏，要南越王赵胡入朝拜见天子。赵胡不敢去，因为他即位以后，还是像他爷爷赵佗一样，在南越国内以皇帝自居，如果在汉天子面前露出马脚，那还能有个好吗？扣起来不让归国都是轻的，万一被人家削掉脑袋就不好玩了。

赵胡打定主意，反正就是不去。但他又不敢与汉天子对着干，于是就派太子婴齐入朝宿卫，实际上就是给汉天子塞了个人质，以表明自己对汉天子是忠心耿耿。他对汉使说："敝国新遭敌寇侵略，贵使请先回国，我准备准备就入朝去见天子。"然而，自此以后，赵胡称病，始终没有入朝。但搞笑的是，本来是托词称病，到后来十余年，赵胡竟真患病了，而且还是病入膏肓那种绝症。

太子婴齐得到消息，请汉天子恩准回国。赵胡去世以后，婴齐即位，是为第三代南越王。婴齐给赵胡谥号为文王，并悄悄将先武帝赵佗的玉玺藏了起来。彼时是元狩元年，公元前122年。

赵婴齐在当年入朝宿卫住在长安的时候，娶了邯郸樛氏女，还生下个儿子叫赵兴。赵婴齐回国即位以后，上书汉天子立了樛氏为王后，赵兴为"太子"。这期间，汉朝多次派遣使者到南越暗示赵婴齐，要入朝拜见天子，但他怕面见天子时，天子强迫他在南越国推行汉朝的法律制度，使自己变成像内地诸侯那样，没有相应的独立自治权，因此一直是软磨硬抗，沉浸在为所欲为、恣肆放纵的享乐之中。实在顶不过去了，就效法他的父王，打发儿子次公入朝宿卫。赵婴齐死后，谥号为明王。

了解了这段历史，我们再返回头来说那座南越王墓。随着"文帝九年乐府工造"铭文的出土，考古人员又在一件铜伞柄饰旁和一个铜匜之内先后发现了两例带有"帝印"字样的封泥，还在墓主人散乱的玉衣片中发现了一枚玉质印章，印文为篆体，同样阴刻有"帝印"两个字，但这枚玉质印章上的"帝印"同刻在封泥上的那两例"帝印"不是同一个书写体，这意味着，墓主人可能使用了两枚不同的印章。

▲ 玉质"帝印"[209]

帝印，顾名思义就是皇帝之印。但在中国历史上从来没有发现过直接使用帝印的情况，帝印自秦始皇开始叫作玺，因材质为玉，所以又叫作玉玺。该墓主人刻有"帝印"的封泥缄封在随葬品上，说明他生前曾僭越称帝。

考古人员在墓主人散乱的玉衣片中还发现了两枚刻有"泰子"的印章。"泰"和太在古代是通假字，"泰子"就是太子，乃中国古代帝王的继任者的称谓，是所谓被定为王位、皇位继位者的人，不一定就是前任帝王的儿子。"泰子"印章的出现，表明墓主人即位之前曾有太子的身份。

▲ "泰子"金印、玉印

据《水经注》所引《交州外域记》记载，赵佗有个儿子叫赵始，曾率军攻占交趾，并大败安阳王。《史记·南越列传》则记载赵佗死后，继位的是赵佗之孙赵胡。可能是赵始早死，赵佗就将赵始的儿子赵胡立为太子，并把王位传给了他。

《史记·南越列传》又云：汉使"去后，其大臣谏胡曰：'汉兴兵诛郢，亦行以惊动南越。且先王昔言，事天子期无失礼，要之不可以说好语入见。入见则不得复归，亡国之势也。'于是胡称病，竟不入见"。这个记载事实上是在说，赵胡在南越国也做了一些对汉天子"失礼"的事情，具体是什么事情没有明言，但严重到"入见则不得复归"，应该就是赵胡在南越国内以帝自居一事，这属于僭越，是为大逆不道之罪。两例"帝印"的出土，无形之中给我们还原了南越国这一段历史的真相。

是赵眜而非赵胡：南越国的朦胧史

发现两例"帝印"和两枚"泰子"印章后不久，考古人员又在墓主人玉衣中部发现了一枚刻有"赵眛"的玉制名章和一方刻有"文帝行玺"的金印。

刻有"赵眛"的玉制名章长宽各 2.3 厘米，通高 1.7 厘米，玉印覆斗钮，印文是篆刻阴书，中有竖线相隔，外面画以方框。

刻有"文帝行玺"的金印是一个正方体金块，上面盘踞着一条金龙，龙首略昂，似做腾跃奔走之状，令人感到神秘而恐怖。

▲ 刻有"赵眛"的玉制名章[210]　　▲ "文帝行玺"金印[211]

"文帝行玺"金印的出土，等于是进一步确认了《史记》《汉书》所记南越国第二代君主赵胡曾为"文王"的史实，因为"文王"是赵胡子赵婴齐继位后给他的谥号，赵婴齐时南越国又完全跪伏在汉天子脚下，所以，推断应该是赵婴齐在给其父赵胡谥号时，取了赵胡自封为"文帝"的"文"字，而舍掉了那个可能会给他带来杀身之祸的"帝"字，用汉天子认可的"王"字予以取代。

但问题是，为什么墓主人的名章显示他叫"赵眛"而并非《史记·南越列传》所记赵胡呢？目前尚无明确的答案，还是一个不解之谜，也许，正像有人猜测的那样，是司马迁记错了，或者是《史记·南越列传》等相关古籍在传抄过程中不小心给抄写错了。

四

《史记·南越列传》记载，南越国第三代王赵婴齐死后，"太子"赵兴继位，其母樛氏成为王太后。彼时是汉武帝元鼎四年，前113年。

樛氏在汉朝还没有嫁给赵婴齐的时候，曾经同霸陵一个叫作安国少季的朝廷官员勾搭成奸。赵婴齐死讯报到汉廷，汉武帝不知为什么就恰好派了安国少季出使南越。汉武帝的目的有两个，一是传达天子对南越王遗孀遗子和众位大臣的慰问，二是要新即位的赵兴和王太后像内地诸侯那样，入朝拜见天子。说白了，就是要收回南越国独立自治的权力。

南越王年少无知，朝中大权实际操纵在母后樛氏手里。樛氏来自中原，汉使安国少季还是她的老相好，二人一见立刻如干柴烈火般腻在了一块儿，搞得沸沸扬扬，南越国人因此对樛氏多有不满，没人再愿意追随于她。

樛氏知道问题的严重性，就想依仗安国少季，压制南越王和群臣归附汉朝，于是借安国少季之手给武帝上书，请求比照内地诸侯，三年朝见天子一次，撤除边境关防。武帝答应了樛氏的请求，还特赐南越国时任丞相吕嘉以及其他"常委"各一枚大印，允许南越王对其余官吏自行设置、任命。武帝同时还下令，废除南越国原有的黥刑、劓刑，比照内地的诸侯实行汉朝的法律制度。此外，还旨令汉朝的使者留下镇抚南越，南越王及王太后即刻整治行装和贵重财物，为进京朝见天子做准备。

南越丞相吕嘉是四世元老，势力盘根错节。他的宗族内，有70多人都是南越时任重要官员。男的大都娶的是赵氏王族的女子，女的大都嫁的是王子及其兄弟宗室之人。此外，他们还同苍梧郡的秦王有联姻关系。吕嘉在南越国内地位显要，德高望重，颇得南越人的信任。

南越王要完全归附汉朝，吕嘉屡次反对，但南越王则唯母后马首是瞻，根本不听他的劝告。吕嘉遂产生了背叛的念头，托病不去会见汉朝使者。双方闹得不可开交，樛氏有一次在提前安排好的酒宴上，率先发难，要刺杀吕嘉，被吕嘉机智躲过。

吕嘉逃过一劫，索性一不做二不休，联合弟弟率兵发动兵变，一举杀死了南越王、王太后樛氏以及汉朝的使者。然后又派人告知苍梧秦王和各郡县官员，立明王赵婴齐与南越籍妻子所生的长子术阳侯赵建德做了南越王。

早在此之前，汉武帝就得报，丞相吕嘉不服南越王，使者又胆怯而无决断能力，南越王和王太后势单力孤，难以改变局面，于是汉武帝就派了韩千秋和王太后的弟弟樛乐两人，率兵两千前往南越，帮助南越王镇守。但等韩千秋的军队进入南越境内时，吕嘉已经发动兵变取得了胜利。韩千秋孤军深入，吕嘉用计轻松将其消灭，只留下了韩千秋等个别几人的性命。

元鼎五年（前112年）秋天，汉武帝命令已经由卫尉升为伏波将军的路博德、楼船将军杨仆以及原来归降汉朝被封侯的两个南越人，兵分三路率军征讨南越。这年冬季，汉军攻打南越都城番禺，南越军溃不成军，一败涂地。吕嘉和南越王赵建德趁深夜同数百名部下慌忙逃入大海，乘船向西逃亡。汉军问得二人行踪，立即展开追捕行动，将他们生擒。

从赵佗最初称王起，南越传国五世，共计93年。其中赵佗在位大约67年，赵眜在位约16年，赵婴齐在位9年，赵兴和赵建德在位合起来仅1年时间。

▲ 南越王博物院展示的南越王赵眜牙齿骨[212]

五世南越王中，除后两位被俘杀外，赵佗、赵眜和赵婴齐三座南越王墓都应该在番禺即今广州一带。据南越王墓主要发掘人、时任广州博物馆馆长的麦英豪说[213]，1983年5月，也就是南越王墓发现前一个月，他们在广州西村车辆段宿舍工地清理了一座大型木椁墓。该墓坑长13米，宽6米，墓内所填全部是河沙。木椁除了最底下一层椁底，其余全部腐朽。椁底可以看出油漆痕迹。由于该墓早被盗窃，偌大的墓穴也只发现了两件破损的小陶器。但幸运的是，在中后部的盗洞位置处，发现了十多件精美玉器，包括玉舞人、玉璜、玉璧、玉具剑饰等，所在位置高低不一。这些玉器的材质、造型、工艺等，同象岗南越王墓所见几乎完全一样，玉质甚至更为晶莹剔透。

这座墓葬是广州所见南越国时期规模最大的一座木椁墓。过去，在广州发现的南越同时期大墓中还没有见过如此精美的玉佩饰出土。考虑到满城中山靖王后窦绾墓和长沙马王堆一号墓的墓主同是女性，均无铜铁宝剑随葬，此墓有劫余的大型玉剑饰遗留，所以推测该墓主人是男性，并极有可能是被孙权派兵盗掘过的南越第三代王赵婴齐之墓。

这样一来，赵佗、赵眜和赵婴齐三座南越王墓中，后两座都有了着落，唯有赵佗墓藏而不露，至今还是一个谜。

是赵眜而非赵胡：南越国的朦胧史　　307

汉文帝霸陵被误拜千年后终归正

一

汉文帝刘恒是西汉实际上的第三位皇帝，乃汉高祖刘邦第四子、汉惠帝刘盈异母弟，母为薄姬，即薄太后。

公元前196年，刘邦镇压陈豨叛乱后，封8岁的刘恒为代王，都于晋阳（今太原）。前180年，吕后病死，诸吕作乱，丞相陈平和太尉周勃、朱虚侯刘章等宗室大臣共诛诸吕，迎立以慈善仁孝著称的刘恒为帝，是为汉文帝。

文帝即位后，奉行"无为而治"思想，在政治、经济和军事诸领域都进行了鼓励农桑和给百姓以宽松环境为目的的改革。他不断下旨减免百姓赋税，给予百姓实惠。君臣上下齐心协力，躬行节俭，励精图治，国力不断强盛，府库充盈，开创了中国帝制以来第一个盛世局面——"文景之治"。

《史记·孝文本纪》记载，为了不给百姓增添负担，汉文帝在位23年内，严于律己，以身作则，宫室、园林、狗马、服饰、车驾等，什么都没有增加。对百姓不便的事情，一旦察觉就立即予以废止。

有一次文帝想建座露台，召来工匠算了一下，需花费100金。文帝说："100金需要10户中等人家的产业，我供奉先帝的宫室，只恐怕让先帝蒙羞，还建露台干什么！"

文帝平常穿的是黑色的粗丝衣，就连他宠爱的夫人的衣服，也都规定不准长及拖地，帷帐不准用彩绸。

宽俭待民可以看作是汉文帝治国思想的精华，甚至其在临终时刻，都念念不忘。他在遗诏中说："朕闻天下万物之萌发生长，没有不死亡的。死亡乃天地之间的常理，是世间万物的自然规律，有什么值得过分悲哀的呢！如今这个时代，世人皆好生而恶死，死后却要用厚葬来败光家产，过度服丧以致伤害身体，朕认为不可取。况且朕德行浅薄，对百姓亦无什么帮助。朕现在驾崩，让人们长久服丧哀哭，遭受严寒酷暑的折磨，使百姓父子哀伤，老幼心志受损，减少饮食，中断对鬼神的祭祀，这会使朕的德行更加浅薄，怎么对得起天下人呢！

"朕能够奉守宗庙，凭借渺小的身躯被天下诸侯抬举在上，已经有20多年了。仰仗天地的威灵、社稷的福祉，才使得国内安宁，没有战乱发生。朕不够勤敏，经常担心行为有过失，使先帝遗留下的美德蒙受耻辱。时间长了，更是担忧自己不能善终。现在竟然有幸享尽天年，得以被供奉在高庙里。我不贤明却能善终，有什么可悲哀的呢！

"现在诏令全国官员民众，诏令到达后，出门致哀三天，然后都脱去丧服。不要禁止娶妻、嫁女、祭祀、饮酒、吃肉。应当服丧的亲戚子弟，都不要赤足踏地，孝带不要超过三寸宽；不要陈设车驾和兵器；不要发动男女百姓到宫殿哭丧。宫中祭吊之人，每天早晚各哭15声，行礼完毕就停止。不是早晚应当致哀的时刻，不准擅自哭泣。

"下葬之后，按丧服制度应穿大功服丧 9 个月的只穿 15 天，应当穿小功服丧 5 个月的只穿 14 天，应当穿缌麻服丧 3 个月的只穿 7 天，然后脱去丧服。其他不在规定范围内的，都参照这一诏令办理。将诏令布告天下，使天下人明白朕的心意。霸陵周围的山川要保持原样，不要有所改变。后宫夫人以下到少使的嫔妃、侍妾都遣散回家。"

据说，汉文帝霸陵是中国第一座依山凿穴为玄宫的帝陵。《汉书·张释之传》记载，当文帝看到断崖上凿洞为玄宫的墓穴时，感慨地说："用北山之石作为棺椁，把麻絮切碎充塞在石椁的缝隙中，再用漆黏合起来，这样的陵墓难道还能打开？"

中郎将张释之说："如果里面有别人想要的东西，即使将整座山封起来，也还是有缝隙的。如果里面没有人想要的东西，就算没有石椁，又有什么可担心的呢？"

文帝觉得张释之言之有理，完全符合他薄葬的思想，还解决了他怕盗抢的后顾之忧。

后元七年（前 157 年）六月初一己亥日，文帝在未央宫驾崩，享年 47 岁。汉文帝死后，其子刘启即位，是为汉景帝。景帝遵从文帝的遗命："治霸陵皆以瓦器，不得以金银铜锡为饰，不治坟，欲为省，毋烦民……霸陵山川因其故，毋有所改"（《史记·孝文本纪》），将其从简埋葬在霸陵。

二

西汉立国达 215 年，共有 11 座帝陵。其中 9 座位于渭河北岸的咸阳原上，另有两座位于今西安的东、南郊，一座是文帝霸陵，一座是宣帝杜陵。关于文帝霸陵，人们只知道是建立在灞水边的白鹿原上，至于具体位置，史籍并没有详细的记载。

因为汉文帝霸陵处在灞水边上，所以霸陵又称为灞陵；又因为霸陵位于白鹿原上，白鹿原又称为霸陵原。而在更多的时候，人们则是用霸陵指称霸陵原。

霸陵自古以来就是交通要塞，《史记·张释之冯唐列传》记载，当年汉文帝巡视霸陵建设工程时，曾指着霸陵北边的道路，对随行的慎夫人说，"此走邯郸道也"。因为慎夫人是邯郸人，汉文帝告诉她，这是去她家乡的道路。可见，当年汉文帝虽然坚持要薄葬，但对风水还是比较讲究的。

猜测汉文帝为自己修建霸陵时，就已经开始令人在此遍植杨柳了，霸陵因此成为一个著名的所在。《史记·李将军列传》记载，李广被削去官职，退居林下。某晚带一个随从，骑马出门，与从人在田间饮酒，回去时走到霸陵亭，想要过去。此时，守霸陵的尉官喝醉了，便呵斥李广，不让他通过。李广的随从说："这是从前的李将军。"尉官说："现任将军尚且不能夜行，何况是从前的将军！"李广无奈，只好在亭子外面露宿了一夜。

这个故事后来演变成"霸陵醉尉"这样一则成语，形容英雄落魄后遭人侮辱。但这只是故事的前半段，还有个后半段：此事过后不久，匈奴进犯，李广重新得到起用。他特意向武帝提出请求，要带上那个霸陵尉。结果，到了前方军中，李广就找了个借口斩掉了那个亭尉的头颅。

隋唐时期，由于霸陵一带杨柳依依，山光水色，风光旖旎，还是长安通往洛阳的官道，再加上唐代在这里又设置了驿站，还有灞桥，一时间竟成为诗人"网红"们的"打卡"胜地。唐代有很多诗人都在此留下了脍炙人口的名篇，其中又以李白最有代表性。在李白众多诗篇中，写霸陵的可谓比比皆是，如他的《灞陵行送别》：

送君灞陵亭，灞水流浩浩。
上有无花之古树，下有伤心之春草。
我向秦人问路歧，云是王粲南登之古道。
古道连绵走西京，紫阙落日浮云生。
正当今夕断肠处，骊歌愁绝不忍听。

再如他的《忆秦娥·箫声咽》：

箫声咽，秦娥梦断秦楼月。
秦楼月，年年柳色，灞陵伤别。
乐游原上清秋节，咸阳古道音尘绝。
音尘绝，西风残照，汉家陵阙。

这首词中的"灞陵伤别"因此成为了一个后世人人耳熟能详的成语。

宋代也有不少诗人骚客在此留下了传诵久远的名言佳句，如许庭的《临江仙》：

不见霸陵原上柳，往来过尽蹄轮。
朝离南楚暮西秦。
不成名利，赢得鬓毛新。

莫怪枝条憔悴损，一生唯苦征尘。

▲ 明·沈周《灞桥风雪图》

两三烟树倚孤村。

夕阳影里，愁杀宦游人。

如周邦彦的《西河》：

长安道，潇洒西风时起。
尘埃车马晚游行，霸陵烟水。
乱鸦栖鸟夕阳中，参差霜树相倚。
到此际。愁如苇。
……

再如柳永的《少年游》：

参差烟树灞陵桥，风物尽前朝。
衰杨古柳，几经攀折，憔悴楚宫腰。

夕阳闲淡秋光老，离思满蘅皋。
一曲阳关，断肠声尽，独自凭兰桡。

霸陵的西风、烟水、乱鸦、栖鸟、霜树、衰杨、垂柳、夕阳……都成为诗人眼中饱含伤怀离别之意的前朝风物。

就这样一直到了元代，骆天骧在其编撰的《类编长安志》中，突然给出了文帝霸陵的具体位置，是"在京兆通化门东四十里白鹿原北凤凰嘴下"，即现在西安市灞桥区席王街道毛窑院村南的白鹿原畔。

矗立在这里的凤凰嘴是一个凸出的山头，整个山形很像帝陵封土，颇有汉文帝"因其山，不起坟"的从简薄葬风格，人们因此认定文帝霸陵就在凤凰嘴下。

自此，历代政要和文人墨客前来瞻仰凭吊者更是络绎不绝。明代画家沈周和吴伟还分别就同一题材各创作了一幅《灞桥风雪图》。山岩积雪，树木萧瑟，空荡沉寂，只有一行旅之人正在骑驴通过一座狭窄的木桥。整个画面渲染的是中国文人所特有的那种以高洁孤标傲世的苦吟气概。

至清代时，凤凰嘴更成为官方认定的汉文帝霸陵，"凤凰嘴"前因此立满了各色凭吊纪念碑刻，包括"康熙二十七年御制碑""雍正元年祭祀碑""嘉庆二十四年御祭碑"，以及清代乾隆年间陕西巡抚毕沅题写的"汉文帝霸陵碑"，等等。

20世纪上半叶，有不少中外学者先后到凤凰嘴考察，皆认定凤凰嘴就是霸陵。中华人民共和国成立后，相关部门又做过数次调查，也得出了同样的结论。

三

江村大墓位于西安东郊白鹿原的西端，东北距其约800米处为汉文帝夫人窦漪房窦皇后陵，西南距其约2000米处为汉文帝的母亲薄太后南陵，北距其约2100米处就是赫赫有名的"霸陵"所在"凤凰嘴"。

江村大墓因被盗发现于2001年，考古部门经过勘察发现，是一座西汉时期的墓葬，墓室长宽各约40米，深约30米，有三道回廊，紧贴墓圹砌有一周砖墙，墙内为枋木垒筑的外椁，外椁与第二周枋木墙之间为宽、高各约2米的外回廊，廊内堆积有大量的木炭，第二周枋木墙一端设门，内为第二道、第三道回廊。盗墓者盗走近300件文物。[214]

▲ 明·吴伟《灞桥风雪图》

▲ 江村大墓[215]

2002年在美国举办的一次拍卖会第一次把江村大墓推到了人们面前。在拍卖前，中国相关部门注意到，拍卖的名单里有6件西汉时期黑色的陶俑来自中国西安。国家文物局立即委托考古学家焦南峰前往交涉，后经过多方努力，这6件陶俑于2003年顺利运回西安。

随后，文博考古部门对这6件陶俑的来历展开详细调查，历时三年，最终确定这些陶俑出自江村大墓。为此，考古人员再次对江村大墓进行了考古调查，发现这里竟隐藏着一座有着四条墓道的"亞"字形大墓，地面没有封土现象。墓室四周还发现有110多座外藏坑，外藏坑外围有卵石铺砌的陵园设施，边长约390米，石围界四面正中外侧还设有门址，推测可能为独立的帝陵陵园。

设有4条墓道的"亞"字形竖穴土坑墓，在汉代属于顶级配置，是只有皇帝、皇后才能享用的墓葬形制。问题是，西汉的11座帝陵都已经各有所属，而根据文献记载，只有汉文帝的霸陵是建在这个地方，难道"凤凰嘴"地点的霸陵出了问题不成？

考古人员抱着怀疑的态度在2007年，对环绕江村大墓的8座外藏坑进行了发掘，结果出土了大量的汉代文物，包括陶俑、铜印、铜车马器及铁器、陶器等1500余件。其中，在出土的铜印印文中有"车府""器府""中骑千人""府印""仓印""中司空印"等字样。

▲ 江村大墓出土的部分铜印文[216]

这是什么意思呢？古人迷信，认为人死了变成鬼就生活在了冥界。人在生前拥有的东西死后也要想办法保住。从这个意义上讲，江村大墓周围分布的那110多座外藏坑应该就是模仿西汉社会现实生活中的官署、府库等营造的阴间行政部门。显然，能统领这些部门的人物只有一个，那就是高高在上的皇帝。

考古人员把目光投向江村大墓东北方800米处那座"亞"字形大墓——窦皇后陵墓。窦皇后陵现存"覆斗形"封土，墓葬呈"亞"字形，陵侧有10多座外藏坑，周围有夯土园墙和门址。

在经过进一步的考古勘探后，考古人员发现，江村大墓和窦皇后陵墓竟然处在同一个陵园中，因为在两座大墓的外围发现有陵园园墙遗存。陵园东西长约1200米，南北宽约863米。在大陵园内外，还发现了不同类型的外藏坑、建筑（包括陶窑）、陪葬墓等遗存。按汉代葬制，两座大墓同处一座陵园内为同茔，一人一个墓穴是为异穴。江村大墓和窦皇后陵墓安置在同一个陵园中，体现的正是汉代帝后合葬的"同茔异穴"规制。

▲ 窦皇后陵

问题已经很明确了，能够同窦皇后并列埋在同一个陵园中的人，除了她的老公汉文帝刘恒之外，再不会有第二个人选。然而如此一来，位于凤凰嘴地点的霸陵又该怎么解释？

2011年，陕西省和西安市文物部门组织专家对凤凰嘴进行了一次"体检"，结果，所有人都傻眼了："凤凰嘴"这座千年来被认为是汉文帝霸陵的山坡，竟然没有发现任何墓葬。

至此，真相大白，江村大墓才是名副其实的汉文帝霸陵所在。

▲ 长期被误认为是汉文帝霸陵的凤凰嘴[217]

既然如此，为什么凤凰嘴千年以来一直被认为是汉文帝霸陵所在呢？专家们的解释是，《史记·孝文本纪》和《汉书·文帝纪》都记载文帝遗命是："霸陵山川因其故，毋（无）有所改。"《汉书·楚元王传》还记载："孝文寤焉，遂薄葬，不起山坟。"而凤凰嘴呈现出的金字塔外形与史籍记载相符，并且与其他帝王陵墓的封土十分相似，因此导致了后人的误认和讹传。

四

古代皇帝一般是在生前按照祖制给自己修建陵墓。文帝的父亲汉高祖刘邦当年为自己修建陵墓的时候，其实就将渭河北岸的咸阳原划定为皇家墓葬区了。可是，为什么文帝没按照祖制将自己的陵墓建在咸阳原的皇家墓葬区，而是建在了东边的白鹿原上呢？这个事情说起来与他的母亲薄太后有关。[218]

《史记·吕太后本纪》记载，前180年七月中旬，吕后在病危期间，任命赵王吕禄为上将军，统领禁卫军的北军，让吕产统领南军。吕后告诫吕禄、吕产说："高祖当年平定天下时曾与大臣们约定，不是刘姓而称王者，天下共灭之。现今吕姓称王，大臣们恐怕要发动变乱。你们一定要拥兵保卫皇宫，千万别去送丧，不要为人所制服。"

吕后离世，诸吕果真企图发动政变，取代刘汉天下。刘姓宗室和忠于汉室的太尉周勃、右丞相陈平等大臣联合起来，消灭了吕氏势力，使得大汉政权重新回到刘氏手中。由于吕后此前所立前少帝刘恭和后少帝刘弘，都不是惠帝刘盈的亲儿子，所以王公大臣都不予承认。就是在这种情况下，以宽厚、仁慈、孝顺闻名的代王刘恒被推到了历史的前台，登上了皇帝的宝座，他的母亲薄姬也由此变成了薄太后。

薄姬说起来也是个苦命人。她早年嫁给魏王魏豹为妾，后来魏豹被刘邦击败，死于非命，她就被刘邦纳入后宫。虽然她为刘邦生下了儿子刘恒，但刘邦始终没有升她为夫人。

汉高祖十二年（前195年），刘邦去世，吕后专权，那些受到刘邦临幸的爱姬如戚夫人等，都被她幽禁起来，不能出宫。薄姬因为不受刘邦宠爱，没有参与后宫之争，所以才得以出宫，跟随儿子刘恒前往刘恒的封地代（今太原忻州一带），作代王的太后。

薄姬前半生经历了魏王和汉高祖两任丈夫，十分厌倦政治斗争。在汉初复杂的政治环境中，她和儿子刘恒远离是非之地，与民休息，恭俭作则，代地由是大安，也因此养成了代王刘恒温柔敦厚、谨慎沉静的性格，这为刘恒后来登基并开创"文景之治"盛世局面，奠定了良好的基础。

刘恒在代地与母亲相依为命15年，因而对母亲有很深厚的感情。

《史记·袁盎晁错列传》记载，汉文帝时大臣袁盎曾提道："陛下居代时，太后尝病，三年，陛下不交睫，不解衣，汤药非陛下口所尝弗进。"这就是"二十四孝"中"亲尝汤药"故事的由来所在。

▲ 元·郭居敬《二十四孝·亲尝汤药》图

刘恒成为皇帝要给自己修建陵墓时，首先遇到的问题是，如何安置自己的母亲薄太后。薄太后在此之前，一直是以汉高祖嫔妃的身份出现。当时吕后已经和高祖在长陵合葬，薄太后将来要想同高祖合葬，只能将太后的身份降低为嫔妃，这当然是汉文帝所不能接受的。

其次，西汉帝陵是按照西周以来昭穆制度来排序布局的。父居左为昭，子居右为穆。刘邦的长陵占据祖位，是为昭位；惠帝刘盈的安陵居右，是为穆位。但作为惠帝刘盈兄弟的汉文帝，同为刘邦之子，又该怎样占位呢？这显然也是一个棘手的问题。

或许，正是在这种情况下，汉文帝效法前朝旧例，学秦昭襄王嬴稷的做法，同母亲一起，离开祖陵区，别葬他处。

但为什么汉文帝将他的霸陵选建在白鹿原呢？后人研究，可能有两个因素。

一是考虑到当时的政治形势。汉初的政治威胁主要来自北方的匈奴、东方六国遗民贵族和异姓诸侯王。皇陵的选址在当时不仅仅是用于后人纪念，还在于是一种有效的防御措施，因为附设的陵邑就是发挥监控和防范作用的一道堡垒。汉文帝即位时，其父兄汉高祖刘邦和惠帝刘盈已经以陵墓的形式在京城北侧建起了一个缓冲地带，而长安以东除了关中东部的函谷关、东南的武关之外，再无别的屏障可依，一旦关隘陷落，京城即危在旦夕。所以，将霸陵选在长安以东的东西交通要道的咽喉部位，也是时势所然。

二是考虑到他个人的感情因素。汉文帝是一个情感十分丰富、细腻的人，这从他为卧床母亲亲自尝药就可见一斑。汉文帝从8岁被封到代地，在那里度过了15年的岁月。代地留给他的，不仅是儿时的回忆、青春的梦想，那里还是他的"龙兴之地"，是他内心无法割舍的一份真挚的情感。将霸陵选在白鹿原上，可以借助旁边宽阔的大道让他魂归"故里"，不落孤冢寒。

蔡伦不是造纸术的发明人

一

过去1000多年以来，人们大都认为蔡伦是造纸术的发明人，然而，近百十年的考古实践却表明，早在西汉时期，纸张就已经存在。从这个意义上讲，蔡伦不是造纸术的发明人，而是造纸术的革新者，或者说是"蔡侯纸"的发明者。

张克复在《档案学研究》1993年第1期撰文《30年代以来西汉纸张和纸质档案的重大发现综述》指出，从1933年到1979年，中国考古工作者先后四次出土了西汉时期的麻纸。

第一次是在1933年，考古学家黄文弼在新疆罗布淖尔汉代烽燧遗址中，发现了一片植物纤维纸，约为公元前49年西汉宣帝时期之物，比"蔡侯纸"早了150余年。学界称为新疆罗布淖尔纸，简称罗布淖尔纸。

第二次是在1957年5月，考古人员在陕西西安灞桥砖瓦厂建筑工地上发掘了一座不晚于汉武帝时期（前140年—前87年）的墓葬，其中有一铜镜，下面垫有一叠古纸残片，颜色泛黄，质地细薄匀称，后经反复分析化验，是麻类植物纤维纸，比"蔡侯纸"早了200余年。学界称为陕西灞桥纸，简称灞桥纸。

第三次是在1973年，考古人员在甘肃酒泉居延金关遗址发掘出土了两片西汉麻纸。其中较大的一片，色泽白净。与之同出的简牍最晚年代，经鉴定是汉宣帝甘露二年，即前52年，发掘者认为这片麻纸的生产日期不晚于这个年代，比"蔡侯纸"早了150多年。另一片呈暗黄色，出土地层属于公元前4年—前3年，早于"蔡侯纸"100年以上。学界称为甘肃居延金关纸，简称金关纸。

第四次是在1978年，考古人员在陕西扶风县太白公社长命寺大队中颜村，发现一处西汉时的窖藏。发掘后清理出几张揉成一团的纸张，其中最大的一片呈乳黄色，质地柔韧，经鉴定，原料是麻类纤维。碳十四测年表明，窖藏系公元前73—前49年汉宣帝时期的遗物。该纸张比"蔡侯纸"早了150~170年。学界称为陕西扶风中颜纸，简称中颜纸。

▲ 居延金关纸

▲ 扶风中颜纸

罗布淖尔、灞桥、金关和中颜村西汉纸张的四次出土，震动了学术界，也引起了持久而激烈的争论。主要原因，一是由于罗布淖尔纸已毁于战火，没有实证依据。

二是这几种所谓西汉纸张的出土缺乏明确的出土层位，不能证明就是西汉纸张。如张秀銚在《中国造纸》1987年第2期发表《蔡伦发明造纸术有充分历史根据》一文，断然否定上述四种出土纸张属西汉时期，他认为，像"灞桥纸"，虽然分析化验证明主要是由大麻和少量苎麻纤维组成，但还不能肯定确凿的年代。因为小碎片纸张本身并无文字记明年代，主要是根据墓中铜剑、铜镜、弩机、石卧虎、陶俑、陶鼎、陶罐、铁灯等实物断定此墓为西汉墓，而各种实物均无年代，只有半两钱有文字。即使在同一处出土的古物，年代有时亦可相差千年。

　　三是灞桥、金关、中颜三种西汉纸出土数量少，残存面积小，纸面较粗糙，无书写绘画痕迹，出土现场又多作杂用，学界有不同意见。有的学者认为这些纸张还不是真正的纸，起码不是适宜作为书写材料的纸。如轻工业部造纸工业科学研究所王菊华、李玉华两位先生，在1979年就通过显微镜、扫描电子显微镜等现代鉴定手段，采样、分析、比较后，得出结论说："灞桥纸不能以纸定论"，"似纸的薄片不是抄造而成的，而是纤维自然堆积而成"。同时认为金关纸、中颜纸"不宜作为书写材料。但由于经历了纤维切断和打浆的基本工序……它们可以算作纸的雏形或可称为原始纸"。[219]

　　但另外一些学者和专家，经过同样的分析和化验后却得出了截然相反的结论，如许鸣岐先生在对灞桥、金关和中颜三种西汉纸重新进行分析检验后，在1980年12月3日的《光明日报》刊文《考古发现否定了蔡伦造纸说》指出：灞桥纸"是由麻料经切断、沤煮、舂捣而成浆，使短细匀整的、分散的单根纤维异向交织、抄造而成的纸"，并非"由麻絮、麻屑等堆积物，受镜身压力成片"，金关纸和中颜纸"也都经过切、煮、捣和抄的工艺操作过程"。检验专家还用毛笔在西汉中颜纸上成功进行了墨写。所以，出土的西汉麻纸"是真正的纸"，"从而否定了流传一千多年的蔡伦发明造纸说"。

为了进一步验证西汉纸是否货真价实，1987年，中国科学院自然科学史研究员潘吉星先生，将灞桥、金关和中颜三种纸的纤维样品分别送到日本京都生产开发科学研究所、高知纸业试验场、东京明石光学技术株式会社中心进行鉴定，结果均确定为植物纤维纸，其中灞桥纸更为原始一些。[220]

二

如果说20世纪80年代以前，人们对上述四种考古出土的西汉纸张还有比较大的争议的话，那么70年代末以后陆续公布的几次西汉纸的发现，则以无可辩驳的事实让这些怀疑论者哑口无言，从而彻底否定了流传久远的造纸术蔡伦发明说。[221]

首先是马圈湾纸的出土。1979年9—10月，考古工作者在甘肃敦煌马圈湾遗址出土了大量麻纸片。依质地、年代等分为三类：第一类，纸张发黄，表面粗糙，纤维分布不均匀，这类纸经鉴定，生产年代至迟也在汉宣帝元康—甘露年间，即前65—前50年；第二类，纸张出土时与牲畜粪便杂堆在一起，受污染而呈土黄色，质地细匀，生产年代不晚于前48—公元5年，亦即不晚于汉元帝至汉平帝时期；第三类，质地细匀且洁白，为公元9—23年王莽新朝时所产。马圈湾西汉纸张，不但数量大、种类多，保存较好，残张面积大，而且质地有粗糙、细匀之分，颜色有黄、白之别，反映了西汉纸在生产质量上有一个逐步发展的过程，说明至迟到西汉末年时，造纸技术已臻于成熟。

其次是放马滩纸地图的出土。1986年，天水市小陇山林业局党川林场职工在放马滩护林站发现一古墓葬群，其中有一座为西汉文景时期即前179年—前141年的墓葬，在棺材内墓主人胸部，平放着一张西汉初期的纸绘地图，由于墓内积水受潮，该地图仅剩残片，长5.6厘米，宽2.6厘米。图上显示的是用细黑线条绘制出的山脉、河流、道路等图形，其绘图手法类似于长沙马王堆汉墓出土的帛图。中国科学院自然科学史研究所专家经过鉴定分析后，确认该图系西汉初期的纸质地图，比"蔡侯纸"早了250~290年，是我国迄今为止所发现最早的纸绘地图实物和最早的纸质档案。

▲ 敦煌马圈湾纸

▲ 天水放马滩纸地图 [222]

再次是悬泉纸的出土。1991年12月，考古人员对甘肃敦煌悬泉置遗址进行初步发掘，出土了多片西汉麻质纸。这些纸张出土时与准确纪年简牍有明确的共存关系，系前73年—前1年西汉宣帝至哀帝时期的遗物。特别值得一提的是，还发现了有书写字迹的麻纸片，其中最多的一片上面有30多个墨字，字迹清晰，字体工整。这是目前我国发现最早留有字迹的纸，彻底粉碎了西汉纸不能书写的质疑和谣言。

除此以外，2006年8月4日的《光明日报》发表记者庄电、通讯员李岩云采写的通讯《敦煌发现写有汉字的西汉麻纸》介绍说，继马圈湾纸、放马滩纸地图和悬泉纸出土以后，几年前，当地

▲ 写有30多个墨字的敦煌悬泉纸

文物部门在修缮玉门关时，又在小方盘城南侧废墟中发现了西汉麻纸残片。其中一块写有汉字的褐黄色麻纸残片，呈不规则形状，约有10平方厘米。虽是残片，但上面的字迹却清晰可辨。残片上的字是工整、美观的隶书，可以辨认的有20多字："陵叩头□□言□君夫人御者足下也□不审至不陵不□□从者景君惠达恩"。专家分析，这些文字可能是书信的一部分。经过比对发现，麻纸上的字迹，与同出的汉简上的字迹基本相同。据此推断，这块有字的麻纸，当是汉成帝绥和二年即公元前7年的物品。这比"蔡侯纸"早了112年。

从1933年至今，西汉纸多次出土，时间上，覆盖了上至文、景时期下至王莽新朝时期；地域上，覆盖了从西汉都城长安所在陕西，至甘肃、内蒙古、新疆等古代"丝绸之路"沿线地区，这种情况既说明西汉纸在多个领域都得到了应用，并很可能成为西汉对外输出的特产，又表明西汉中期以后纸的生产已经具备了一定的规模和水平。尽管由于当时的纸张制造技术尚处于初期水平，纸张的整个制作成本过高，制作过程可能过于繁琐，纸张不能成为书写材料的主体，更无法得到普及应用，但西汉纸的存在是毋庸置疑的，这事实上是为接下来的蔡伦改革造纸术提供了坚实的基础和必需的条件。否则，很难想象，蔡

蔡伦不是造纸术的发明人

伦怎么就能一步登天，突然凭空造出质地优良、可以广泛应用于各个领域的"蔡侯纸"。

三

蔡伦，公元61年生（一说63年），121年去世，字敬仲，东汉桂阳郡人。汉明帝永平末年入宫给事———就是做了宫内一个侍奉人的小官，汉和帝继位后，蔡伦升为中常侍，成为皇帝近臣，给事左右，职掌顾问应对。后来又兼任职掌制造兵器及宫内器用的尚方令，位尊九卿之列，风头之劲一时无两。建光元年，即公元121年，邓太后去世，安帝亲政。因为蔡伦当初受窦后指使曾参与迫害安帝祖母宋贵人，致其死亡，还参与剥夺刘庆的皇位继承权，因而被审讯查办。安帝下令让蔡伦自己到廷尉（法官名）那里认罪。蔡伦认为是耻辱，遂在沐浴且将衣帽穿戴整齐之后，喝药自杀。

蔡伦兼任尚方令时掌管的尚方，是一个主管皇宫制造业的机构，我们今天耳熟能详的"尚方宝剑"就是指尚方制作的宝剑，后来演绎成为最高权力的象征。当时的尚方，集中了天下一流的能工巧匠，代表着那个时代制造业的最高水准。这为蔡伦进行科学技术研究提供了一个难得的空间和平台，他在工程技术方面的潜在天资，得到了很好的展现和发挥。

蔡伦执掌下的尚方，多方面改进并提高了制造业的工艺水准，长期居于东汉制造业技术的顶峰。尤其是尚方制造的刀剑等器物，《后汉书》誉之"莫不精工坚密，为后世法"。崔寔在《政论》中也称赞："有蔡太仆之弩，及龙亭九年之剑，至今擅名天下。""蔡太仆""龙亭"，指的都是蔡伦，暗示蔡伦的名字已成为兵器"品牌"的标识。

关于蔡伦造纸的记载，最早来自东汉官修史书《东观汉记》。《东观汉记》是东汉汉明帝时期（58—75年），由大学士刘珍、班固等人执笔编写的东汉国史。其中《蔡伦传》则是由崔寔、曹寿和延笃等后来奉汉桓帝之命在公元151年补写的。这时距离蔡伦去世才30年。

《东观汉记·蔡伦传》云："蔡伦……有才学，尽忠重慎，每至休沐，辄闭门绝宾客，曝体田野。典作尚方，造意用树皮及敝布、鱼网作纸……天下咸称蔡侯纸。"

大意是说，蔡伦学识渊博，才能杰出，忠心耿耿，慎重行事。每当休息时，他总是闭门谢客，深入田野去考察。他在掌管尚方时，创造性地用树皮、敝布、鱼网等作为原材料去造纸，天下人称之为蔡侯纸。

有学者认为，文中"造意"二字即创造发明的意思，所以这段话就是在叙述蔡伦是如何发明造纸术的，换言之，这一原始记录就是蔡伦作为造纸术发明人的铁证。这有点儿断章取义了，因为在这段话后面还有一句话："天下咸称蔡侯纸。"这也就是说，蔡伦只是"蔡侯纸"的发明人。这里虽然没有提及，但也并未否定，之前还有其他纸张存在。

范晔的《后汉书》卷七十八《宦者列传》对蔡伦造纸有了更为详细的记载："蔡伦字敬仲，桂阳人也……永元九年（97年）监作秘剑及诸器械，莫不精工坚密，为后世法。自古书契多编以竹简，其用缣帛者谓之为纸。缣贵而简重，并不便于人。伦乃造意，用树肤、麻头及敝布、鱼网以为纸。元兴元年奏上之，帝善其能，自是莫不从用焉，故天下咸称'蔡侯纸'。"

蔡伦不是造纸术的发明人

▲ 汉代造纸工艺部分流程复原图

显然，汉和帝时，蔡伦总结劳动人民的经验，发明了用树皮、麻头、破布、旧鱼网等作原料造纸的方法，并于元兴元年即公元105年上奏和帝，受到和帝褒奖后，其法得以推广，以至于"自是莫不从用焉"。新的造纸工艺，主要是在纸浆的化学处理和漂白等关键工艺方面有了重大突破。具体而言就是，使造纸原料多样化，化旧利废，取材方便，提高了植物纤维纸的质量，还便于推广普及。

《后汉书》这种表述同《东观汉记·蔡伦传》一脉相承，没有任何问题，甚至到了唐宋时期，人们都还认为蔡伦是造纸术的改进者而非发明者。如唐张怀瓘在《书断》中就这样写道："汉兴，有纸代简，至和帝时，蔡伦工为之。"意思是，早在汉朝初年，就已经用纸逐渐代替竹简做书写材料了。到东汉和帝年间，蔡伦领导皇家作坊里的工匠，改进和提高了造纸技术。

南宋陈槱在《负暄野录》中说得更为明白："盖纸，旧亦有之。特蔡伦善造尔，非创也。"南宋史绳祖在《学斋占毕》中也认为："纸笔不始于蔡伦、蒙恬。（原注：传记小说多失实，只如《事始》谓蒙恬造笔，蔡伦造纸，皆未必然……蔡伦乃后汉时人，而《前汉·外戚传》云"赫蹏书"，注谓赫蹏乃小纸也，则纸字已见于前汉，恐亦非始于蔡伦。但蒙、蔡所造精工于前世则有之，谓纸笔始此二人则不可也。）"陈槱和史绳祖既然这样特意强调蔡伦不是造纸术的发明人而只是改进者，说明至少在宋代时，人们已经普遍认为蔡伦就是造纸术的发明人了。

由于蔡伦的造纸术作为我国"四大发明"之一，令国人无比自豪，国内的一些大中小学教科书，就把"蔡伦是造纸术的发明人"当历史写了进去，以讹传讹，造成了青少年认识上的误区。好在现在的不少教科书在"西汉纸"不断出土的铁证下，已经纠正或正在纠正这种错误。

"孔末之乱"是子虚乌有

由于孔子的缘故，孔氏一族在秦以后就成为历朝历代帝制社会中的显赫家族，备受世人关注。2000多年的时间里，孔氏流传最广且为世人坚信不疑的一件事，就是发生在五代时期的"孔末之乱"。

根据元代孔思晦《孔氏宗支图记》、清代孔继汾《阙里文献考》等记载，孔末是南北朝时期刘宋王朝宋文帝赐予孔氏家族的奴仆刘景的后人，依照奴随主姓的规矩，刘景改名为孔景。五代时，孔末趁天下大乱，孔家后人多流亡他地谋生之际，杀害了孔氏族人与孔子四十二代嫡孙孔光嗣，随之冒称孔圣人后裔，骗取官府信任，夺走了原本属于孔氏宗族的世爵利禄。

孔光嗣有个独子叫孔仁玉，事发时尚在襁褓之中，因母亲张氏将他藏在自己的娘家才幸免于难。孔仁玉在外祖家接受了良好的教育，后逐渐成长为一个为人严正、临事果断的儒雅才俊。后唐明宗长兴元年（930年），鲁地有人见孔仁玉年届十九，贤能有加，于是就将"孔末乱孔"一事的来龙去脉告发到朝廷。朝廷派人查明真相，将孔末就地正法，随后任命孔仁玉为曲阜主簿。

明宗长兴三年（932年），孔仁玉迁龚邱令，封文宣公。后晋高祖天福五年（940年），改任曲阜令。

广顺二年（952年），后周太祖郭威在平定兖州慕容彦超之乱后，到曲阜巡查，拜谒孔庙。郭威召见孔仁玉，赐以五品服和银器杂彩等，并下旨令孔仁玉担任曲阜令兼监察御史。

孔仁玉在45岁时，死于任所，宋廷赠他兵部尚书头衔，葬在祖墓西面。

从此，中断了十多年宗脉的孔子世家得以中兴，且繁衍日盛，孔氏族人因感念孔仁玉在孔氏面临绝境时复兴了家族，遂尊之为"中兴祖"，并在府中建"报本堂"以示纪念。

▲ 衢州孔氏南宗家庙孔仁玉雕像[223]

"孔末之乱"在孔氏家族史上是一件大事，孔氏后裔及大部分国人都对之深信不疑。事情的转折来自2008年夏天，当时，位于孔林内的孔仁玉墓冢因遭暴雨侵袭而坍塌。大雨过后，曲阜市文物管理委员会对孔仁玉墓冢进行修葺时发现了《孔仁玉墓志铭》，即《鲁国郡孔府君墓志铭并序》。出乎所有人意料的是，这篇长达600余字的墓志铭虽然详细叙述了孔仁玉生平兼及家庭情况，但其中竟没有一字涉及对孔仁玉及其整个孔氏家族具有重要意义的"孔末之乱"事件。

"孔末之乱"是子虚乌有 　　　　　　　　　　　　　　　　335

▲ 曲阜孔林孔仁玉墓 [224]

  在场的专家们立即意识到，这是一件极其反常的事情，如果同孔仁玉生平密切相关的"孔末之乱"是真实发生过的历史事件，孔仁玉的墓志铭中绝不可能不提及。有学者立即对五代以来同孔仁玉相关的历史文献进行了检索梳理，结果发现，不惟《东家杂记》《孔氏祖庭广记》等孔氏家乘及墓志未载"孔末之乱"事件，宋元时期众多史籍如《旧五代史》《新五代史》《册府元龟》《五代史补》《宋史》等，也都没有提及"孔末之乱"，甚至没有关于孔末的任何记载。

  这些文献所记孔仁玉生平及其家庭情况同出土的墓志铭基本上相符。之所以说基本上是因为墓志铭中孔仁玉的字是"无违"，而在上述文献中是"温如"。不过，古人有很多都不止一个字，所以出土的墓志铭和文献中有不同的记载是可以理解的。除此以外，二者还有一个差别是，在具体任职及其时间上有所不同，这也可以理解，古时的文献大多是传抄，抄错时间和职务也属正常。由于墓志铭是第一手资料，出错的概率非常小，所以经过文献和墓志铭的对比校正后，孔仁玉的生平履历大致可以重新勾勒如下[225]：

孔仁玉，字无违（一说温如），后梁末帝贞明五年（919年）出生。后唐明宗天成二年（927年），9岁（古人记年龄多以虚岁为岁，此处照录，下同）时父亲孔光嗣去世，仁玉袭为陵庙主——就是孔氏祖先陵墓和孔庙的主人。后唐明宗长兴元年（930年）正月，12岁时授曲阜县主簿。因为主簿的责任是典领文书，办理事务，相当于现在的秘书长，12岁的孔仁玉恐怕没有能力担任这一职务，所以应该是个名誉上的虚职。后唐明宗长兴三年（932年）五月，14岁时以曲阜县主簿迁为兖州龚邱令，袭文宣公。后晋天福五年（940年）四月，22岁时为曲阜县令。后周广顺二年（952年）六月，34岁时受周太祖召对，复授本县令兼监察御史。宋初太祖建隆年间（960—963年），42岁至45岁，仍为曲阜县令。乾德元年（963年）时，卒于任所，享年45岁。

目前所能看到最早记载有"孔末之乱"的文献是1329年亦即元天历二年孔思晦所刻《孔氏宗支图记》，不过只有寥寥几语："有孔末者，承五季之扰，杀圣人子孙几尽，惟泗水令光嗣之子仁玉，生才九月，隐于外家得免，实四十三世孙也。"

此后的明清时期，关于"孔末之乱"的记载不但文字多了起来，相关的内容逐渐丰富起来，而且故事情节也变得越来越曲折。显然，这一"历史记忆"是孔氏后人故意"层累"虚构而成的悲壮故事。

至于孔氏后人为什么要制造这么一个子虚乌有的故事，一般认为主要是出于孔氏后人维护和巩固孔氏家族地位的需要。[226] 自汉代起，孔子之道、儒家学说成为历朝历代统治者用来巩固其统治的理论基石和指导思想，孔子直线上升为"圣人""大成至圣先师"，统治者在对其一再追封加谥的同时，也对其后裔"代隆辈增"，恩渥有加。孔氏家族在徭役、赋税、田地、教育等方面都享有其他豪门大族难以享受到的特权，社会地位较高。这种情况导致许多孔氏旁支觊觎，甚至不惜一切代价来谋取孔氏嫡裔正宗之位。《孔氏宗支图记》所记"圣祖大成至圣文宣王没世今二千载，子孙以蕃衍，荐蒙累朝优礼，迥与常人异，由是冒为圣人之裔以自利，代有其人"，就是这一历史情景的写照，由此，产生了激烈而残酷的内、外孔之争。

民国时期的《孔子世家谱》记载，金明昌三年（1192年），"有孔寅孙者以内院端修不令其弟男昌宗等入学诉于礼部，部是端修之议而黜之"。之后又有所谓"孔之仙者欲冒圣裔"，49代族长孔玭不从，结果一家11人被击杀的事情发生。

元延祐四年（1317年），"有孔礼者，因袭封思晦不许其入庙拜祭，遂陈告省部，自称二十七代孔乘次子景进之后，审系诈伪，编入里甲"。

明永乐三年（1405年），"又有孔谊妄称圣裔，亦言系出景进，赴通政理告，征诸洪武、天历碑，系西忠社民籍，自伏杖决"。

按照《孔子世家谱》的说法，这些所谓孔氏族人，实际上并非真正的孔氏后裔，而是不同时期孔氏家族奴仆一类的"洒扫（仆人）后裔"。由于真孔与伪孔之间的斗争一直在持续，以致"自五代及宋，孔氏所存无几，其有谱系同居者谓之裔封院，外居者谓之外院"，而外院在正宗的裔封院看来，是冒宗冒爵，乃仆随主姓而孔，"非吾族也"，所以，内院孔氏对外院冒称孔氏嫡裔的情况非常气愤，要辨别真伪，肃清异己，以维护真正孔氏宗族的地位和利益。"孔末之乱"便在这种情况下应势而生。

▲ 《鲁国郡孔府君墓志铭并序》

"孔末之乱"之所以选择孔仁玉作为故事的主人公大致有两个原因，一是孔仁玉生活的历史背景——唐末五代时期战争频繁、政治混乱、社会动荡不安等因素——为故事的设定提供了适宜的土壤。[227]

唐朝末年，爆发了黄巢、王仙芝领导的农民起义，历时十年，席卷大半个中国，唐王朝贵族阶级从上至下都受到了巨大冲击，贵族地主遭受凌辱，甚至被杀戮者比比皆是。唐代曾流传有一首无名氏所作"反诗"，活灵活现地表现了当时社会这种翻天覆地的形势：

自从大驾去奔西，贵落深坑贱出泥。
邑号尽封元谅母，郡君变作士和妻。
扶犁黑手翻持笏，食肉朱唇却吃斋。
唯有一般平不得，南山依旧与天齐。

《鉴诫录·金统事》

此后虽有朱梁代唐，但战争并未因此止息，社会仍然处于动荡不安之中。

山东曲阜的孔子后裔并非身居世外桃源，他们作为显赫家族，不可能不被波及。孔氏家族本来就是一个具有高低贵贱之分的封建等级小社会，那些身处底层的奴仆如洒扫户一类，在农民起义军铁蹄横扫之下，极有可能趁机造反，加入到农民起义行列之中，翻身打倒他们先前的主子，对其肆意凌辱和摧残。就这个意义而言，所谓"孔末"者，当非具体的人名，而是孔氏后人塑造出来的孔氏家族中那些地位低贱却又曾经犯上作乱的奴仆"贱民"。正是这样的历史背景诱发了创作者的动机，也使同仇敌忾的孔氏后人能够对无中生有的"孔末之乱"事件深信不疑，并连绵不断、添油加醋地传了下去。

二是孔仁玉之前与之后的孔氏子息繁衍情况判然有别，为孔仁玉后人编造"孔末之乱"故事提供了依据。据《孔子世家谱》记载，从孔仁玉的祖父孔昭俭，到其父孔光嗣，再到孔仁玉这一代，三世单传。而孔仁玉生有四子，传至第五十三世已多达二十支，其间所出名士、官僚等更是不胜枚举。仅就血缘支脉方面而言，从孔仁玉之前的三代单承到孔仁玉之后的人丁兴旺，瓜瓞绵绵，孔仁玉的确是孔氏家族上下传承中一个明显的转折点，所以《孔氏宗支图记》及《阙里文献考》皆云"后世以孔氏苗裔几绝而复续，称为中兴祖"，也并非向壁虚造。这一特殊情况，很自然就成为其子孙虚构"孔末之乱"再由其中兴的最佳"证明材料"。

附：

鲁国郡孔府君墓志铭并序

呜呼！昔天地未分，寿万八千岁，及乎恬然而清，帖然而宁，忠信欻起，礼乐交运。由是乎革三等之数，岂不以聪明智虑剽其大道焉？先圣文宣王蕴帝者之才，亡南面之位，时也！命也！奚能佛之？

公讳仁玉，字无违，即文宣王四十三代嫡孙也。生萃嘉祥，长隆劲节。年九岁，值泗水君即世，乃传家为陵庙主。终制授曲阜主簿，二年而就转县令兼袭封文宣公。公私大治，政平而通，民畏而爱，且古今神童侪之者谁是？知建木千寻，梁栋备百工之法；阿胶五寸，源流澄九曲之光。袟满言归，逍遥自得，常为乡里所进，孜孜论议，每一西上，复厥旧官，人以为我父母。君又经慕容作叛，公罹其灾，貔貅大虣，孤城若粉，揖让而出，何忧何惧。公身长七尺，见者奇之。

周高祖幸陵庙，侍对数刻，即赐绯，兼赐银器、杂彩、茶等。方俟他拜，天王晏驾，相次守当，州都督府长史未解其任。悲歌哲人，夏五月二十九日薨，享年四十五。哀哉！

公自少居众之上，不以富贵而甍其敬，不以贫贱而泄其虐，在我而已。昂昂丈夫，最伤者算不及于知命，其心则过焉。

夫人裴氏，同穴而来。长子宜，亦先圣奉祀之孙也；次子宪，习进士业；御哥、庆哥，比比成器。有女两人，或适或处。抆泪相勉，合兹大事。自殡及葬，鲜不中礼。余盖忝门人，谨为铭曰：天地仓黄兮，畴云不歇。杞国忧崩兮，道家恐发。禀阴阳而为顺，鉴始终而为达。青山绿水远凄凄，万树秋烟红叶飞。公之庆兮传子孙兮，公之誉兮配乾坤兮。

大宋乾德二年岁次甲子九月甲戌朔二十三日丙申建

说最会玩的皇帝"恭俭"是笑话

一

明末清初史学家谈迁在《国榷》卷二十二宣德十年乙亥条中记载，明代史学家何远乔曾给明宣宗朱瞻基以"文武恭俭之主"的评价，意思是说，明宣宗不仅在文治武功方面有杰出的成就，而且还是一位仁孝节俭的好皇帝。何远乔为此举了两个例子。一是宣宗时期，宫中欲用一木架，工匠便以金彩装饰，宣宗看见，"辄命易之"；二是宣宗一次与侍臣同游东苑，"指草舍一区曰此朕致斋之所，虽不敢上比茅茨，庶几不忘俭德"。

不能说何远乔有拍皇帝马屁之嫌，毕竟他是万历朝人，距离明宣宗时期已经过去了一个多世纪，但他只用两个道听途说的例子就得出明宣宗是一个俭约皇帝的结论，就有些只见树木不见森林的味道了。这显然不是一个严肃的史学家所该有的态度。

宣宗到底是不是一个勤俭持家的皇帝？我们先看看明宣宗的出身经历，就可明白一些基本的道理。

《明史·本纪第九》记载，朱瞻基出生那晚，祖父朱棣做了一个奇怪的梦。朱棣当时还是燕王，但他竟梦见他的父皇朱元璋将一柄大玉圭赐给了他，还对他说："传之子孙，永世其昌。"在中国传统礼仪中，大圭代表着权力，这实际上意味着，他将秉承大明皇位的传国大器。朱棣醒来后很高兴，还在津津有味地回忆梦中情形时，忽然有人禀报说，他的长孙朱瞻基降生了。不早不晚，偏偏就是他做美梦醒来之时，这让朱棣觉得梦中的情景或许就要应验在这个孙子身上。他赶忙跑去看孙子，发现孙子长得酷肖自己，脸上似乎还洋溢着一团英气。朱棣大为高兴，情不自禁大呼："此孙乃大明之福也！"

如果说世间真有含着金钥匙降生的人，那么朱瞻基可能就是其中排在最前面的那一位。朱瞻基的父亲朱高炽是朱棣的长子，但朱棣似乎并不太喜欢他，而是更偏爱次子朱高煦和三子朱高燧。但自从朱瞻基出生以后，朱棣爱屋及乌，态度来了一个180度的大转变，在他登上皇位成为明成祖的第二年，即永乐二年（1404年），就果断将朱瞻基的父亲朱高炽立为了太子。永乐九年（1411年），又将年仅14岁的朱瞻基册立为皇太孙。一定意义上说，明成祖将朱高炽立为太子，是为给朱瞻基将来即位铺路，这同当年古公亶父立季历为世子给后来的周文王姬昌铺路是一个道理。

明成祖非常喜爱太孙朱瞻基，有意要把他培养成一个杰出的帝王。为了给朱瞻基以更多的历练，明成祖几乎是走到哪里就把朱瞻基带到哪里。不管是巡幸北京，观看农家耕种，还是驱车北上，征讨蒙古，朱瞻基都不离祖父左右。明成祖还命大学士胡广等人到漠北军中，专门为朱瞻基讲论经史。在明成祖亲自栽培下，朱瞻基迅速成长为一个"文能提笔安天下，武能上马定乾坤"的青年才俊。

永乐二十二年（1424年）8月，明成祖驾崩，太子朱高炽即位，是为明仁宗。但仁宗在皇位上仅待了10个月，就一命呜呼，朱瞻基于是走上历史的前台，成为大明朝第五位皇帝，因其庙号为宣宗，史称明宣宗。时为洪熙元年（1425年），朱瞻基26岁。第二年，改元宣德，明朝正式进入宣宗时期。

宣德元年（1426年），叔父汉王朱高煦突然发动兵变，给了宣宗一个当头棒喝。但宣宗临危不乱，沉着应战，当年就平定了这场预谋已久的叛乱。随即，他开始全面整顿朝政。政治上，他继续重用杨士奇、杨荣、杨溥、蹇义、夏原吉等前朝元老，革除前弊，整顿吏治，实施裁冗简政措施，同时，引导宦官读书参政；经济上，实行休养生息、无为而治的政策，缓和社会矛盾，促进生产力的发展；外交上，他继承祖父明成祖派遣宦官郑和下西洋的策略，第七次派郑和带领船队远航西洋，对外宣示和平通商信号。同时停止对交趾（位于今越南北部红河流域）用兵，节省了大量人力、物力，改善了两国关系。

明宣宗一系列整治措施迅速发酵，使得整个社会迸发出了前所未有的活力，社会经济和文化都因此得到空前的发展，史学家将这段时期与其父明仁宗统治时期合称为"仁宣之治"。

《明史·本纪第九》评价：仁宣之治，"吏称其职，政得其平，纲纪修明，仓庾充羡，闾阎乐业，岁不能灾。盖明兴至是历年六十，民气渐舒，蒸然有治平之象矣"。

二

政局稳定，经济繁荣，阶级矛盾缓和，为宣宗享受宫廷娱乐生活创造了一定的条件。宣宗本身就是一个精力旺盛、爱好广泛、喜好玩乐的皇帝，在没有了任何危机和束缚的情况下，他开始沉迷于丰富多彩、花样繁多的宫廷娱乐生活，并逐渐趋于腐化奢靡。[228]

宣宗皇帝可以说是个旷古奇才，不但可以横刀跃马，驰骋战场，安邦定国，而且为文作诗，泼墨丹青，样样精通。明人蒋一葵在《尧山堂外纪》卷八十二中记载，宣宗还是皇太孙时，有一年端午节，成祖驾幸东苑观看击球射柳比赛，要求自皇太孙而下，诸王公大臣顺次击射。皇太孙连发皆中，明成祖大喜，欲嘉奖犒劳他，说："今日华夷毕集，朕有一联，尔当思对之。曰'万方玉帛风云会'。"皇太孙即刻叩头对答："一统山河日月明。"宣宗时年只有15岁。明成祖大喜，赐名马、锦绮，命儒臣赋诗，尽欢而罢。

据统计，明宣宗有大约2000首诗传世，比较著名的有《捕蝗诗》《猗兰操》《闵旱诗》等。

宣宗的绘画也为世人所称道，《明画录》评价："宣庙留神词翰，尤工绘事，山水人物、花鸟草虫并佳。天纵异能，随意所至，皆非人力能及。"其传世画作有《松荫莲蒲图》《苦瓜鼠图》《武侯高卧图》《寿星图》《壶中富贵图》《戏猿图》《嘉禾图》《三阳开泰图》《子母鸡图》《金盆鹁鸽图》《御笔三羊图》《花鸟图》《书画合璧图》《山水图》等。

宣宗还有《大明宣宗皇帝御制集》四十四卷传世，包括帝训、序、记、论、说、赋、颂、箴、铭、杂著、古今体诗、散套小令等。

宣宗思维活跃，爱好广泛。他十分喜欢各种体育活动，举凡射箭、蹴鞠、马球、捶丸、投壶等，一个不落。故宫博物院保存有一幅《朱瞻基行乐图》长卷，描绘的就是明宣宗在东苑观赏各种体育竞技表演的场面。画面上从右至左依次为射箭、蹴鞠、马球、捶丸、投壶，场面宏大而不失细微，十分逼真地还原了明宣宗进行体育娱乐的生活场景。

▲ 明《朱瞻基行乐图》中朱瞻基投壶场面[229]

除此以外，明宣宗还喜欢把玩各种小动物，如斗蟋蟀、斗鹌鹑，豢养猎鹰、猎犬、狸奴、鹦鹉以及鹁鸽等，而且经常是沉迷其中，不能自拔。

蹴鞠，是古人用脚蹴、蹋或踢皮球的一种活动，类似今天的足球。

▲ 《朱瞻基斗鹌鹑图》轴[230]

346　返璞归真：考古纠错的中国史

由于蹴鞠玩起来很容易让人着迷，耽误正事，明初，太祖朱元璋曾下旨在京城四处张贴榜文，严禁军人蹴鞠，违者砍脚，并发配边疆。但就是有人充耳不闻，敢冒犯天颜。明人顾起元撰《客座赘语·国初榜文》记载，龙江卫指挥伏颙和本卫小旗姚晏保二人就照玩不误，结果被砍去右脚。这还不算，朱元璋盛怒之下，竟将他们连同家人一起发配到了云南。

宣宗似乎对太祖的遗训不以为意，不但玩蹴鞠，而且玩得很嗨。明人陆容编撰《菽园杂记》记载，朱瞻基为了能经常观赏高水平的蹴鞠比赛，甚至将一些球技高超的人阉割后弄进宫中侍奉他踢球。

朱瞻基还亲自赋诗，表达他对蹴鞠的钟爱之情：

密密清阴接贝宫，锦衣花帽蹴东风。
最怜宛转如星度，今古风流气概同。

（《大明宣宗皇帝御制集》卷四三）

宣宗喜欢田猎也是尽人皆知，《明宣宗实录》记载，宣宗给自己田猎辩护说："朕此行岂为田猎？……朕为民故，特因田猎阅武，遂饬边备耳。""田猎"是皇家一种围猎活动，具有狩猎和阅兵的双重性质。

在所有这些玩乐活动中，宣宗尤爱斗蟋蟀玩，其痴迷程度堪比顽童，以至于民间给他起了一个绰号叫"蟋蟀天子"或"促织天子"。这一点，我已在《名副其实的蟋蟀天子》[231]一文中做了详细交代，这里不再赘述。

宣宗这种巡游娱乐甚至放荡的生活状况从其《大明宣宗皇帝御制集》中所写诗文里也可以略窥一斑，禁苑的山水林草、娱乐球场、太液池，还有宫中饲养的那些鹦鹉、鹌鹑、蟋蟀、猎鹰、猎犬等，都成了他歌咏抒怀的对象。另外，故宫博物院收藏的那些宣宗亲笔画作，如《武侯高卧图》《苦瓜鼠图》《射猎图》《行乐图》等，也从一个侧面反映了他射猎戏游、纵情享受、乐不思蜀的生活场景。

从杨荣、金幼孜、夏原吉等明朝文人留下的诗文来看，宣宗时期宫中喂养的鸟儿珍稀品种主要有白鸟、海东青、驼鸡、白鸠、孔雀、黄鹂等。宣宗似乎特别喜欢鹦鹉，养有多个品种，如五色鹦鹉、黄鹦鹉、白鹦鹉等。杨荣在《杨文敏集》中说，白鹦鹉是用"黄金笼"饲养的，五色鹦鹉来自陇西，"愿效嵩呼祝圣寿，日日长闻万岁声"。而夏原吉在《夏忠靖集》里记载，来自云南的黄鹦鹉"调舌能歌万寿词"。

更有趣的是，明人黄佐《翰林记》一书记载，宣德三年（1428年）三月庚辰，宣宗命尚书蹇义、杨士奇、杨荣等十八元老重臣同游禁苑内的万岁山。宴席间，宣宗赐给每人鹦鹉一笼。

三

宣宗沉迷花鸟宠物的娱乐生活从近些年考古所出宣德进贡瓷器中也可以看出一二。[232] 1982年以来，景德镇出土了很多花盆残片，复原出来的就有白釉折沿花口钵、青花地填红彩花卉纹花口钵、青花地填红彩折沿钵、青花折枝花七棱钵、青花灵芝纹四方钵、青花六边形灵芝纹与白釉六边形钵，以及红釉、紫金釉腰圆四足盆等十多个名贵品种。

另外，还出土有四方琮、贯耳胆瓶、潮水纹竹节、葫芦等各式极为别致的小瓶，这类小瓶瓶口极小，出土时都和鸟食罐堆积在一起，颈部都有小系。专家认为它们就是明人高濂在《遵生八笺》中所记载的挂在鸟笼中的"编笼小花瓶",其作用是让鸟儿在笼中观赏。看来,不仅宣宗喜欢观花,连他喂养的笼鸟也有与他一样的赏花"癖好"。

宣德官窑曾出土一只青花五毒纹鸟食罐。明人吕毖在《明宫史·火集·饮食好尚》中记载,明代皇宫中每年五月初一至三十日,宫眷内臣都要穿五毒纹的衣服,防止虫蛇叮咬。看来,宣宗宠爱的某只鹦鹉在端午节时也享受到了与宫眷同等的待遇。因为鸟儿不能穿衣服,宣宗皇帝就别出心裁,令宣德官窑烧出了这只空前绝后的青花五毒纹鸟食罐。

从宣德官窑遗址出土的鸟食罐来看,其不仅比宋元时代的花色丰富,而且也比后世乃至今天还在生产的鸟食罐都更为精致,如象生形鸟食罐,就有石榴形双联罐、竹节形双联罐、蟾蜍形罐、甜瓜形罐等品种,几何形则有圆形青花罐、六方青花罐、小口钵式罐等几类。

在宣德官窑所出诸多御用瓷器中,鸟食罐数量和品种尽管不少,但相比蟋蟀罐还是逊色很多。从残片来看,蟋蟀罐有仿哥、仿汝、仿龙泉和青花诸品种,形制有座盖式和平盖式两大类。前者无款,烧造年代稍早;后者有底、盖双款,年代稍晚。无款者造型与纹饰都较为笨拙,有款者造型秀雅,纹饰也相当丰富。

▲ 景德镇中华路出土的宣德青花蟋蟀罐[233]

20世纪80至90年代,景德镇宣德官窑遗址先后四次出土了鸟食罐、蟋蟀罐等各种御用淘汰瓷器,残片达到数十吨以上。由于地层扰乱和不法分子的哄抢，所获剩余瓷片绝大多数都不能复原。不过从复原后的少数器物看，以蟋蟀罐最为丰富多彩，仅画饰纹样就有"猎犬飞鹰""庐洲鹡鸰""洲渚水禽""庐汀鸳鸯"和"两个黄鹂鸣翠柳，一行白鹭上青天"等。据专业人士观察，这类纹饰仅出现在宣宗自己使用的蟋蟀罐上，不见于其他瓷器。研究者认为，这些纹样的粉本如不出自宣宗本人，便有可能是出自画院中的画师，此类器物应该是专门为宣宗烧制的御用之物。

适度的玩乐，那是怡情悦性，一旦痴迷，那就会奢侈腐化，甚至误国害民。《菽园杂记》记载："宣德年间，朝廷起取花木鸟兽及诸珍异之好，内官接迹道途，骚扰甚矣。"《罪惟录》记载："（宣宗）斗鸡走马，园情鹞首，往往涉略。尤爱促织，亦豢驯鸽，万姓颇为风俗，稍渐华靡。"

宣宗纵情玩乐，名声远播，连远在朝鲜的史官都忍不住要记上一笔："帝好游戏，至一旬不谒皇太后。""皇帝（宣德）燕于宫中，长作杂戏。"（《李朝世宗实录》）

《国榷》记载，皇后胡氏见宣宗因玩乐耽误国事，劝谏了几句，结果宣宗一怒之下就废掉皇后，把她贬到佛庵，赐号"静慈仙师"。

宣宗沉迷于娱乐玩好，有些耿直的大臣实在看不下去了，就上疏进谏。宣宗置若罔闻，照行不误。有些不识时务的大臣，屡加劝谏，朱瞻基龙颜大怒，干脆对劝谏者加以惩处，逼他们闭嘴。

御史陈祚曾上疏宣宗："帝王之学先明理，明理在读书。陛下虽有圣德，而经筵未甚兴举，讲学未有程度，圣贤精微，古今治乱，岂能周知洞晰……而邪佞之以奇巧荡圣心者自见疏远，天下人民受福无穷矣。"（《明史·列传第五十》）朱瞻基见疏怒不可遏，下令将陈祚及其十余家人一起逮捕入狱，陈父不堪凌辱，死于狱中。

明宣宗朱瞻基这种嬉戏游乐的荒唐形象当然不会出现在庙堂掌握的正史之中，明代史学家何远乔给宣宗帝以"文武恭俭之主"的评价，当在情理之中。不过，就史实而言，说他文治武功有很大的成就，大家没有异议，但说他节俭，就有点儿贻笑大方了。

郑和碑纠正《明史》多处错误

福建长乐太平港四面环山，江阔水深，是当年郑和率领船队七下西洋的驻泊基地和出洋起点之一。同时，这里还是郑和下西洋所乘巨舰建造地之一，清道光《重纂福建通志》记载："永乐七年（1409年）春正月，太监郑和自福建航海通西南夷，造巨舰于长乐。"

宣德六年（1431年），郑和最后一次下西洋前，为祈祷出洋平安，在长乐至少做了两件事，一是铸制了郑和铜钟。该钟于20世纪80年代初在福建省南平市被发现，现存于中国国家博物馆。铜钟身高69厘米，壁厚2厘米，重77公斤。中部饰有八卦、云雷等纹饰和"风调雨顺，国泰民安"铭文，钟下部有楷书铭文五组，共54字，显示系宣德六年，郑和第七次下西洋前为祈保西洋之行往返平安所铸。

▲ 郑和铜钟

二是于太平港刻立天妃灵应之记碑[234]，在重修长乐南山的天妃行宫、三峰塔寺并新建三清宝殿后，置于天妃宫内。

郑和碑是天妃灵应之记碑的俗称，学界又称为天妃之神灵应记碑，是大明宣德六年，正使太监郑和、王景弘等人在第七次出使西洋前夕，为感恩并祈祷天妃保佑平安，在福建长乐天妃行宫南山宫殿中所立石刻。

"天妃"是福建沿海一带俗称的妈祖、海神娘娘，亦称天后，乃传说中掌管海上航运的女神。

郑和碑记述了郑和的天妃信仰与七下西洋的目的、任务、时间及重大事件，脉络清晰，事迹明了，是一份难得的第一手资料。尤其该碑刊立者——郑和等正副使数人，系"郑和七下西洋"事件的当事人，对于辨析、纠错、丰富郑和七下西洋具体史实有着决定性的作用，这就使它具有了重要的史学价值。

郑和碑的发现有一个传奇的过程。据近代学人郑鹤声所著《郑和遗事汇编》记载，郑和出使西洋前后历时30年，国内原有两通石碑载有此事，皆存于长乐天妃宫内。一通是通番碑，立于娄东刘家港天妃宫内。郑鹤声曾在民国二十五年（1936年）偕友人前往娄东访察，结果是"访碑不获"。

另一通即是天妃灵应之记碑，原放在南山某废寺之中，年久湮没，无人知情。1931年，时任长乐县长吴鼎芬先生偶尔发现此碑，迁移至县署思善斋墙侧存放。吴鼎芬离任后，此碑又被乱草掩盖。

1935年，湖南人王伯秋成为福建省第一区行政督察专员兼长乐县长，有一次在县署思善斋墙侧漫步，在荒烟蔓草中看见了此碑。王伯秋对郑和下西洋一事有所研究，知其价值非同寻常，遂对碑文进行摹拓，分寄国内外学者鉴定，当时在学术界引起很大反响，不少学者都写文章进行评述、考证，掀起了一波郑和下西洋的研究热潮。

因为原通番碑已经消失，郑和碑就成为考证郑和遗事的唯一瑰宝。但不幸的是，王伯秋发现郑和碑两年以后抗日战争全面爆发，长乐三面环海，无险可守。王伯秋积极组织民众疏散物资。因为王伯秋是学者出身，为不使具有历史价值的文物落入日寇手中，就不遗余力地进行了隐蔽保护。林治渭在《长乐〈天妃灵应之记〉碑的历史价值及接运经过》一文中记载，王伯秋在将郑和碑转移前夕，特意将他叫到县署，面色凝重，指着碑对他说："中日战祸行将扩大，此地恐将沦陷，你是个有心人，战后务必排除万难，运回此碑，不要辜负我的期望。"林治渭郑重答应。

不久之后，专署北撤，王伯秋离职，林治渭也辗转于社会教育及教育行政工作之中。有次公干，他在厅长办公室和教厅第一科看见有若干长乐古物陈列其中，就当面向厅长打听郑和碑的下落，可惜厅长也不知道。后来在主管单位关照下，林治渭也曾调阅档案，但都没有寻得蛛丝马迹。

林治渭不死心，就与二三挚友协商，决定以"不入虎穴，焉得虎子"的精神，请求调任为长乐县教育科长，这样的话，寻碑就显得名正言顺，更为方便一些。请调报告交上去以后，很快就批了下来，林治渭如愿以偿。

时任福建省立图书馆的馆长，与林治渭曾同为省立社教主管。一次闲谈中，馆长提到当年长乐文物北运寄藏问题，因为当时图书馆也在迁徙之列，就没有接收。林治渭赶忙敦促馆长调阅原档案，竟然发现郑和碑存于设在南平的省建设厅仓库之中。其时，福建省建设厅主任秘书是郑坦先生，他原来做过教育厅的秘书，更重要的一点，他还是林治渭的授业恩师。林治渭于是前往拜见老师，呈上了长乐县府请求发还寄存于南平仓库的郑和碑的公文，并附上了省图书馆原档案作为凭证。

郑坦先生认真翻阅档案后说，物归原主理所当然，但此碑为其研究单位请求代管，还有领导签字。长乐县府如能即日派员径赴南平办妥发还手续，他会从中玉成此事。林治渭立即返回县里，拟就公文，备妥文件，筹措好运费，派人迅速赶往南平，办理运碑事宜。一切顺风顺水，郑和碑终得复归长乐，重见天日。

郑和碑系用黑色页岩制成，高1.62米，宽0.78米，厚0.16米。碑额镌刻小篆"天妃灵应之记"六字，其中二字有残损现象。字框的上端及两侧饰有如意云气纹，顶端正中雕饰的是一轮圆月，下面碑文四周刻有缠枝番莲花纹。碑文是楷书竖刻，31行，全文总计1177字，其中有9字略有磨损，其余都还清晰可辨。

碑文虽是文言写就，但还浅显易懂，将个别疑难词句略作翻译处理，内容大致如下：

> 大明皇朝一统天下，其煌煌功业已逾夏、商、周三代与汉、唐两朝，际天极地之诸国，无不以臣妾之礼归服。西域之西，北疆之北，固很遥远，然尚能计其路途里程；而海外诸番，远处遐僻之壤，其使亦能捧珍携礼，通过翻译前来朝拜。我皇嘉其忠诚，命郑和等统率官吏士卒数万人，乘巨船百余艘，携财宝礼物前往赏赐，复归其朝贡之物，以此宣扬朝廷之德化而安抚远方之人民。

▲ 天妃灵应之记碑（郑和碑）拓本 [235]

自永乐三年（1405年）奉使命下西洋，迄今已七次。我等历经海外诸番，从占城国（今越南的中南部）、爪哇国（今印度尼西亚的爪哇岛）、三佛齐国（今印度尼西亚苏门答腊岛东南部慕西河畔）、暹罗国（泰国古称，在今东南亚中南半岛中部），径穿南天竺（今印度半岛的南部地区）、锡兰山国（即锡兰，或称狮子国，今斯里兰卡）、古里国（又称"古里佛"，今印度西南部喀拉拉邦的科泽科德一带）、柯枝国（亦译作"国贞"，今印度西南部的柯钦一带），而后抵达西域之忽鲁谟斯国（即霍尔木兹，故地在今伊朗东南米纳布附近）、木骨都束国（今索马里共和国首都一带），大小共30余国；远涉重洋，航程达10万余里。

观之浩瀚海洋，洪涛接天，巨浪如山；视诸番夷之域，尽隔于烟霞缥缈之间。而我之云帆高张，昼夜星驰，涉彼狂澜，若履通衢大道，诚蒙朝廷威福所致，尤赖天妃之神护佑之德也。

天妃神灵固然著于昔时，而尤盛显于当代。穿梭于溟、渤海之间，或遇风涛，即有神灯高悬于帆樯。灵光一临，即变险为夷，虽在颠连困顿，亦保无虞。及至到达外邦，遇不恭之番王，即生擒之；有蛮寇之侵掠者，则剿灭之。由此，海道清平安宁，番人皆仰赖我等，此皆神之所赐也。

天妃神灵之感应，难以一一枚举。昔尝奏请于朝廷，于太常寺档案记其功德，建天妃宫于南京龙江之上，以永传其祭祀典制。承蒙我皇恩准，御制纪念文告，彰神灵之惠赐，极尽褒誉赞美之词。然天妃之神灵，无所不在，如长乐南山行宫，我等由舟师屡驻于此，候顺风发船出洋。为此，于永乐十年（1412年）奏请筑建天妃宫，作为官军祈祷、答报神灵祈报之所，严整有序。其右有南山塔寺，历年久深，荒凉颓圮，我等就近予以修葺。数载之间，殿堂禅室，恢宏壮观，远胜旧建。

今年（1431年）春，我等受命仍前往海外诸番，大小船舶聚泊于兹（太平港），复修佛宇神宫，比前益加华美亮丽。又布施钱财，于天妃宫之左鼎建三清宝殿一所，雕妆圣像，粲然一新；钟鼓仪仗，无有不备。众人皆谓，如此方尽我等恭事天地神明之心。

众愿如此，皆乐于从事，宏丽殿庑，不日即成。画栋连云，如振翅欲飞，且有青松翠竹掩映左右。神安人悦，诚胜境也。斯土斯民，岂不因此而增添福祉吉祥耶？

人能竭忠以事君，则事无不立；尽诚以事神，则祷无不应。郑和等上蒙圣君之宠信，下负转达谊厚于远方外邦之使命。统舟师之众，掌钱帛之多，夙夜拳拳，惟恐力有不逮，岂能不竭忠于国事，尽诚于神明乎？

师旅之安定太平，往回之安民济世，岂不自知乎？是以勒石铭碑，彰显天妃之功德，并记往返海外诸番之岁月，以期永久焉。

永乐三年（1405年），我等统领舟师往古里等国，时海寇陈祖义聚众三佛齐国，劫掠番商，亦来犯我舟师，即有神兵阴助，一鼓而殄灭之，至五年（1407年）返回。

永乐五年，我等统领舟师往爪哇、古里、柯枝、暹罗等国，其国王各以珍宝、珍禽、异兽贡献，至七年（1409年）返回。

永乐七年，我等统领舟师往前各国，道经锡兰山国，其王亚烈苦奈儿凭恃险要，态度不恭，谋害舟师，仰赖天妃之神显应，觉其阴谋，遂生擒其王，至九年（1411年）归国献俘。后得皇上开恩，任他回归本国。

永乐十一年（1413年），我等统领舟师往忽鲁谟斯等国，其间，苏门答剌国（今印度尼西亚苏门答腊岛）有伪王苏斡剌侵扰其国，国王宰奴里阿比丁遣使赴我大明朝廷陈诉。我等率官兵剿捕，赖天妃神功默助，生擒伪王，至十三年（1415年）归国献俘。是年，满剌加国王亲率妻、子前来朝贡。

永乐十五年（1417年），我等统领舟师前往西域，忽鲁谟斯国进狮子、金钱豹、大西马；阿丹国进麒麟，番名"祖剌法"，并长角"马哈"兽；木骨都束国进花福禄并狮子；卜剌哇国进千里骆驼并驼鸡；爪哇、古里国进縻里羔兽。所贡礼品皆藏山隐海之灵物、沉沙栖陆之伟宝。众番莫不争先呈献，或派遣王子，或派遣王叔、王弟，皆捧金叶所制表文前来朝贡。

永乐十九年（1421年），我等统领舟师，载忽鲁谟斯等国久居我朝京师之使臣，悉数返还本国。其各国王比前更守本分，更尽职责。

宣德六年（1431年），我等仍统舟师往诸番国，开读诏书，赏赐礼物，驻泊兹港，等候朔风开船出洋。思昔数次，皆仗神明助佑之功，因此，勒记于石。

宣德六年，岁序乃辛亥年仲冬（旧历十一月）吉日，正使太监郑和、王景弘，副使太监李兴、朱良、周满、洪保、杨真、张达、吴忠，都指挥朱真、王衡等立。正一住持杨一初稽首请立石碑。

纵观碑文，语言精练，叙事清晰，自豪之意溢于言表。全文可分为三部分。第一部分概述了郑和七下西洋的时代背景、目的、任务、次数、时间、成果，并将事业功绩归于天妃灵佑。第二部分阐述了船队为感恩天妃所做的种种宗教事业,表述了立碑目的。第三部分讲述了七下西洋的经历,重点记述了出使的几次重大事件。

郑和碑重见天日以前,郑和下西洋的资料主要见于明代历朝官修的编年体史书《明实录》和张廷玉领衔的清初史官编撰的《明史》,但其中很多说法含混不清,前后矛盾,似是而非,《明史》尤甚。

《明史》中,郑和下西洋的目的很简单,就是寻找流亡海外的建文帝,并向外展示大明的兵力。但郑和碑开宗明义,第一段就阐明了其出使海外的目的是"宣德化而柔远人",用大白话说就是,向外宣示大明朝以德化人的外交政策,与外番建立友好关系。在结尾的时候,当事人再次重申了这一目的:"往诸番国,开读赏赐"。这与朱元璋在《皇明祖训》所云"倚中国富强,贪一时战功,无故兴兵,致伤人命,切记不可"治国理念是完全一致的。

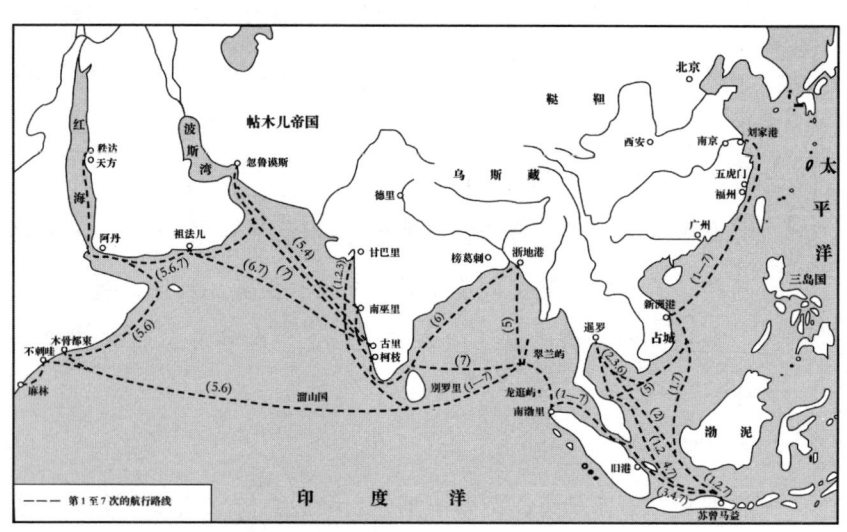

▲ 郑和七下西洋路线示意图[236]

研究结果表明，郑和碑载郑和七下西洋，第一、二次起始时间是朱棣敕书下达时间；第三至七次为船队从福建长乐太平港出洋时间；第一至四次回洋，为船队实际抵京年份，第五至七次回国时间缺载。对回国时间及石碑缺载部分，《明实录》与《前闻记》有明确的记载，可予以补充。

在郑和七下西洋的时间问题上，《明史》最大的错误有两处：一是将郑和第二与第三次下西洋时间混为一次。郑和碑说，郑和第二次出洋时间是"永乐五年（1407年）"——实际上是《明实录》缺载的敕书颁布时间，回国时间是"永乐七年（1409年）"。《明史》仅记载了郑和第二次出洋时间为"永乐六年（1408年）九月"，而没有回国时间。郑和碑记载郑和第三次出洋时间是"永乐七年（1409年）"，系在长乐太平港出洋时间，回洋抵京时间为"永乐九年（1411年）"，而《明史》缺载郑和第三次出洋时间，仅有回国时间"永乐九年六月"。

二是无中生有，多制造了一次郑和出使西洋事件。《明史·本纪第七》载：永乐二十二年（1424年）春正月"癸巳，郑和复使西洋"。但石碑与《明实录》均无郑和这次出洋记录。综合《明史》《明实录》和1988年在江苏太仓发现的《明武略将军太仓卫副千户尚侯声远墓志铭》考量，事实是，永乐二十二年，郑和有过出使之命，但由于明成祖朱棣驾崩，仁宗下诏止而未能成行。[237]

郑和碑的史料价值事实上远不止上述几个方面，它在明朝谋求番国政治稳定、发展对外友好关系、证明郑和船队的天妃信仰以及见证明朝拓展海上丝绸之路等诸多研究领域，都有重要的史学意义。

鲁王朱以海不是郑成功所杀

《明史》是二十四史中最后一部，共332卷，记载了自1368年至1644年，即明太祖洪武元年至明思宗崇祯十七年，总计276年的历史。《明史》是中国历史上官修史书中编纂时间最长的一部，从清顺治二年（1645年）开设明史馆起，到乾隆四年（1739年）正式由史官向皇帝进呈，前后历时94年。如果从康熙十八年（1679年）正式组织班子编写起至呈稿止，为时也达到了60年之久。

《明史》在二十四史中被认为是编写得最好的之一，清代学者赵翼在其《廿二史札记》中说："近代诸史，自欧阳公《五代史》外……未有如《明史》之完善者。"

现代史学家白寿彝在由其主编的《中国通史》中也对《明史》赞不绝口："《明史》是一部史料价值较高的正史。""《明史》修纂日久，又有前诸史修纂之经验，成为二十四史中较好的一部，尤其是隋、唐以后诸史中，更为突出。"

但是由于系官方组织编写，《明史》也与其他二十三史一样有着无法避免的局限：

一是对明朝部分皇帝高唱赞歌，粉饰太平，如明世宗朱厚熜在位中后期，尊崇道教，迷信长生不老之术，宠信奸臣严嵩，以至于边事废弛、倭患加重，不得不厉行海禁，《明史》却誉之为"中材之主"。明光宗朱常洛仅在位一个月左右，却被赞为"潜德久彰，海内属望"。

二是对不利于清朝统治的一些负面事件均进行了不同程度的篡改、修饰，如让建州女真部损失惨重的成化犁庭之役、后金入寇、满洲起源、明清易代以及明末各类惨无人性的大屠杀等，编纂者对其中一些重要情节要么是隐而不述，要么是予以篡改，等等。

三是对"作乱分子"等敌对势力极力贬斥，甚至于不惜通过作伪来达到其不可告人的目的。如《明史·张献忠传》称张献忠以杀人多少叙功次，共杀男女达6万万之多。然而据《明实录·大明熹宗悊皇帝实录》卷四记载，终明一朝，巅峰时期的人口也不足2万万。根据《中国人口统计年鉴》提供的数据，直到新中国成立后，中国才首次拥有了6万万的人口。

这其中，还有更为奇葩的一件事是，《明史》竟把死于郑成功之后的鲁王朱以海之死归咎于郑成功："（朱）以海遁入海，久之，居金门，郑成功礼待颇恭，既而懈。以海不能平，将往南澳，成功使人沉之海中。"而1959年在金门出土的《皇明监国鲁王圹志》则清楚地写道："王素有哮疾，壬寅十一月十三日，中痰而薨。"[238] 圹志即墓志铭。这就是说，朱以海是因为常年患有严重哮喘病，在永利十六年十一月十三日这一天因"中痰"而亡，并不是郑成功把他推进海里溺死的。事实上，郑成功因急病死于永利十六年五月，比朱以海早死了几个月。

鲁王朱以海不是郑成功所杀

朱以海墓是金门驻军于1959年八月构筑工事时发现的，当时曾在社会上引起轰动。[239]因为早在1832年即道光十二年，金门文人林树梅就刻意访求，在金门城东发现一古墓，乡人多以"王墓"称之，林树梅遂认定是鲁王墓，报知其老师、时任兴泉永道的周凯。周凯信以为真，便檄命金门县丞清理界址，给予维修，并树碑以表。碑题为"皇明监国鲁王墓"，左上镌"大清道光十六年岁次丙申四月建"，右下镌"福建兴泉永道富阳周凯书"。

鲁王墓被"发现"重修之后，成为地方上一处重要文化景观。1936年初，经时任福建第五区行政督察专员黄元秀提议，当地政府在冢墓右侧修建了一个纪念亭，命名为"鲁亭"，蒋介石还亲自为该亭题写了"民族英范"四字。

1959年八月金门驻军构筑工事时发现的墓葬之所以被考古专家确定为真正的鲁王墓，是因为该墓中发掘出了《皇明监国鲁王圹志》墓碑。碑长63.5厘米，宽47厘米，厚5厘米，出土时右额有所破损，但碑身完好。墓碑石材属玄武岩，横额题"皇明监国鲁王圹志"两行八字，以隶书刻成。志文则是以工整的楷书刻成。除了少数几字漫漶不清外，大部分字迹可以辨识。内容主要是记述了鲁王朱以海出生、薨逝年月，生平事迹概要，以及家属、后代遭遇等。该墓碑现收藏于台湾历史博物馆。

鲁王墓很简陋，出土的随葬品只有"永历通宝"钱币数枚、瓷碗两只、方砖地契一份。腐朽坍塌的棺木已经和朱以海的遗骨混杂在一起。如果不是那通《皇明监国鲁王圹志》墓碑的话，人们会以为那是一座普通老百姓的坟墓。不过，这也符合鲁王朱以海当时的实际情况。

▲ 《皇明监国鲁王圹志》碑

综合《明史》和《皇明监国鲁王圹志》的记载，鲁王朱以海的生平经历大致如下：

朱以海于万历四十六年（1618年）生于泰兴王府，字巨川，号恒山，别号常石子，明太祖朱元璋十世孙，鲁荒王朱檀九世孙，鲁肃王朱寿镛之子，鲁王朱以派之弟。崇祯十七年（1644年）时，袭鲁王封爵。

朱以海袭鲁王封爵这一年，李自成起义军攻占北京，崇祯帝朱由检在煤山自缢身亡。随后清兵长驱直入，明王朝宗室及文武大臣纷纷逃亡南方，福王朱由崧先是监国南京，随后称帝，改元弘光，以淮河为界与清军对峙。淮河以南名义上仍属明朝，所以后世称之为南明。

南明是明朝京师失陷后,由明朝宗室在南方相继建立政权的合称,总计历时 18 年。

朱以海也在这一年南逃至台州,后被郑遵谦等人迎到绍兴,出任监国,也就是南逃的明王朝遗老临时组建的政府首脑。但由于朱以海没有自己的亲信势力,实际上也就成了一副空架子。更麻烦的是,他遇到了来自宗室内部的难题。朱由崧在南京称帝后还来不及喘息,清军就快速南下,攻破了扬州城。随后又攻陷南京,朱由崧逃亡芜湖,被俘虏后押往北京处死。时为 1645 年六月十五日,这个时间距离他称帝还差 4 天才 1 年。弘光帝朱由崧死后同一年,唐王朱聿键在郑芝龙等人的拥立下,在福州称帝,改元隆武。

朱以海和朱聿键都是明太祖朱元璋的后代,但同崇祯帝朱由检的关系相距甚远。朱聿键已经称帝,而且就统治地域来看,朱聿键得到了除浙东以外各地南明地方势力的认可,而朱以海仅限于浙东一隅。在朱聿键势力不断施压下,朱以海不得不宣布退位归藩,返回台州。然而仅过了 20 多天,朱以海绍兴旧政权中,以张国维和熊汝霖为首的官员,拒绝接受隆武帝朱聿键的诏书,重新迎回朱以海执政。

这样一来,南明就出现了两个分庭抗礼的政权,一个是朱以海的绍兴政权,一个是隆武帝朱聿键的福州政权。双方拉帮结派、明争暗斗,大大削弱了各自抗清的实力。

1646 年五月,清军趁朱以海和朱聿键两个政权互相倾轧之际,大举进攻浙东,钱塘江防线顿时土崩瓦解,大批明朝官吏投降清军,朱以海等被迫离开绍兴,乘船逃往海上。而朱聿键政权虽然也采取联寇抗清政策,在对清军战斗中取得过局部的胜利,但随着郑芝龙投降清军,朱聿键也是一败涂地,最后被清军俘虏后绝食而亡,东南沿海大部分地区因此成为清军囊中之物。

这期间，由于叛将张国柱的出卖，清军俘获了朱以海的家人，并以此为要挟，逼迫朱以海剃发归降。《南明史》载，朱以海拒绝投降，并痛斥清兵："平夷我陵寝，焚毁我宗庙。"

朱聿键死后，一些不愿意投降清廷的文武官员改奉鲁监国朱以海为正统，这使得他的地位发生了很大变化。后来，占据金、厦一带的永胜伯郑彩将朱以海迎入福建，奉朱以海为领袖，共同抗清。朱以海的势力因此迅猛增长，浙江和福建大批官民都将朱以海视作中兴大明的旗帜。

1647年正月，朱以海在长垣誓师收复失地，仅半年时间，福建多个府县相继得以收复。七月以后，又陆续收复了建宁、建阳、崇安、松溪、政和、寿宁、连江、长乐、永福、闽清、罗源、宁德、福宁等地，清朝在福建的统治濒于崩溃的边缘。

不幸的是，在一片大好形势下，南明政府内部又发生了内讧事件。郑彩试图架空朱以海，便对异己势力大开杀戒，朱以海军队的战斗力因此被大幅削弱。活动在泉州和漳州一带的郑成功见此，也以尊奉死去的朱聿键为名，拒绝接受朱以海的号令。在这种混乱的局势下，原先收复的建宁、福安、罗源、宁德、政安和浙江景宁、庆元、云和、松阳等州县又相继被清军夺去。

这期间，朱以海先后移驻于沙埕、健跳所、舟山等地，自始至终战斗在抗清的前沿阵地。

1651年九月，清军攻克舟山。朱以海逃奔厦门投靠郑成功。郑成功本是隆武朱聿键政权的坚决支持者，对朱以海大敌当前还与隆武帝朱聿键自相残杀，无端削弱抗清力量，很是不满，但念朱以海是明朝宗室，而且一直辗转各地抗击清军，最后还是以礼相待，安排朱以海住在了金门。

朱以海或许是考虑到寄人篱下，便在到金门的第二年自去监国称号，由旧臣王忠孝、沈佺期等人照顾。其间曾一度移居南澳，不久又回到金门。

▲ 鲁监国朱以海在金门岛手书的"汉影云根"

彼时的南明政权就剩下了郑成功和永历帝朱由榔两股势力。朱由榔是明神宗朱翊钧之孙、桂端王朱常瀛之子，1646年二月袭封桂王，在广东肇庆称监国。隆武帝朱聿键自杀身亡后，朱由榔在肇庆称帝，改元永历。朱由榔在局势危机重重的情况下，与张献忠的大西军残部联合起来，从西面给清军以重击，郑成功则率部在东南沿海对清军实施夹击，抗清局面一度出现高潮。然而，同样由于内讧，再加上清军加大了进攻力度，南明滇黔防线很快就被清军击破。1661年，缅甸王莽白将永历帝朱由榔抓获后，送交清军。第二年，朱由榔在昆明被杀，南明政权灭亡。

永历帝朱由榔被杀后，一些明朝旧臣上书朱以海，请朱以海"争取闽海勋镇，速正大号，以求正统"，但是由于郑成功、郑经父子不予支持，只能以一场闹剧收场。郑成功死后，郑成功的幼弟郑袭和郑成功的儿子郑经为继位发生战争，朱以海一度无人供养。

就在郑成功去世的这年年底，朱以海也因哮喘病发作，"中痰"告别人世，享年45岁。朱以海死亡之后，因为彼时的明郑政局正乱作一团，"岛上风鹤，不敢停榇"（《皇明监国鲁王圹志》），身边的亲人和旧臣只能匆忙将其下葬。

明郑政权内讧最后以郑经胜出告终，但因此严重削弱了实力。1663年，也就是朱以海死后的第二年，清王朝趁机联手荷兰军队进攻金门、厦门，两岛陷落，郑经撤退台湾。从此以后，鲁王朱以海之墓隐没在了苍茫大地之下，再无人知晓，直到300年以后，因金门驻军构筑工事时偶然发现，它方得以重见天日。

附：

皇明监国鲁王圹志

监国鲁王讳以海，字巨川，号恒山，别号常石子。始封先王讳檀，为高皇帝第九子，分藩山东兖州府，王其十世孙也。世系详玉牒。王之祖恭王，讳坦颐；父肃王，讳寿镛；传位第三庶子安王，讳以派，王兄也。崇祯十五年冬，虏陷兖州，安王及第一子、第四弟以洐、第五弟以江，俱同日殉难。山东抚臣奏闻，王以第六庶子，母王氏所生，□授镇国将军，部覆应继王位。于崇祯十七年四月初四日册封为鲁王。方三月初旬，使臣持节甫出都而京师旋告陷矣，东省驿骚，王遂南迁。

弘光帝登极南都，移封王于浙台州府。南中不守，虏骑薄钱塘，浙东诸臣竖义旗，扶王监国，都绍兴，则弘光乙酉闰六月间事也。次年仲夏，浙事中溃，王浮海入舟山，会闽中舟师在北，迎王至中左所，复移师琅琦，附省诸邑屡有克复，虏援大至，复者尽失，王又再抵舟山，躬率水师入姑苏洋，迎截虏舟，而浙虏乘机捣登舟山，竟不可援矣。王集余众南来，闻永历皇上正位粤西，喜甚，遂疏谢监国，栖踪浯岛金门城，至丙申徙南澳，居三年，己亥夏，复至金门，计自鲁而浙、而粤、而澳，首尾凡十八年。王间关海上，力图光复，虽末路养晦，而志未尝一日稍懈也。

　　王素有哮疾，壬寅十一月十三日，中痰而薨。距生万历戊午五月十五日，年才四十有五，痛哉！

　　元妃张氏，兖济宁州张有光长女，原浙之宁波人，兖陷殉节。继妃张氏，亦宁波人，舟山破日，投井而死。有子六，皆庶出，第一子、第三子在兖陷虏，存亡未卜，次子卒于南中，第四子弘椮、第五子弘朴、第六子弘栋，俱在北蒙难。仅存夫人，今晋封次妃陈氏，遗腹八月。女子三，长为继妃张氏所生，选闽安侯周瑞长男衍昌为仪宾；未嫔尚二女，俱陈氏出，未字。

　　岛上风鹤，不敢停榇，卜地于金城东门外之青山，穴坐酉向卯，其地前有巨湖，右有石峰，王屡游其地，题"汉影云根"四字于石。卜葬兹地，王顾而乐可知也，以是月廿二日辛酉，安厝。

　　谨按会典亲藩营葬，奉旨翰林官撰圹志。礼部议谥。今圣天子远在滇云，道路阻梗，末繇上请，姑同岛上诸文武叙王本末及生薨年月，勒石藏诸圹中，指日中兴，特旨赐谥改葬也，此亦足备考订云。

　　永历十六年十二月廿二日，辽藩宁靖王宗臣术桂同文武官谨志。

注　释

1. 王震中：《重建中国上古史的探索》，云南人民出版社 2015 年版，第 124 页。

2. 顾颉刚：《古史辨自序》，商务印书馆 2011 年版。

3. 张宏彦：《中国史前考古学导论》，科学出版社 2011 年版；王巍总主编：《中国考古学大辞典》，上海辞书出版社 2014 年版。

4、5. 甘肃考古研究所：《十大考古参评项目：甘肃庆阳南佐遗址》，《文博中国》2023 年 2 月 8 日。

6. 李瑞：《"郧县人"3 号头骨化石提取出土 进入修复和研究环节》，国家文物局官网 2022 年 12 月 26 日。

7. 李琳之：《前中国时代——公元前 4000～前 2300 年华夏大地场景》，商务印书馆 2021 年版，第 117～150 页。

8. 苏秉琦：《文化与文明——在辽宁"兴城座谈会"上的讲话》，《辽海文物学刊》1990 年 1 期。

9. 李琳之：《前中国时代——公元前 4000～前 2300 年华夏大地场景》，商务印书馆 2021 年版，第 508～509 页。

10. 郑彤：《中国古代文明演进对历史的八点启示》，《光明日报》2017 年 2 月 8 日。

11. 偃师商城博物馆。

12. 王巍：《中华文明万年奠基八千年起步形成多元一体格局》，中国考古网 2013 年 8 月 27 日。

13. 李琳之：《元中国时代——公元前 2300～前 1800 年华夏大地场景》，商务印书馆 2020 年版，第 233～260 页。

14. 赵春青：《贾湖遗址》，王巍总主编：《中国考古学大辞典》，上海辞书出版社 2014 年版；蔡运章：《裴李岗文化与文明曙光》，《洛阳日报》2021 年 5 月 24 日。

15. 湖南省文物考古研究所：《澧县城头山——新石器时代遗址发掘报告》，文物出版社 2007 年版。

16. 城头山古文化遗址官网。

17. 刘辉：《长江中游史前城址的聚落结构与社会形态》，《江汉考古》2017 年第 5 期；蔡靖泉：《江汉地区三苗酋邦的昌兴——屈家岭文化遗存的历史学考察》，《长江大学学报（社会科学版）》2018 年第 2 期。

18. 张玉石、赵新平、乔梁：《郑州西山仰韶时代城址的发掘》，《文物》1999 年第 7 期；马世之：《中原之城与华夏文明的发展演进轨迹》，《南都学坛》2018 年第 3 期。

19. 刘倩：《古城遗址挖掘者讲述故宫良渚文化大展：玉器见证五千年历史》，腾讯网 2019 年 7 月 17 日。

20. 李琳之：《前中国时代——公元前 4000～前 2300 年华夏大地场景》，商务印书馆 2021 年版，第 523～524 页。

21. 《"河洛古国"和黄帝到底什么关系？首席科学家为您揭秘》，央视新闻客户端 2020 年 5 月 11 日。

22. 王胜昔、王羿：《揭开五千年前"河洛古国"神秘面纱》，《光明日报》2020 年 5 月 8 日；顾万发等：《"河洛古国"双槐树：4300 平方米夯土建筑群基址、大型院落布局，开古代大型宫殿式建筑形制之先河》，文博中国公众号 2020 年 12 月 21 日。

23. 顾万发等：《"河洛古国"双槐树：4300 平方米夯土建筑群基址、大型院落布局，开古代大型宫殿式建筑形制之先河》，文博中国公众号 2020 年 12 月 21 日。

24. 摄影/李安，文/王丁等：《河南巩义发现 5000 多年前"河洛古国"，不排除是黄帝时代都邑所在》，《新华每日电讯》2020 年 5 月 7 日。

25. 胡义成：《河南"河洛古国"考古新发现和"有熊国"新探》，《中原文化研究》2020 年第 5 期；范毓周：《河南巩义双槐树"河洛古国"遗址浅论》，《中原文化研究》2020 年第 4 期。

26. 陈星灿：《庙底沟时代：早期中国文明的第一缕曙光》，中国文物信息网 2013 年 6 月 25 日；杨利平：《庙底沟文化的崛起》，《大众考古》2018 年第 10 期；戴向明：《庙底沟文化的聚落与社会》，北京大学中国考古学研究中心、北京大学震旦古代文明研究中心编：《古代文明》（第 3 卷），文物出版社 2004 年版。

27. 河南省文物考古研究所等：《河南灵宝铸鼎塬及其周围考古调查报告》，《华夏考古》1999 年第 3 期。

28. 北京大学考古学系、中国社会科学院考古研究所：《华县泉护村》，科学出版社2003年版；朱雪菲、许永杰：《西阴文化的解体与仰韶晚期遗存的生成》，《考古与文物》2012年第6期；戴向明：《陶器生产、聚落形态与社会变迁——新石器时代至早期青铜时代的垣曲盆地》，文物出版社2010年版，第37页；孙祖初：《秦王寨文化研究》，《华夏考古》1991年第3期。

29. 大河村遗址博物馆。

30. 戴向明：《中原地区早期复杂社会的形成与初步发展》，北京大学考古文博学院、北京大学中国考古学研究中心编：《考古学研究》（九），科学出版社2012年版；朱雪菲、许永杰：《西阴文化的解体与仰韶晚期遗存的生成》，《考古与文物》2012年第6期。

31. 张敬国：《朝拜圣地凌家滩》，《中原文物》2002年第1期；方向明：《崧泽文化玉器及其相关问题的研究》，《东南文化》2010年第6期。

32. 杜金鹏：《试论大汶口文化颍水类型》，《考古》1992年第2期。

33. 改自杜金鹏《试论大汶口文化颍水类型》同题图。

34. 许永杰：《距今五千年前后文化迁徙现象初探》，《考古学报》2010年第2期；朱雪菲、许永杰：《西阴文化的解体与仰韶晚期遗存的生成》，《考古与文物》2012年第6期。

35. 郎树德：《甘肃秦安县大地湾遗址聚落形态及其演变》，《考古》2003年第6期；甘肃省文物考古研究所编：《秦安大地湾——新石器时代遗址发掘报告》，文物出版社2006年版；苏海洋：《论马家窑文化形成的动因及传播路线》，《青海大学学报（社会科学版）》2019年第1期。

36. 阎铁成：《中国9000年营造传承有序看郑州》，《重读郑州》，科学出版社2015年版。

37. 李琳之：《前中国时代——公元前4000～前2300年华夏大地场景》，商务印书馆2021年版，第344～352页。

38. 浙江省文物考古研究所：《良渚考古八十年》，文物出版社2016年版；赵辉：《良渚的国家形态》，《中国文化遗产》2017年第3期。

39. "施昕更"像，以及下文中的"反山12号墓出土的'玉琮王'及其神人兽面复合图像""上海福泉山吴家场墓地出土的玉琮"，均引自浙江省文物考古研究所著《良渚考古八十年》，不再单独说明。

40. 刘刚：《回到古典世界》，中信出版社 2015 年版。

41. 陕西省考古研究院等编：《发现石峁古城》，文物出版社 2016 年版。

42. 陕西省考古研究院等编：《发现石峁古城》，文物出版社 2016 年版；陕西省考古研究院等：《陕西神木市石峁遗址》，《考古》2013 年第 7 期；吕卓民：《石峁古城：人类早期文明发展与环境选择》，《中国历史地理论丛》2016 年第 3 期。

43、45. 孙周勇、邵晶：《石峁城是座什么城》，《光明日报》2015 年 10 月 12 日。

44. 改自王月前《远古中国》，中国大百科全书出版社 2017 年版。

46. 湖北省文物考古研究所：《盘龙城：1963—1994 年考古发掘报告》，文物出版社 2001 年版。

47、49. 湖北省博物馆。

48. 罗琨：《二里头文化南渐与伐三苗史迹索隐》，中国先秦史学会、洛阳第二文物工作队编：《夏文化研究论集》，中华书局 1996 年版。

50. 张弛：《屈家岭——石家河文化的聚落与社会》，《考古学研究》2013 年第 10 期。

51. 李伯谦：《石家河文化时期长江中游地区已进入王国文明阶段》，《华夏文明》，2017 年第 7 期。

52. 严文明：《邓家湾考古的收获（代序）》，湖北省文物考古研究所等：《天门石家河考古报告之二：邓家湾》，文物出版社 2003 年版。

53、54. 刘辉：《长江中游史前城址的聚落结构与社会形态》，《江汉考古》2017 年第 5 期。

55. 斯大林：《辩证唯物主义与历史唯物主义》，《列宁主义问题》，人民出版社 1960 年版，第 650 页。

56. 引自甲骨文网。

57. 晁福林：《夏商社会性质论纲》，《光明日报》1998 年 5 月 22 日。

58. 胡厚宣：《中国奴隶社会的人殉和人祭》（下篇），《文物》1974 年第 8 期。

59. 详见本书《三代大同社会遭遇尴尬》一文。

60. 何驽：《中国史前奴隶社会考古标识的认识》，《南方文物》2017 年第 2 期。

61. 冯天瑜：《五四时期陈独秀"反封建"命题评析》，《江汉论坛》2005 年第 11 期。

62. 张越：《近 40 年来中国古史分期问题研究述论》，《思想战线》2021 年第 4 期。

63. 谢乃和：《夏商周三代社会形态为封建社会说》，《史学理论研究》2021 年第 2 期；岳江海：《张冠李戴的封建社会》，《大科技（百科新说）》2013 年第 5 期。

64. 郑若葵：《殷墟"大邑商"族邑布局初探》，《中原文物》1995 年第 3 期；中国社会科学院考古研究所：《殷墟的发现与研究》，科学出版社 1994 年版。

65. 《殷墟考古取得新进展》，新华网 2022 年 11 月 11 日。

66、67. 张影：《殷墟考古"上新"还原真实商代文明》，《中国文化报》2022 年 11 月 15 日。

68. 晁福林：《夏商社会性质论纲》，《光明日报》1998 年 5 月 22 日。

69. 张光直：《商文明》，生活·读书·新知三联书店 2013 年版。

70. 王文轩：《宜侯夨簋及其相关问题研究综述》，《苏州文博论丛》（第 7 辑），文物出版社 2016 年版。

71. 杨正宏、肖梦龙主编：《镇江出土吴国青铜器》，文物出版社 2008 年版。

72. 李学勤主编：《清华大学藏战国竹简》（2），中西书局 2011 年版，第 144 页。

73. 《集成》10175。《集成》是指《殷周金文集成》，中国社会科学院考古研究所编，中华书局 2007 年版。"10175"是其中收录的金文编号。本书采用学界通用的"《集成》+序号"注释体例，后面不再一一说明。

74. 河南文化局文物工作队第一队：《郑州商代遗址的发掘》，《考古学报》1957 年第 1 期；河南文化局文物工作队：《郑州二里冈》，科学出版社 1959 年版。

75. 阎铁成主编：《重构中国上古史的考古大发现——郑州地区重大考古发现纪实》，科学出版社 2016 年版。

76. 胡厚宣：《殷墟发掘》，复旦大学出版社 2017 年版。

77、78、85、86、88、89、90. 胡厚宣：《中国奴隶社会的人殉和人祭》（上篇），《文物》1974 年第 7 期。

79. 郭宝钧：《一九五○年春殷墟发掘报告》，《中国考古学报》（第 5 册），中国科学院编印，1951 年。

80. 石璋如：《河南安阳后冈的殷墓》，《历史语言研究所集刊》（第 13 本），江苏古籍出版社 2018 年版。

81. 中国社会科学院考古研究所：《殷墟发掘报告（1958—1961）》，文物出版社

1987年版，第265页；安阳市博物馆：《安阳大司空村殷代杀祭坑》，《考古》1978年第1期；中国社会科学院考古研究所、安阳市博物馆：《1973年小屯南地发掘报告》，《考古学集刊》（第9集），科学出版社1995年版。

82. 杜金鹏：《安阳后冈殷代圆形葬坑及其相关问题》，《考古》2007年第6期。后面两幅圆形葬坑人祭堆放平面示意图也出自该文。不再专门加注。

83、84. 李硕：《翦商：商周之变与华夏新生》，广西师范大学出版社2022年版，第2~11页。

87. 中国科学院考古研究所：《辉县发掘报告》，科学出版社1956年版。

91.《殷墟的祭祀"人牲"是奴隶？——商朝奴隶社会的性质被质疑》，《人民日报》2015年4月2日。另参见唐际根2015年4月6日在北京大学"早期文明的对话：世界主要文明起源中心的比较"国际学术研讨会所做主题报告（论文摘要）。

92.《合集》32093。《合集》即《甲骨文合集》，是中国现代甲骨学方面的集成性资料汇编。郭沫若主编，胡厚宣总编辑，中国社会科学院历史研究所《甲骨文合集》编辑工作组集体编辑。1978—1982年由中华书局出版，珂版影印13册，选录80年来已著录和未著录的殷墟出土的甲骨拓本、照片和摹本，共41956片。本文注释，按学界通例以《合集》n"的形式标注，"n"为甲骨文编号。后面不再一一说明。

93. 韩国河、陈康：《郑国东迁考》，《郑州大学学报（哲学社会科学版）》2019年第2期。

94. 河南省文物局官网。

95. 何光岳：《周源流史》（下），江西教育出版社1997年版，第894~903页。

96.《集成》926。

97. 卢连城：《西周矢国史迹考略及相关问题》，《西周史研究》(《人文杂志》丛刊第二辑)，1984年8月。

98.《集成》4626。

99. 中国社会科学院考古研究所：《沣西发掘报告：1955年~1967年陕西长安县沣西乡考古发掘资料》，文物出版社1962年版。

100. 郭俊然：《先秦时期的人殉现象述论》，《浙江工商职业技术学院学报》2015年第3期。

101. 考古现场在线公众号 2023 年 2 月 14 日。

102. 徐治亚：《洛阳北窑村西周遗址 1974 年发掘简报》，《文物》1981 年第 7 期。

103. 宋建忠等：《山西绛县横水西周墓发掘简报》，《文物》2006 年第 8 期。

104、106. 张德臣：《周陵历代祭祀综述》，《咸阳师范专科学校学报》1998 年第 4、5 期。

105. 民国版《周陵志》。本文下面引述原文，如无特殊说明，均来自《周陵志》，不再一一注明。

107、108. 焦南峰等：《咸阳"周王陵"考古调查、勘探简报》，《考古与文物》2011 年第 1 期。

109、110. 耿庆刚、田亚岐：《咸阳"周陵"发现一批战国秦墓》，《大众考古》2014 年第 5 期。

111. 何光岳：《周源流史》（下），江西教育出版社 1997 年版，第 1211~1222 页。

112、113、117、120、121、123. 孙明：《罗山天湖"息"器铭文与息族相关问题探讨》，《文物天地》2021 年第 9 期。

114. 《合集》2354 正。

115. 《合集》3449。

116. 安阳市文物工作队、安阳市博物馆：《安阳殷墟青铜器》，中州古籍出版社 1993 年版，第 137 页。

118. 徐少华：《息国铜器及其历史地理分析》，《江汉考古》1992 年第 2 期。

119. 罗振玉编：《三代吉金文存》，中华书局 1983 年版。

122. 李峰：《此秦子非彼秦子：近年发现早期秦国铜器的再思考》，《青铜器和金文书体研究》，上海古籍出版社 2018 年版。

124. 郭旭东：《召公与周初政治》，《华中师范大学学报（人文社会科学版）》2003 年第 1 期。

125. 裴逸萱：《读懂岐山：与召公有关的出土文物》，岐山县文化和旅游局公众号 2022 年 4 月 27 日。

126. 黄锦前：《保尊、保卣及周初的形势与对策》，《中原文化研究》2021 年第 2 期。

127. 王凯：《商鞅方升和西周保卣为上博数藏"打头炮"》，《新民晚报》2022

年7月30日。

128. 北京市文物研究所：《琉璃河西周燕国墓地（1973~1977）》，文物出版社1995年版；中国社会科学院考古研究所等：《1981~1983年琉璃河西周燕国墓地发掘简报》，《考古》1984年第5期；北京市文物研究所、北京大学考古学系：《1995年琉璃河遗址墓葬区发掘简报》，《文物》1996年第6期。

129. 刘健等：《北京原点：琉璃河遗址的保护探索》，《人类居住》2022年第2期。

130. 夏商周断代工程专家组：《夏商周断代工程报告》，科学出版社2022年版，第24页。

131. 曹定云：《北京琉璃河出土的西周卜甲与召公卜"成周"——召公曾来燕都考》，《考古》2008年第6期。

132. 刘洋：《北京琉璃河遗址再次出土铜簋》，《北京青年报》2021年12月8日。

133. 冯时：《䣄鼎铭文与召公养老》，《考古》2017年第1期。

134. 常怀颖：《两周考古：太保庸燕，越子徙樟，皆是吾土四方》，社科院考古所中国考古网2022年6月23日。

135、137、143. 薛铭博：《芮国铜器与芮国世系探微》，《中原文物》2021年第3期。

136. 陕西省考古研究院等：《梁带村芮国墓地——2007年度发掘报告》，文物出版社2010年版；张天恩：《芮国史事与考古发现的局部整合》，《文物》2010年第6期。

138、140. 陕西省考古研究院等：《陕西澄城刘家洼东周芮国遗址》，《考古》2019年第7期；陕西省考古研究院等：《陕西澄城刘家洼芮国遗址东Ⅰ区墓地M6发掘简报》，《考古与文物》2019年第2期。

139. 陕西省考古研究院等：《陕西澄城刘家洼东周芮国遗址》，《考古》2019年第7期。

141. 齐思和：《中国古史探研》，中华书局1981年版。

142. 张筱衡：《〈散盘〉考释》，《人文杂志》1958年第3、4期。

144. 晋国博物馆。

145. 夏商周断代工程专家组：《夏商周断代工程报告》，科学出版社2022年版，第 26~33 页；谢尧亭：《晋国兴衰六百年》，三晋出版社 2019 年版；李伯谦：《晋侯墓地发掘与研究》，《晋侯墓地出土青铜器国际学术研讨会论文集》，上海书画出版社 2002 年版。

146、149. 谢尧亭：《晋国兴衰六百年》，三晋出版社 2019 年版。

147. 王曦：《晋侯鸟尊——晋国之瑞》，《光明日报》2020 年 9 月 6 日。

148. 李琳之：《元中国时代——公元前 2300~前 1800 年华夏大地场景》，商务印书馆 2020 年版，第 233~260 页。

150. 李峰：《西周考古的新发现和新启示》，许倬云：《西周史：增补二版》，生活·读书·新知三联书店 2012 年版。

151. 河南省文物考古研究所等：《三门峡虢国墓》（第一卷），文物出版社 1999 年版。

152. 山西省考古研究所等：《山西翼城大河口西周墓地 M6096 发掘简报》，《文物》2020 年第 1 期。

153. 张应桥：《重评周厉王》，《郑州大学学报（哲学社会科学版）》2006 年第 2 期；韦卢燕：《周厉王及其时代研究》，东北师范大学 2021 年硕士学位论文；徐成：《从胸怀大志到倒行逆施 青铜器铭文上的周厉王》，《国家人文历史》2021 年第 10 期。

154.《集成》2810。

155、160、168. 徐成：《从胸怀大志到倒行逆施 青铜器铭文上的周厉王》，《国家人文历史》2021 年第 10 期。

156. 方继成：《关于宗周钟》，《人文杂志》1957 年第 2 期。

157. 余冠辰摄影：《关于神秘的噩国，国博的禹鼎记载了这些内容……》，国家博物馆公众号 2021 年 10 月 29 日。

158. 王巍等：《河南南阳市夏响铺鄂国贵族墓地》，《大众考古》2014 年第 10 期。

159. 张懋镕：《再谈随州叶家山西周曾国墓地》，《江汉考古》2016 年第 3 期；郭长江等：《湖北随州市枣树林春秋曾国贵族墓地》，《考古》2020 年第 7 期。

161、162. 朱凤瀚：《柞伯鼎与周公南征》，《文物》2006 年第 5 期。

163. 李玉洁：《评周厉王革典》，《河南大学学报（哲学社会科学版）》1986 年第 1 期。

164.《集成》4311。

165. 郭沫若：《两周金文辞大系图录考释》，上海书店出版社 1999 年版，第 114 页。

166. 杨树达：《积微居金文说》(增订本)，中华书局 1997 年版，第 119~120 页。

167. 《集成》4274。

169、192、197. 刘庆柱：《秦阿房宫遗址的考古发现与研究———兼谈历史资料的科学性与真实性》，《徐州师范大学学报（哲学社会科学版）》2008 年第 2 期。

170、172. 《湖北省博物馆曾侯乙墓展》，《考古》公众号 2016 年 6 月 3 日。

171. 王准：《曾侯乙墓二十八宿图案与中国早期天文学》，《湖北日报》2015 年 11 月 1 日。

173. 岳南：《岳南大中华史（上）》，河南文艺出版社 2021 年版，第 342~345 页。

174. 濮阳市文物管理委员会等：《河南濮阳西水坡遗址发掘简报》，《文物》1988 年第 3 期；濮阳西水坡遗址考古队：《1988 年河南濮阳西水坡遗址发掘简报》，《考古》1989 年第 12 期。

175. 改自濮阳市文物管理委员会等：《河南濮阳西水坡遗址发掘简报》"西水坡遗址第一组蚌塑龙虎图案示意图"，《文物》1988 年第 3 期。

176. 濮阳西水坡遗址考古队：《1988 年河南濮阳西水坡遗址发掘简报》，《考古》1989 年第 12 期。

177. 李学勤：《西水坡"龙虎墓"与四象的起源》，《中国社会科学院研究生院学报》1988 年第 5 期；冯时：《河南濮阳西水坡 45 号墓的天文学研究》，《文物》1990 年第 3 期；冯时：《中国天文考古学》，社会科学文献出版社 2001 年版，第 258~339 页。

178. 甘肃省博物馆文物队、灵台县文化馆：《甘肃灵台县两周墓葬》，《考古》1976 年第 1 期；刘得祯：《甘肃灵台两座西周墓》，《考古》1981 年第 6 期；固原县文物工作站：《宁夏固原县西周墓清理简报》，《考古》1983 年第 11 期。

179. 戴春阳：《礼县大堡子山秦公墓地及有关问题》，《文物》2000 年第 5 期。

180. 韩宏：《考古界：秦汉都城考古获重要发现——考古发掘"锁定"雍王章邯的都城"废丘"！》，考古界公众号 2019 年 6 月 11 日；《项羽封秦降将章邯为雍王雍都废丘究竟在何处》，《科技日报》2019 年 1 月 25 日。

181. 韩宏：《考古界：秦汉都城考古获重要发现——考古发掘"锁定"雍王章

邯的都城"废丘"!》,考古界公众号 2019 年 6 月 11 日。

182.《沣西处处有故事(三)——东马坊遗址探秘》,西咸新区沣西新城公众号 2020 年 7 月 19 日。

183. 陈振裕、罗恰:《云梦睡虎地秦简:让秦国历史"活起来"》,武汉大学出版社 2021 年版。

184. 鲁西奇:《喜:一个秦吏和他的世界》,北京日报出版社 2022 年版。

185. 庄小霞:《"失期当斩"再探——兼论秦律与三代以来法律传统的渊源》,中国政法大学法律古籍整理研究所:《中国古代法律文献研究》(第十一辑),社会科学文献出版社 2018 年版。

186. 乔苏亭:《罪与罚:解读西汉毋忧案》,《美成在久》2020 年第 2 期。

187. 蔡万进:《张家山汉简〈奏谳书〉研究》,广西师范大学出版社 2006 年版,第 89 页。

188、190、191、193、194. 中国社会科学院考古研究所、西安市文物保护考古所阿房宫考古工作队:《阿房宫前殿遗址的考古勘探与发掘》,《考古学报》2005 年第 2 期。

189、194. 王学理:《拨开"阿房宫"遗址上的雾障》,《咸阳师范学院学报》2019 年第 5 期。

195. 陕西省考古研究所、始皇陵秦俑坑考古发掘队:《秦始皇陵兵马俑坑一号坑发掘报告》(上),文物出版社 1988 年版,第 249 页。

196. 中国社会科学院考古研究所等:《西安市上林苑遗址一号、二号建筑发掘简报》,《考古》2006 年第 2 期。

198、199. 刘瑞:《阿房宫:华夏民族开始形成的实物标志》,许宏等:《考古中国——15 位考古学家说上下五千年》,中信出版社 2021 年版。

200. 刘余力:《王二年相邦义戈铭考》,《文物》2012 年第 8 期。

201. 岳南:《岳南大中华史》(下),河南文艺出版社 2021 年版,第 17~24 页。

202. 袁仲一:《秦代金文、陶文杂考三则》,《考古与文物》1982 年第 4 期。

203. 周晓陆等:《秦代封泥的重大发现——梦斋藏秦封泥的初步研究》,《考古与文物》1997 年第 1 期。下面两幅秦代封泥图片均出于此文,不再单独注释。

204. 始皇陵秦俑坑考古发掘队:《秦始皇陵西侧赵背户村秦刑徒墓》,《文物》

1982 年第 3 期。下面三幅墓志铭文图片均出于此文，不再单独注释。

205. 徐卫民：《不断改写历史的秦始皇陵考古》，《群言》2022 年第 6 期。

206.《广州西汉南越王墓》，访古游记公众号。本文没有注明的图片均出自此文。

207、211. 南越王博物院官网。

208. 岳南：《岳南大中华史》（下），河南文艺出版社 2021 年版，第 177~179 页。

209、210、212.《详尽图文看〈南越藏珍〉！（Part1：南越文帝·上篇）》，南越王博物院微信公众号 2020 年 2 月 20 日。

213. 麦英豪：《象岗南越王墓反映的诸问题》，《岭南文史》1987 年第 2 期。

214. 陕西省考古研究院、西安市文物保护考古研究院：《汉文帝霸陵考古调查勘探简报》，《考古与文物》2022 年第 3 期；杨武站、曹龙：《汉霸陵帝陵的墓葬形制探讨》，《考古》2015 年第 8 期。

215、216.《国家文物局发布西安江村大墓考古新发现》，陕西省文物局官网 2021 年 12 月 15 日。

217. 陕西省考古研究院、西安市文物保护考古研究院：《汉文帝霸陵考古调查勘探简报》，《考古与文物》2022 年第 3 期。

218. 蔡梦莹等：《汉文帝的霸陵就是李白诗词中的那个灞陵吗？》，《现代快报》2021 年 12 月 15 日。

219. 王菊华、李玉华：《从几种汉纸的分析鉴定试论我国造纸术的发明》，《文物》1980 年第 1 期。

220. 潘吉星：《造纸术并非从蔡伦开始，确凿证据表明西汉时中国就有了纸》，《甘肃日报》1989 年 5 月 13 日。

221. 张克复：《30 年代以来西汉纸张和纸质档案的重大发现综述》，《档案学研究》1993 年第 1 期。

222. 刘辛味：《灞桥纸算纸？蔡伦是造纸术发明人还是改进者？》，中国数字科技馆官网 2019 年 3 月 27 日（原载《北京科技报》）。

223、224、226. 张伟、鲁凤：《〈孔仁玉墓志铭〉与"孔末之乱"考辨》，《走进孔子》2022 年第 2 期。

225、227. 赵文坦：《文宣公孔仁玉中兴本事考》，《孔子研究》2015 年第 3 期。

228、233. 许冰彬：《从宫廷文物看明宣宗的娱乐生活》，《中国国家博物馆馆刊》2016 年第 2 期。

229、230. 故宫博物院官网。

231. 李琳之：《传说有据：考古证实的中国史》，研究出版社 2024 年版。

232. 刘新园：《明宣宗与宣德官窑》，《南方文物》2011 年第 1 期。

234. 林婧：《长乐太平港〈天妃灵应之记碑〉的史学价值》，《福建文博》2020 年第 3 期。

235. 吴旭涛、陈文波：《两个人的"海上福州"》，《福州日报》2012 年 9 月 11 日。

236. 改自陈奕行、臧磊：《郑和下西洋留下重重谜团》，《扬子晚报》2020 年 7 月 10 日。

237. 黄慧珍：《郑和碑铭的史料价值》，《思想战线》1988 年第 1 期。

238. 台湾历史博物馆。

239. 陈春声：《在礼法正统与政治现实之间——鲁王在金门活动及相关历史记忆的研究》，《闽台文化研究》2013 年第 1 期。

参考古籍

1.（汉）司马迁撰，（南朝宋）裴骃集解，（唐）司马贞索隐，（唐）张守节正义：《史记》，中华书局1959年版。

2.（汉）班固撰，（唐）颜师古注，中华书局编辑部点校：《汉书》，中华书局1962年版。

3.（汉）崔寔撰，孙启治校注：《政论校注》，中华书局2012年版。

4.（汉）郑玄注，王锷点校：《礼记注》，中华书局2021年版。

5.（汉）毛亨传，（汉）郑玄笺，（唐）陆德明音义，孔祥军点校：《毛诗传笺》，中华书局2018年版。

6.（汉）宋衷注，（清）秦嘉谟等辑：《世本八种》，中华书局2008年版。

7.（北魏）郦道元著，陈桥驿校证：《水经注校证》，中华书局2007年版。

8.（北魏）郦道元撰，（清）杨守敬纂疏，（清）熊会贞参疏，李南晖、徐桂秋点校，陈桥驿审定：《京都大学藏钞本水经注疏》，辽海出版社2012年版。

9. (晋)干宝撰,李剑国辑校:《搜神记辑校》,中华书局2019年版。

10. (晋)郭璞注,王贻梁、陈建敏校释:《穆天子传汇校集释》,中华书局2019年版。

11. (南朝宋)范晔撰,(唐)李贤等注,中华书局编辑部点校:《后汉书》,中华书局1965年版。

12. (南朝梁)皇侃撰,高尚榘校点:《论语义疏》,中华书局2013年版。

13. (唐)李白著,(清)王琦注:《李太白全集》,中华书局1977年版。

14. (唐)张彦远纂辑,刘石校理:《法书要录校理·张怀瓘书断》,中华书局2021年版。

15. (宋)史绳祖撰,汤勤福整理:《学斋拈毕》,大象出版社2019年版。

16. (金)孔元措、(清)孔继汾:《孔氏祖庭广记·孔氏家仪·家仪答问》,山东友谊书社1989年版。

17. (元)骆天骧撰,黄永年点校:《类编长安志》,中华书局1990年版。

18. (明)朱元璋:《中华再造善本:史部·明代编·皇明祖训》,国家图书馆出版社2002年版。

19. (明)陶宗仪:《说郛》,中国书店1986年版。

20. (明)谈迁著,张宗祥校点:《国榷》,中华书局1958年版。

21. (明)陆粲、顾起元撰,谭棣华、陈家禾点校:《庚巳编 客座赘语》,中华书局1987年版。

22.（明）朱瞻基：《明宣宗御制集（卷一二）》，《四库全书存目丛书》集部，齐鲁书社1997年版。

23.（明）陆容撰，佚之点校：《菽园杂记》，中华书局1985年版。

24.（明）高濂著，倪青、陈慧评注：《遵生八笺》，中华书局2013年版。

25.（明）刘若愚：《酌中志》，北京古籍出版社1994年版。

26.（明）查继佐：《罪惟录》，浙江古籍出版社1986年版。

27.（明）杨荣：《东里集》，上海古籍出版社1991年版。

28.（明）黄佐：《翰林记》，中华书局1985年版。

29.（清）孙星衍撰，陈抗、盛冬铃点校：《尚书今古文注疏》，中华书局1986年版。

30.（清）洪亮吉撰，李解民点校：《春秋左传诂》，中华书局1987年版。

31.（清）焦循撰，沈文倬点校：《孟子正义》，中华书局1987年版。

32.（清）孔继汾著，周海生点校：《阙里文献考》，上海古籍出版社2020年版。

33.（清）屈大均著，李育中等注：《广东新语注》，中华书局1985年版。

34.（清）赵翼著，王书民校证：《廿二史札记校证》，中华书局1984年版。

35.（清）张廷玉等撰，中华书局编辑部点校：《明史》，中华书局1974年版。

36.（清）阮元校刻：《十三经注疏·仪礼注疏》，中华书局1980年版。

37.（清）阮元校刻：《十三经注疏·周礼注疏》，中华书局 1980 年版。

38.（清）王照圆撰，虞思徵点校：《列女传补注》，华东师范大学出版社 2012 年版。

39.（清）王先慎撰，钟哲点校：《韩非子集解》，中华书局 1998 年版。

40.（清）郝懿行著，李念孔点校：《竹书纪年校证》，齐鲁书社 2010 年版。

41.（清）孙尔准：《道光重纂福建通志》，广陵书社 2018 年版。

42.（清）徐沁：《明画录·宸绘》，《明代传记丛刊》第 72 册，台湾明文书局 1991 年版。

43.（清）徐珂：《清稗类钞》，中华书局 1984 年版。

44. 顾颉刚、刘起釪：《尚书校释译论》，中华书局 2005 年版。

45. 白寿彝主编：《中国通史》，上海人民出版社 1999 年版。

46. 许嘉璐主编，李林点校：《庄子义证》，浙江古籍出版社 2019 年版。

47. 钱海岳：《南明史》，中华书局 2016 年版。

48. 刘俊文：《唐律疏议笺解》，中华书局 1996 年版。

49. 黄怀信：《逸周书校补注译》，三秦出版社 2006 年版。

50. 陈桐生译注：《国语》，中华书局 2013 年版。

51. 陆玖译注：《吕氏春秋》，中华书局 2011 年版。

52. 郭丹等译注：《左传》，中华书局 2018 年版。

53. 陕西省地方志办公室编纂：《历代咏陕诗词曲集成》，三秦出版社 2007 年版。

54. 郑鹤声编：《郑和遗事汇编》，中华书局（台湾）2017 年版。

后记

这本书连同《史无记载：考古发现的中国史》和《传说有据：考古证实的中国史》共同组成了我的一个"考古改写中国史"系列。如果说之前由商务印书馆和研究出版社出版的我的"上古中国四部曲"——《元中国时代》《前中国时代》《晚夏殷商八百年》和《何以华夏》——还是亚学术性史著的话，那么这个"考古改写中国史"系列则是一套普及性的通俗读物。这是我写作方式和写作风格的一次较大的转变，我希望自己以后能沿着这条道路走下去，以普罗大众喜闻乐见的形式写出他们喜欢的作品。

在这个系列中，《史无记载：考古发现的中国史》由研究出版社于2024年1月率先推出，出版之初就被《中华读书报》于1月10日刊发的《岁末年初社科新书》一文作为10种重点图书予以推荐，随后又陆续入选了《2024年开年值得关注的人文社科新书50种》(《中华读书报》2024年1月11日)、"长安街读书会第20240301期干部学习新书书单""《中国新闻出版广电报·读周刊》本周热荐书单（2024年3月16日）""北京王府井新华书店4月荐读书单""中国社会科学院大学图书馆 3 月推荐书单"等好书榜单。这种情况基本符合我的预期，等于给后面这两本书的出版开了一个好头。

2024 年 1～3 月这段时期，于我而言其实是一个很特殊的时期。首先，由于常年伏案写作，我的右眼视网膜脱落，1 月 11 日，我在北京同仁医院做了手术。医生叮嘱我，恢复视力后要注意保护，做到合理用眼。此言甚是，毕竟身体才是最重要的，没有了好的身体，别说研究、写作，其他一切都会失去意义。希望借此给读者朋友们提个醒，以我为鉴，善待自己。其次，"上古中国四部曲"在距第一部《元中国时代》初版三年半后，于 1 月同时得以重版，其中《晚夏殷商八百年》是第 5 次印刷。《何以华夏》初版是在 2023 年 11 月，当时出了精装和平装两个版本，两个月后就重版，也创造了我写作史上的一个纪录。

最意想不到的是，"上古中国四部曲"在这个期间竟然一本不落地全部遭到不法分子的盗版，而且不止一个版本。这些盗版者为了节省成本，无一例外全部改成了平装本，且裁掉了前后折封，有的甚至连版权页都裁掉了。就开本大小而言，有的比原书小，改成了 32 开；有的比原书大，改成了大 16 开。封面颜色偏差较大，内文字迹模糊不清。真是有点惨不忍睹。

我的助手从销售平台将这几种盗版买回来几套后，曾向平台管理部门投诉，但没有任何回复，盗版商们也只是执行平台"仅退款"的规则了事。纵容的结果就是盗版卖家越来越多，在某著名销售平台上，竟然有近 20 家店铺同时在售盗版。

我无可奈何，出版方也无计可施，因为地方、平台保护主义盛行，打假成本太高，单凭作者和出版社一点微薄的力量是根本无济于事的。记得与我有同样遭遇的作家吴晓波先生曾经为此在网上发文哀求说："请高抬贵手，放过苦命的图书业。"我不想祈求谁，在此只以《诗经·王风·黍离》里那句著名的诗句来表达我的心情："知我者，谓我心忧；不知我者，谓我何求。悠悠苍天，此何人哉？"是啊，"悠悠苍天，此何人哉？"

我是山西大学哲学社会学院、三晋文化与旅游产业协同创新中心特聘教授，"上古中国四部曲"的出版曾得到学院、中心的资助，本书也是哲学社会学院"双一流"学科——哲学学科的课题成果之一，相关领导也一如既往地给予了大量的支持和帮助。

本书脱稿后，中国史记研究会会长张大可先生、中国社会科学院考古研究所高江涛研究员、太原师范学院原历史系主任王杰瑜教授曾通读书稿，并提出了宝贵的意见。

此外，研究出版社的总编辑丁波，编辑林娜、慕瞻，山西大学副校长孙岩、哲学社会学院院长尤洋以及高建录、王海龙诸先生，还有本书注释部分涉及的同仁，均为此书的写作提供了诸多的资料和方便。

在此一并致谢！

李琳之
2024 年 3 月 28 日于北京